EDAF
MADRID - MÉXICO - BUENOS AIRES

ALBERTO BEUTTENMÜLLER

LA SERPIENTE EMPLUMADA

SEGUNDA PARTE DE «LA PROFECÍA MAYA»
2012: NUEVAS REVELACIONES SOBRE
LA PROFECÍA MAYA: EL PRÓXIMO PASO
A LA CUARTA DIMENSIÓN

EDAF / NUEVA ERA

Título original:
A SERPENTE EMPLUMADA

Traducción de:
MARIO LAMBERTI

© 1999. Alberto Beuttenmüller
© 2000. De la traducción, Editorial Edaf, S. A.
© 2000. EDITORIAL EDAF, S. A. Jorge Juan 30, 28001 Madrid.
Para la traducción en español por acuerdo con Alberto Beuttenmüller, São Paulo, Brasil.

Dirección en Internet: http://www.arrakis.es/~edaf
Correo electrónico: edaf@edaf.net

Edaf y Morales, S. A.
Oriente, 180, n.º 279. Colonia Moctezuma, 2nd. Sec.
http://www.edaf-y-morales.com.mx
edaf@edaf-y-morales.com.mx

Edaf y Albatros, S. A.
San Martín, 969, 3.º, Oficina 5.
1004 Buenos Aires, Argentina
edaf3@interar.com.ar

Junio 2000

No está permitida la reproducción total o parcial de este libro, ni su tratamiento informático, ni la transmisión de ninguna forma o por cualquier medio, ya se electrónico, mecánico, por fotocopia, por registro u otros métodos, sin el permiso previo y por escrito de los titulares del Copyrigth.

Depósito legal: M.22.449-2000
I.S.B.N.: 84-414-0733-9

IMPRESO EN ESPAÑA — — — — — — — PRINTED IN SPAIN

Gráficas Cofás, S. A. - Pol. Ind. Prado de Regordoño - Móstoles (Madrid)

Para D. H. Lawrence,
autor de otra *La Serpiente Emplumada* (1926),
y para Gustavo, Leopoldo, Eric;
para Vick, Júnior y Gabriela.
—«In Lake'ch»—

Índice

Págs.

1 =	•	El enigma de la Serpiente Emplumada	11
2 =	••	Pacal Votan, el heredero de la Madre Cósmica	21
3 =	•••	La ciudad Roja	33
4 =	••••	Quetzal, el pájaro sagrado	45
5 =	—	El códice de la Vía Láctea	57
6 =	— •	El falso tiempo de Babilonia	71
7 =	— ••	El tiempo es una ilusión	77
8 =	— •••	La desaparición del Códice T	85
9 =	— ••••	El diario de *El diablo*	91
10 =	=	El enigma de la tapa del sarcófago	99
11 =	= •	La muerte de la señora Zak-Kuk	109
12 =	= ••	La caverna de los jeroglíficos	115
13 =	= •••	El Sol y el declive de los mayas	125
14 =	= ••••	Los misteriosos jeroglíficos	133
15 =	≡	Sou Kin, el Sol	147
16 =	≡ •	La resurrección de la Serpiente Emplumada ...	161
17 =	≡ ••	La Atlántida y el Cráneo de Cristal	175
18 =	≡ •••	En donde los dioses tocaron la Tierra	187
19 =	≡ ••••	El misterio de los dioses americanos	203
20 =	≣	El Cráneo de Cristal de Shatritra	215
21 =	≣ •	El códice de la conciencia cósmica	225
22 =	≣ ••	La Serpiente Emplumada y el alineamiento estelar	241
23 =	≣ •••	El encuentro marcado	255
BIBLIOGRAFÍA ICONOGRÁFICA			265

1 = ·

reducido a algo informe - amorfo/sin forma

El enigma de la Serpiente Emplumada

Camino de la Duda

Buenos Aires, 24 de agosto, cuatro horas de la tarde (calendario Gregoriano).
2. Luna Escorpión Lunar — kin 73 — (pasaje) del cielo galáctico rojo — «Con el tono galáctico de la integridad, soy guiada por el poder de la navegación» (Calendario de las Trece Lunas)

Agustín Saens Peña caminaba sin prisa por la Avenida de Mayo en dirección a la puesta de sol. En Buenos Aires, los días morían al final de la hermosa avenida. Moreno, como un gitano, Agustín tenía porte atlético y sed de vino. El congreso de La Plata le había cansado. Al menos se había hecho un análisis del ocultismo maya. Los especialistas se preguntaban por qué habían desaparecido los mayas de una manera tan fulminante. Un enigma. Había sido esencial el informe, vía Internet, de Maruska Raskolnikov, una bella colega y antigua pasión. *Fiódor Dostayevski*

—Tres códices secretos, ya conocidos por los antiguos mayas, pero que todavía no habían sido descubiertos, tenían la respuesta de semejante cuestión —había dicho la rubia. Los guardianes de *Chilam Balam*— *El libro de adivinación de las cosas ocultas*— revelaban que di-

aspecto

chos códices explicaban el porqué del éxodo, sin motivo aparente, de las ciudades clásicas mayas, entre los siglos VIII y X d. de C. Además de eso, había nuevas revelaciones sobre la profecía de Pacal Votan. Una de ellas hablaba de la alineación planetaria-estelar, en el 21 de diciembre de 2012, cuando la Tierra entrara en una Nueva Era.

La revelación provocó una sensación de duda en el auditorio. Unos torcieron la nariz, otros aplaudieron. Para vengarse de los científicos ortodoxos, que odiaban estas cuestiones holísticas, Maruska dijo que los códices eran tres y que las revelaciones causaban pánico. La profecía de Pacal Votan, el rey sacerdote de Palenque, ya fue revelada en su primera parte en *2012. La profecía maya**, pero los nuevos vaticinios, además de espantosos, eran definitivos.

La rubia empedernida, como la llamaba el gitano, había informado desde Berlín, vía Internet. Podía verla en la tela, bella y fría. Alimentaba una fuerte pasión por la rubia gélida y calculadora. La amaba como amaba a Buenos Aires. Y sufría el intenso frío de agosto, el viento cortante y la fina lluvia que caía en ese momento. Sin jersey de lana, temblaba de frío por aquellas concurridas calles. Los transeúntes mostraban una discreta elegancia, con sus abrigos cerrados hasta el cuello, soportando el gélido y seductor invierno *porteño*. Él, con sus *vaqueros,* su delgada camisa y su cazadora de cuero, era un pez fuera del agua.

Andaba a la aventura, sintiendo el olor de la rubia, además de la nostalgia de sus manos pequeñas y finas, perdidas entre las suyas, cuando con ellas entrelazadas recorrían las estrechas callejuelas de El Cairo, durante un curso de arqueología. Su cuerpo adusto, y el contenido deseo, jamás agotado. Sus firmes senos, que se le clavaban en el pecho, al abrazarla. No hubo amor. La empedernida solo se entregaría después de sus indefinibles tesis universitarias.

---

* Publicada por EDAF en la colección Nueva Era con el número 93.

—¿Y qué decir de las piernas? —se preguntó—. Parecían esculpidas por un artista. ¿Cómo pudo esa hembra racional, a pesar de sentirse abrasada por el deseo, saber de esos tres códices secretos mayas? —se preguntó.

Agustín se consumía por saber las nuevas revelaciones de la profecía de Pacal Votan, última encarnación de la Serpiente Emplumada, enigma de todas las razas de Mesoamérica. Mientras iba pensando, admiraba la Avenida de Mayo, sus edificios armónicos y de igual altura, coronados por bellas cúpulas en estilo francés o italiano. La desnuda calzada del *Cabildo*. Delante del Museo Histórico, el Pasaje Roverano, la galería más antigua de la ciudad, que se unía con la calle Hipólito Irigoyen y con la estación Perú del metro, la más bonita y pintoresca del subterráneo, que no se había reformado desde que fuera inaugurada en 1913.

Cruzó la calle Chacabuco. En el número 829, el café Tortoni. Allí sucumbió al viejo vicio de beber *manzanilla*, un vino parecido al jerez andaluz. Se quedó un momento en el ahumado salón del fondo, mientras encendía nuevamente el cigarro, con los fantasmas de Lorca, Pirandello, Rubinstein, Josephine Baker, Piazolla, y del brujo Jorge Luis Borges. Todos ellos frecuentadores asiduos del café en diversas épocas. Borges había tenido allí su popia mesa, en la cual se admiraba y era admirado.

Las fotos de esos personajes decoraban el espacio virtual de un museo, junto a la puerta de la sala de billar. Fundado por un esnob francés del siglo XIX, el Tortoni mantenía un aura europea. Agustín dudaba entre la nostalgia del pasado, que yacía allí, y la notable decadencia *fin-de-siècle* que al presente exhalaba el café.

Con la sensibilidad a flor de piel, los códices le perturbaban la razón. Por la noche había soñado con la Serpiente Emplumada. Todavía aspiraba las energías de la diosa. La Kukulcán de los mayas tenía una nueva misión: abrir la puerta de la percepción a todos los humanos, ante el nuevo milenio. La Serpiente Emplumada —símbolo del arquetipo de la mujer salvaje— tenía todo que ver con el nuevo calendario de las Trece Lunas, matriz femenina que gobernaría el mundo a partir del 2012. Agustín retenía en la médula esa verdad, reflexionando así en la tarde invernal.

—¿Y los códices? —se preguntaba obsesivamente.

Después del informe de Maruska, no se pudo contener. La Telefoneó. Escuchar su voz, caliente y ronca, le alivió, si bien eso no le bastó. La rubia había dicho que «los códices fueron confirmados por chamanes del Yucatán, pero aún no habían sido encontrados».

Respiraba el intenso azul de un cielo sin nubes, el viento cortante, el frío y la humedad que se pegaban a los pies de los paseantes. El sol desfallecía en la Plaza de Mayo, para cubrir de rosa pálido la Casa Rosada, ni *colorado* ni *blanco*, como otrora quisiera sabiamente el general Sarmiento.

Miraba sin ver. Solo pensaba en los códices. ¿Traerían a caso nuevas revelaciones sobre la profecía de Pacal Votan? Si fuese verdad, cumplirían un ciclo de 5.125 años, iniciado el 13 de agosto de 3113 a. de C., el número palíndromo y secreto de los mayas. Eran una fecha enigmática. El *Codex* de Dresden, obra que lo decía todo sobre la astronomía maya, salvada de la furia piromaníaca del obispo Don Diego de Landa, revelaba, en aquella fecha, el nacimiento de Venus.

«La presencia holística de la Serpiente Emplumada era la matriz de todos los ritos de Mesoamérica», reflexionaba, mientras iba caminando. Eso le intrigaba. Creía en la Kukulcán, un panteón de dioses. La unión del Cielo, expresada por la ave celestial *Quetzal*, con la Tierra, simbolizada por la cobra, *Coatl*. La Serpiente Emplumada tenía en el vientre el color de jade de trece dimensiones celestiales, pero también la oscuridad de nueve dimensiones infernales.

Un torbellino de ideas le revolvió la mente. Solo podía serenarse con el jerez. Al mirar la mesa del bardo brujo, se oyó decir: *Calle grande y sufrida. Eres la única música de que sabe mi vida...**.

---

* En español, en el original.

Dentro del café, el calor emanaba de los cuerpos, después de que la burguesía dejaba sus abrigos en los antiguos y forrados roperos. Un ambiente lleno de energía. En medio de la vorágine de voces inconexas, le sonó musicalmente la palabra *Kuxam Suum,* proferida por una voz sensual de mujer, en la mesa que estaba detrás de la suya.

—Los ancianos mayas traducían esos hilos por *Camino para el Cielo que lleva al Cordón Umbilical del Universo* —decía aquella nítida voz a alguien que estaba en la mesa—. Eran hilos de luz invisible de vida galáctica, que unían el ser individual a la Tierra, y al núcleo de la galaxia, a través del Sol. *Hunabku, Único Dador del Movimiento y de la Medida,* principio de la vida, que estaba mucho más allá del Sol...

Se volvió con discreción para admirar mejor a la mujer de la voz voluptuosa. La rubia le hablaba a un hombre de grueso labio inferior. Rubia natural, como Maruska. Por debajo de la mesa, piernas bien torneadas. Senos generosos, entumecidos por el frío, querían saltar del abismo del escote. La rubia proseguía:

—Los hilos de luz son iguales a los que salían del plexo solar de Don Juan, en los libros de Castaneda, al hablar del clan de los yakis...

Sabía que los *yakis* habían sido los primeros en abandonar los clanes. Querían adentrarse en el mundo críptico, en el cual se hablaba la lengua del *Zuvuya,* código secreto de significados de distintos ciclos temporales. La clave era el *Tzolkin;* un calendario de doscientos sesenta días, un sistema de trece algarismos y veinte iconos.

Los *trece* números se referían a los *trece tonos galácticos* o poderes de creación, ligados a las *trece lunas,* o lunaciones anuales. Los *veinte iconos,* unidos a las veinte frecuencias solares, estaban codificados como *veinte iconos* o *sellos solares.* Este era el calendario sagrado, o matriz galáctica, otro misterio a desvelar. descubrir

Agustín mezclaba sus pensamientos sobre Kukulcán con las frases de la rubia. Dudaba. O dejaba la *finesse* de lado, e interpelaba a la bella hembra de largos y crespos cabellos, o retornaba a sus meditaciones. Al mirarla, avergonzó la rosada tez de la hermosa rubia, al tiempo que él ponía una interrogación en su mirada. La mente divagaba. De la rubia solo se escuchaba el suave y sensual susurro que ronroneaba misterioso.

—Los mayas decían que Pascal Votan viajó a través de la *Morada de las Trece Serpientes* y que atravesó un pasadizo intergaláctico por medio de *Kuxam Suum,* los vitales hilos galácticos, cuyo símbolo era la Serpiente. Él mismo era una manifestación de Kukulcán. Su llegada había sido prevista desde el 13 de agosto del 3113, fecha en la que los mayas, mediante Venus, vaticinaran como el inicio del ciclo de 5.200 años. Ciclo que terminará en 2012, cuando se abra un nuevo portal. Y adujo:

—Usted ya sabe, Olavo, que la profecía de Pacal Votan...

Agustín se encaró con Olavo. No le parecía ni pariente ni marido. Se rio de su conclusión. Siempre había dicho que marido y mujer no eran parientes, sino *karma* de otras vidas. Observaba con terquedad la mesa de la rubia. Llegó a darse vuelta para conseguir una mejor visión. Todavía no había escuchado la voz de Olavo. No decía nada. Balanceaba la cabeza, asintiendo o negando.

—Vaca de pesebre. ¿Quién sería la bella rubia de cabello crespo? —pensó. Toda la noche había soñado con la Serpiente Emplumada. Mejor dicho, había sido una mezcla de sueño y pesadilla. El tiempo parecía escapársele. Ni se dio cuenta. Su espíritu recorrió extrañas dimensiones. Ora en el pasado, ora en el futuro. Soñaba despierto. Ahora solo pensaba en la rubia, que lo sabía todo de Votan, el brujo del nuevo mundo.

—Además de eso, la llegada del avatar, un enviado de la Serpiente Emplumada, quizá llegase a cambiar el curso de la profecía de Pacal. De ahí, el enigma —reflexionó.

El descubrimiento de los códices lo había dejado entre el miedo y la ansiedad. Así, sin levantarse, interpeló, de improviso, a la misteriosa mujer:

EL ENIGMA DE LA SERPIENTE EMPLUMADA

—Perdón, no pude evitarlo. Escuché su voz citando a Pacal Votan. Soy etnólogo y estudio a los mayas... ¿también es científica?

—Arquitecta, estudio la arquitectura de Palenque... ¿no quiere sentarse con nosotros? —insistió Doreen—, cruzando las piernas y dejando bien visibles los fuertes muslos.

—Gracias*. Mucho gusto. Soy Agustín Saens Peña, argentino —dijo el gitano, cambiando de mesa, con los ojos puestos en los de la rubia, que le extendía la mano con una sonrisa.

—Doreen Goldberg, mexicana. Detesto las formalidades. Este es un colega mío, Olavo Parmegiano, egiptólogo, italiano —dijo Doreen, señalando al amigo.

—Es un placer... —respondió Agustín, automático, sin fijarse siquiera en Olavo.

Por su parte, Olavo le clavó su mirada, fusilándolo. Los dos parecían luchar por la posesión de la hembra que, fingiendo no darse cuenta, estiraba el cuello, como si los quisiera clavar con sus duros pechos. Sobre la mesa se abatió un breve silencio, roto tan solo por el camarero que traía una nueva provisión de *manzanilla*.

—¿Toman algo? —preguntó Agustín, mirando con desdén los cafés de ambos.

—*No gracias* * —dijeron a coro.

—¿Suele ir usted a Palenque? —quiso saber Doreen, la del busto generoso.

—Investigué mucho allí... la profecía, ¿sabe? Mi lugar favorito es Chichén Itzá. Está muy relacionada con la Serpiente Emplumada, el nuevo enigma...

—¿Nuevo enigma? ¿Por qué?

—Verá, Doreen, no sé muy bien... se habla de la venida de un nuevo avatar...

—¿Un nuevo avatar? ¿Y cuándo vendrá, Agustín?

—Mañana llegará Maruska, una colega; quizá ella traiga la respuesta.

---

* En español, en el original.

—Ese avatar, ¿tiene algo que ver con el Apocalipsis? —preguntó Olavo, con una mirada penetrante, inquisidora, dejando a un lado su habitual mutismo,

—Tal vez —admitió Agustín—, eludiendo a Olavo con la destreza de un torero. Y, fijándose en Doreen, continuó—: Maruska habla de tres códigos secretos no descubiertos; con las letras sagradas mayas G T y O. Si los encontramos, lo descubriremos todo con respecto a la Serpiente Emplumada y al nuevo avatar.

—¿Hay relación entre Kukulcán y el avatar? —preguntó Olavo.

—Casi siempre la hay... la Serpiente Emplumada es una forma simbólica del avatar.

Doreen tuvo celos de Maruska. Solo entonces se dio cuenta de su interés por Agustín. Había oído hablar a mucha gente de la deífica Kukulcán. Se decía que era una diosa. Todos se manifestaban de una forma tan dispar, tan extraña y distante que la confundían.

—Pero... ¿cómo es esa profecía maya? —quiso saber Doreen.

—No es sencillo —insistió Agustín—. La profecía de Pacal Votan podría cambiar, si también nosotros nos corrigiéramos, como, por ejemplo, si usáramos el calendario de las Trece Lunas...

—¿Hay un nuevo calendario? —preguntó Olavo, interesado.

—Tenemos que adoptar el nuevo calendario si no queremos estar desequilibrados con respecto a la Tierra, al Sol y a la Galaxia. Y no llegaríamos a la cuarta dimensión...

—¡Eso es demasiado! —exclamó Doreen—. ¿Vamos a la cuarta dimensión?

—¿No ha leído *2012 - La profecía maya?* —preguntó Agustín.

—Pero si hubiera correcciones... sería mejor que conociéramos la profecía definitiva —insistió Doreen, evasiva.

---

* En español, en el original.

—Hizo bien en tocar el asunto. Una profecía puede sufrir alteraciones, si se produjeran cambios entre causa y efecto. La Tierra necesita limpiarse de la basura que hemos dejado. La limpieza se hará mediante la meditación y por medios físicos. «La pesadilla somos nosotros», como diría Jean-Paul, ¿no es cierto?

—¿Sartre? —preguntó Doreen, pasándose la lengua por los fríos labios.

Sí —dijo Agustín—, el autor de «el infierno son los otros»...

—Pero ¿qué es eso del calendario de las Trece Lunas? —quiso saber Olavo.

—Trece meses de veintiocho días cada uno —respondió Agustín.

—Trece meses de veintiocho días dan un año de 364 días, ¿no es cierto? —ironizó Olavo, sarcástico.

—El día que falta está fuera del tiempo, y se utiliza para mediciones y rituales.

—¿Un día cero? Usted habla de cálculos, ¿cómo es eso? —insistió Olavo.

—Podemos decir que es un día de tiempo cero. Nuestro tiempo está equivocado. Hemos de hacer los cálculos basándonos en el *Tzolkin*, el calendario sagrado; o sea, en los trece primeros algoritmos que simbolizan los trece *tonos lunares*, y los veinte signos o sellos solares. De este modo estaremos equilibrados con la frecuencia 13:20, de cuerdo con el nuevo calendario. Y no, como ahora, con 12:60, los doce meses del año, y los sesenta minutos de la hora.

—¿Y si yo continúo equilibrada con 12:60? —preguntó Doreen, sensual.

—No podrá ir a la cuarta dimensión. Verá, no se trata de escoger. La orden ya fue dada por la galaxia al planeta. La Tierra está equilibrada en 13:20. Si la Tierra fuera a la cuarta dimensión de la conciencia, y usted se quedara en la tercera dimensión... no sé lo que le podría suceder... ¿No ve cómo el mundo capitalista se está derrumbando? Quien solo tiene en cuenta el dinero, tiene una salud mental alterada...

El silencio cayó sobre ellos, teniendo al salón de billar, al fondo, como límite. Tras beber ávidamente su segunda copa de manzanilla, y dar vuelta a la copa de cristal entre los dedos, Agustín se despidió. Dejó su dirección en las pequeñas y finas manos de Doreen. Palmeó los brazos de Olavo, un gesto desorbitado, y salió del café de forma brusca. La salida teatral de Agustín les pareció una huida.

2 = ··

Pacal Votan, el heredero de la Madre Cósmica

29 de julio de 615, cinco horas de la mañana (calendario gregoriano).
Xibalanqué, 9.9.2.4.8. (calendario maya).

EL QUETZAL PEREGRINO, ave sagrada de los mayas, sobrevolaba silenciosamente la ciudad. Mirándola desde lo alto, el pájaro veía templos, palacios y nobles lugares construidos con torres en declive, la característica del estilo arquitectónico de Palenque. En tiempos pasados la ciudad parecía china, toda ella pintada de rojo vivo. Millares de años después, se la veía blanca como una nave brillante, que navegara en medio de los vapores místicos de las nubes, que la recubrían de un misterio denso, asentándola todavía más en las florestas verdes y húmedas que circundaban las tierras encharcadas, al norte de las montañas de Chiapas. Después, la inmersión en las playas del Golfo de México. El tiempo la había blanqueado.

Con apenas doce años, Pacal Votan había sido elevado, ese mismo día, al cargo de rey sacerdote de la antigua Xibalanqué. Su ascensión al trono no había sido fácil, después de que su madre —la Señora Zak-Kuk— hubiera abdicado en su hijo la corona de Palenque. Existía mucha desconfianza por parte de la nobleza. Pacal era muy joven para un trono de tanta responsabilidad, decían. Además, no descendía de línea materna, como mandaba la tradición.

Antes del ritual, tan pronto como salió el sol, el adolescente, casi rey, subió a la Torre de los Vientos para meditar. Allí vio al quetzal peregrino. Como llevaba frutas en su talego, le echó al pájaro zapotes. Así se hicieron amigos. El futuro rey sabía lo que habría de representar el ave en su destino. El quetzal, adorado por el color de jade de las continuas desgracias, también intuiría su hado, pero, en aquel momento, tenía un hambre voraz.

* * *

Agustín dejó el Tortoni y volvió a la Avenida de Mayo, ahora en dirección al anochecer. Disfrutaba del mismo ocio que el de los que dejaban el trabajo, al final de la tarde, y penetraban en los placeres de la vida. Pensaba en la Serpiente Emplumada y en la bella Doreen, nombre que le golpeaba el ser como el toque de una campana. Pocos eran los que sabían de la Serpiente Emplumada, la diosa andrógina. Solo los lectores de *The Plumed Serpent,* de David Herbert Lawrence, una obra maestra hoy olvidada.

«El Kukulcán —*El lugar en donde habita la Serpiente*— de los mayas difería sutilmente del *Quetzalcóatl* de los aztecas, ya fuese Serpiente-Pájaro o Dragón. La energía de la diosa, sin embargo, era la misma. Cada cual debía entrar en esa dimensión en trance y con la conciencia en un estado totalmente trascendente.

«Los estímulos vendrían, pero solo como rituales» —pensaba.

Se había preparado para un ritual en Chichén Itzá. A partir de ahí se había establecido un encuentro con la rusa Maruska Raskolnikov, que había dejado sus estudios paranormales para abrazar los mitos mayas. La rubia llegaría a las cuatro de la tarde. Faltaban veinticuatro horas. Tiempo suficiente para que pudiese vagar sin rumbo por las *calles sufridas*. Su corazón saludaba a Buenos Aires. Amaba el errar por la ciudad y meditar en el Dragón de América. Sentía a la Serpiente Emplumada como una nave-madre holística que derramaría otras deidades numinosas.

Los discípulos de Kukulcán agotaban los códices secretos, emanados de los sacerdotes, en el momento de presentarse en rituales profundos para honrar a la diosa de plumas. Si querían entender la esencia de la profecía, tenían que percibir con el corazón el lenguaje críptico del *Zuvuya*.

«Lo que me impide alcanzar el estado mental propicio para comunicarme con la Serpiente Emplumada» —se decía.

Leía *2012 —La profecía maya* con emoción. Pacal Votan, el profeta, nació el 26 de marzo del 603 y reinó durante sesenta y siete años, desde el 29 de julio del 615 hasta su muerte, el 31 de agosto del 683 d. de C., a los ochenta años.

Agustín siempre había sabido que la creencia en Kukulcán, base de toda la cultura mexicana, era, en su esencia, un proceso mental para una unión mística. De este modo todos los rituales se hacían ecuménicos, ya fuesen mayas o aztecas. Pero tenía dudas. Una de ellas, sobre la llegada profética de Quetzalcotal y su retorno antes del 2012, para instaurar la puerta de la Cuarta Dimensión Cósmica. También había soñado con parte de un texto antiguo, escrito en el idioma del *Zuvuya*, del que había traducido un fragmento: «Solo los espiritualmente fuertes... del... para el quinto mundo». Las palabras que faltaban eran esenciales para su mejor comprensión.

El «verbo que se hizo hombre y habitó entre nosotros», de los textos sagrados. «¿Habría sido Quetzalcóatl una encarnación de Cristo?»... Se rio de su propia pregunta. «Tendría razón Augusto Le Plongeon al afirmar que las últimas palabras de Cristo fueron dichas en maya: *Heli, lamah zabac tani? (Ahora, fúndeme en la aurora de tu presencia).*

Leyó la explicación en Ignacio Duarte, autor de *Os Senhores do Homen* (Los señores del Hombre), que confirmaba la teoría de Le Plongeon, sobre la última frase de Cristo. E. James Churchward escribió en *O continente perdido de Mu* (El continente perdido de Mu): *Jesús, después de estudiar en Egipto, entre los sacerdotes de Heliópolis, se fue a Cachemira y a la India, aprendiendo en este país las enseñanzas de Buda.* Se acordó de lo que dijera Ignacio Duarte: «Podemos comprobar que Jesús estuvo durante largo tiempo en el Himalaya. Por un texto existente en el monasterio de Hemis, en Leh, Cachemira, fronterizo con el Tíbet, obtuvimos datos históricos auténticos, indudables, que nos dan a conocer dónde y cómo Jesús aprovechó el tiempo de su ausencia histórica. Dice el texto: *Cuando Jesús dejó su tierra natal, primero fue a Egipto y allí estudió la antigua religión osiriana-maya. De Egipto pasó a India, en donde estuvo en muchas ciudades, inclusive en Benarés y Laore, en las cuales aprendió la enseñanza del Buda Gautama (que también estudiara la religión maya); después entró en un monasterio del Himalaya, en el cual aprendió directamente el maya y sus ciencias cósmicas. Al cabo de doce años se convirtió en maestro.*

El misterio de la encarnación de la Serpiente Emplumada de los mayas y aztecas residía en Teotihuacán, *Lugar en donde los dioses tocaron la Tierra,* y en Xochicalco, *Casa de las Flores.* Teotihuacán fue la Roma americana. Xochicalco, en las montañas del estado de Guerrero, que ha sido considerada por los chamanes como el *habitat* de la Serpiente Emplumada, se fundó entre los siglos IX y X d. de C. Era la fusión de los estilos arquitectónicos de Teotihuacán y de las ciudades clásicas mayas. De formas simples, Xochicalco nunca tuvo la sofisticación de las edificaciones de Palenque, pero acogió a las elites mayas y a las de Teotihuacán, tras el éxodo repentino de las ciudades de la era clásica, entre 700 y 900 d. de C. Un enigma hasta hoy.

Fue también en Xochicalco en donde renació la Serpiente Emplumada, en el 947 d. de C., energía necesaria para el desenvolvimiento de Chichén Itzá, en el Yucatán. Todavía se dio en Xochicalco, en el siglo IX, un simposio secreto de astrónomos. En este simposio estuvieron presentes los mayas, invitados por los aztecas, que apelaron a sus profundos conocimientos astronómicos, con objeto de solucionar el problema que allí se presentó debido a un eclipse solar.

Los aztecas, cada 52 años, cuando las Pléyades ocupaban el centro del cielo, suponían que el mundo se acababa. De ahí el simposio. En los bajorrelieves del templo principal de Xochicalco se ve una deidad misteriosa de piedra que devora al Sol. En el simposio quedó aprobado que todos tendrían que dejar sus ciudades si querían sobrevivir. De este modo, volvieron al nomadismo. Al no creer a los sabios mayas, los aztecas fueron asolados por los españoles.

«¿Cómo sabían los mayas que esas civilizaciones desaparecerían? ¿Qué forma tuvo el apocalipsis? ¿Una sequía prolongada? ¿Unas lluvias torrenciales? ¿Órdenes de la galaxia? ¿Serían los nuevos códices la respuesta a tales preguntas? ¿Y qué significaba la presencia de la Serpiente Emplumada en todo eso? ¿Qué sucederá en el 2012?» —se preguntaba Agustín, ansioso.

Creía que Kukulcán era más que una simple deidad. No sentía que emanase de ella la energía de una sola diosa. Por el contrario, le parecía una estructura mental compleja, mítica y mística al mismo tiempo, una constelación de dioses ecuménicos, cuya presencia parecía estar en todas partes de la vida mesoamericana.

Ese panteón animaba la vida de aztecas y mayas. Astronomía, arte, religión, calendarios y costumbres, todo bajo la influencia de Kukulcán, el Dragón de América. La ciencia maya apuntaba a Kukulcán como un avatar de la talla de Moisés, y hasta de Cristo o del Buda. La Serpiente Emplumada estaría ligada, cósmicamente, a las estrellas de la Mañana y de la Tarde, ambas, en realidad, el planeta

Venus, calibrador de los calendarios mayas y responsable de la fecha del 3113. Este número palíndromo hacía del 13 la base de toda la numerología maya. Agustín veía el número 3113 como un 13 visto en el espejo, ya que el 31 era su inversión. En esas fechas había nacido Venus.

La primera profecía maya pronosticó la llegada de Cortés, en 1519. Hernán Cortés llegó a México el día 1 Reed del año 1 Reed del calendario azteca, un viernes santo en el calendario gregoriano. Y realmente sucedió así.

Una leyenda azteca, manipulada por los españoles para justificar el genocidio de la conquista cristiana, decía que Quetzalcóatl era el nombre de un gobernante, según las crónicas españolas y aztecas del siglo XVI. Este gobernante se distinguió por sus dotes sacerdotales y por su sabiduría. No creía en sacrificios humanos, prefiriendo inmolar pájaros y mariposas.

Quetzalcóatl fue más conocido por la fecha de su aniversario: 1 Reed. El glifo 1 Reed (*Ce Acatl*) siempre estuvo presente en todas las representaciones del arte azteca. Y se oponía a todas las facciones guerreras de Tula, lideradas por Tezcatlipoca, dios de la Guerra y de la Noche, deidad de aspecto felino. Tezcatlipoca, literalmente «Espejo que Fuma» detentaba la virtud de divisar el mundo de lo invisible.

Tezcatlipoca lideró a Quetzalcóatl y a una legión de sus seguidores, después de que Quetzalcóatl pecó al beber demasiado pulque y al hacer el amor con la diosa de la naturaleza y del amor, Xochiquetzal (Pájaro Florido). Después de pecar, Quetzalcóatl elevó una pira funeraria, al alcanzar la costa, y se metió en ella. Antes, vaticinó su regreso en el día 1 Reed, para retomar su trono. En el día 1 Reed Cortés llegó a México. Había otro vaticinio para el año 2012. En este, la presencia de la Serpiente Emplumada resultaba esencial para los prolegómenos del Tercer Milenio. Agustín quería saber el porqué.

Andaba al azar por la Avenida de Mayo, sin darse cuenta de que había vuelto a la Casa Rosada, centro del poder argentino. Los guardias vigilaban la República, Sintió que aquel mundo se desmoronaba. Una dorada sonrisa le bailó en el rostro. ¿Sería que tal vez iba a salvarse él, cuando llegase el 2012 y se abriese la puerta? ¿Traerían los códices nuevas órdenes para el nuevo milenio?

La ansiedad de Agustín aumentaba a cada paso. Le parecía que la avenida no tenía fin. ¿Sería que su final estaba tan próximo que no conseguía vislumbrarlo? Mientras vagaba, le vinieron a la mente los versos de Borges: *Las calles de Buenos Aires / ya son mi entraña. / No las ávidas calles, / incómodas de turba y de ajetreo / sino las calles desganadas del barrio, / casi invisibles de habituales / enternecidas de penumbra y de ocaso...** Borges estaba vivo, pero vivía en una dimensión encantada.

Paró un *remisse*, los taxis creados por el desempleo global, y se fue a dormir. Debía estar temprano en el aeropuerto. Volvería a ver a la empedernida de hermosas piernas, pensó con nostalgia. Tenía en la cabeza dos rubias, dos lobas que turbaban su soledad. Una, delgada, racional y fría; la otra, de carnes voluptuosas, senos al frente, intentando atravesar el mundo con sus rosados pezones.

Aquella noche el sueño de Agustín fue revelador. Kukulcán le mostraba las grandes verdades de la civilización maya. Le enviaba a *Ahau Kin*, el Señor Solar, un emisario de la Quinta Dimensión. Vestido de sacerdote, con un gran tocado en la cabeza, sosteniendo en la mano el escudo de Pacal Votan, *Ahau Kin* parecía un holograma.

—*In lake'ch* (Yo soy otro tú) —dijo, saludándolo a la manera maya.

Agustín también le respondió en maya. La extraña figura le indicó la Serpiente Emplumada, que permanecía enrollada en un bastoncillo, en la mano derecha, además del quetzal, que le coronaba el extraño tocado.

Agustín hizo una ridícula reverencia.

---

* En español, en el original.

—Vengo a sacudirte de tu entumecimiento materialista —dijo *Ahau Kin*—. ¡Recuerda! Ya no hay por qué esperar; el tiempo de la tercera dimensión se repite y se agota...

Agustín se dio la vuelta, como si fuera a levantarse, pero se empotró en la almohada. Tenía pesados los párpados, como si estuviera hipnotizado. Una luz, que llegaba de algún sitio, iluminaba y caldeaba toda la habitación. Ante sus ojos pasaban imágenes que se repetían, porque ya había terminado el tiempo de la tercera dimensión, y la Tierra continuaba hacia la cuarta.

Por eso se producían tantos hechos repetitivos, haciendo de la vida una rutina sin sentido. La Tierra, una enorme Babel, todavía presenciaba la lucha entre árabes y judíos, en el Oriente Medio, tan antigua como el mundo. La división renovada entre serbios, croatas y musulmanes en Bosnia, ex Yugoslavia, exacerbaba cada vez más los conflictos raciales.

Checoslovaquia nuevamente repartida: eslovacos, de un lado; checos, del otro. El nuevo mapa de Rusia, al dejar de ser la URSS. Liberando países que tanto había torturado, bajo una dictadura implacable. Todo retornaba, como una pesadilla. Los problemas raciales en África, incrementando la milenaria miseria de los niños que morían de hambre, exánimes. El suicidio de los indios en Brasil, al comprobar el mundo caótico y sin sentido en que vivían. La misma cuestión entre los aborígenes australianos, que ya no querían reproducirse para que la raza se extinguiese; todo gracias a la insensatez del mundo, en el que solo contaba el dinero, convirtiéndose en la maldición de los seres humanos.

—Debes recordar: la Historia está muerta —prosiguió *Ahau Kin*—. La historia, modelada por la radiación galáctica, emanada de *Hunabku*, la energía-madre que gobierna la Tierra, a través del Sol, durante los últimos 5.125 años, ya ha renovado las órdenes para que el portal del nuevo ciclo se abra en el 2012. ¿Acaso te has olvidado de que la cultura terráquea siempre siguió los periodos galácticos, un código que nos fue enseñado por los *Nueve Señores del Tiempo*? —Y continuó:

—Has perdido el contacto con *Hunabku*, pero podrás conectarte, en cualquier momento, con la energía de la radiación emanada desde el centro de la galaxia. Solo de ese modo te despertarás a la mente real, la mente superior, la mente más profunda. Recuerda siempre: la Tierra, el Sol, la Vía Láctea y el Universo tienen vida y son inteligentes. No son elementos mecánicos o digitales: están vivos. ¡Debes conectarte con ellos!

Agustín se despertó sediento. Miró en derredor. Nada. Nadie. ¿Quién era *Ahau Kin*? Intentó, sin conseguirlo, volver a dormir. Se levantó para tomar un café. No era insomnio lo que sentía, sino una lucidez profunda y dolorosa. Como si se tratase de una película, repasó todas las escenas sobre los mayas, recogidas en Chichén Itzá, Uxmal, Mayapan y Palenque. Solo esta última era clásica; las demás, mayas y toltecas simultáneamente, habían surgido tras el éxodo clásico, y en la consiguiente invasión de las ciudades mayas por los toltecas. Invasores e invadidos instauraran una civilización mixta en el Yucatán. Y mezclaran las razas y la arquitectura.

Se acordó del alemán Günther Schielen, arqueoastrónomo —ciencia que analiza el cielo de las edades arcaicas—, cuando le dijo que ninguna otra civilización había abordado la radiación galáctica antes de los mayas. Recientemente, la ciencia había comprobado la influencia de las radiaciones que navegan por la galaxia:

—Así nació el Sol —le dijo Gunther—. Una onda de densidad provocó la ignición de la estrella gigante, y ¡bum! ¡Se hizo el sol! —Y describía esas radiaciones, que atravesaban la galaxia, como *ondas de densidad.*

—Al barrerla, influyen en su evolución. El núcleo de la galaxia —*Hunabku*, el dios de los mayas— es un organismo envuelto en su propio desenvolvimiento. Así pues, tiene una dinámica autoorganizadora en la galaxia, es decir, la galaxia vive en permanente expansión. Y el simple hecho de que nazca una estrella forma parte de la epigenia galáctica. El Sol es activado por la dinámica gobernada por el núcleo galáctico.

¿Será que después de la ignición, el Sol y la galaxia seguirán solos? ¿Hasta qué punto llegará la dinámica galáctica del Sol y de los planetas?— se preguntaba Agustín, cuando sonó su teléfono móvil. Contestó de mala gana.

—¿Diga?

—Soy Günther. ¿Cómo está, Agustín? ¿Ya se enteró de los códices?...

—Los códices... ¡Ah, sí!... Estaba pensando en usted, qué coincidencia...

—Eso no existe, Agustín. ¿Va a ir a Palenque?

—No, voy a Chichén Itzá con...

—¿Chichén Itzá? ¿No será a Palenque, Agustín? ¿Usted y quién más?

—Con Ma... dejémoslo estar... ¿Por qué a Palenque? ¿Cómo supo de los códices?

—No se habla de otra cosa. Hay una mujer en esa historia, ¿no es cierto, Agustín?

—Bueno, sí, Günther. Una arqueóloga amiga mía...

—¿Amiga?... (Agustín percibió malicia en la voz de su amigo.)

—No es lo que está pensando... pero ya que me llamó, me puede ayudar...

—Diga, Agustín, ¿de qué se trata?

—¿Tienen que ver las radiaciones de la galaxia con la evolución de la vida?

—Sí. Las radiaciones de densidad se vienen desplegando por la galaxia en los cuatro billones y medio de años de existencia del Sol. Al atravesarlo, alteran su dinámica y la energía radiante que baña la Tierra...

—¿Sufrimos entonces la influencia de *Hunabku*, como decían los mayas?

—Exacto, Agustín. Debe reflexionar sobre eso: una simple hoja de plátano está formateada por la galaxia, a través del Sol; no solo por la selección natural del medio ambiente de la Tierra, sino principalmente por la acción de la galaxia y del Sol, como un todo. Incluso hay más: existen nuevas teorías de que el Sol es el responsable incluso de nuestro carácter. No exactamente de la fecha de nuestro nacimiento, como quiere la astrología, sino de la concepción, cuando todavía somos un simple feto...

—¡Pero eso es demasiado, Günther! ¿Habrá explicaciones en los códices?...

—Quizá, Agustín. Los mayas ya sabían de eso, con certeza.

—Günther, ya me estaba olvidando, ¿cómo está Nakin y su hijo Kin?

—Nakin está bien. Kin ya tiene un año. ¿Y cuándo va usted a Palenque?

—No lo sé, depende de Maruska... ¿por qué Palenque, Günther?

—¡Ah! ¿El nombre es Maruska? ¿Palenque?... simple intuición. Hasta luego, Agustín.

—Hasta luego, Günther. Recuerdos a Nakin... besos a Kin...

3 = ...

La ciudad roja

Palenque, 25 de agosto, siete horas de la mañana.
3. Luna Escorpión Lunar, Mago Solar blanco — kin 74: «Con el tono solar del designio, soy guiado por el poder del corazón».

Plan i intención

Eric Miller se bañaba en la *Mariposa*, una piscina natural de Palenque. Delgado, piernas finas y alargadas, como una garza, tenía una mirada triste que le proporcionaba un falso aspecto de fragilidad. Craso engaño. Mientras chapoteaba en las aguas, que fluían desde hacía milenios, se preguntaba por qué se llamaría la ciudad roja.

Sabía que el rojo de Palenque se debía a los puntos cardinales. Para los mayas, el Norte era blanco; el Sur, negro; el Oeste, amarillo, y el Este, rojo. Como Xibalanqué se había erigido al este, era la Ciudad Roja. Pero no era solamente eso. El joven espeleólogo sabía que el rojo había sido el auténtico color de la ciudad. La acción del tiempo y la invasión de la selva la decoloraba, después de milenios, cuando su pueblo, sin razón alguna, la había abandonado en el 799 de la era cristiana.

La ciudad antigua había estado siempre rodeada de corrientes de agua, que al descender por los contrafuertes de las montañas de Chiapas formaban varias cascadas. Además, estaban los ríos Otolum y Motiepa. El Otolum desembocaba en la *Mariposa*. Después, las aguas bajaban en torrenteras hacia el sur, formando la cascada de *Guarda-lluvia*. Antiguamente corrían por subterráneos artificiales, construidos por constructores geniales, abasteciendo el acueducto del Palacio Real. El Motiepa desaguaba en la piscina de Pacal, en donde se bañaba el rey, en tiempos remotos.

Eric sentía que debía haber una conexión entre Pacal y Kukulcán. Por eso consideraba al rey como una manifestación de la Serpiente Emplumada; de ahí procedía el nombre de Votan, otro apelativo de Kukulcán. Si había regresado a las Pléyades, de donde viniera, era para decirle a los mayas de allá, a los mayas galácticos, que los seres de la Tierra estaban dispuestos para la nueva radiación del 2012. Solamente entonces se abriría la puerta para la Nueva Era.

* * *

El quetzal se posó en la cima más alta del collar de montañas. Esta masa de tierra dividía Palenque, a menos de mil metros, de Tonina, a tres mil metros de altitud. Lo había hecho encima de uno de los últimos peñascos, que se destacaba como la roca principal del macizo de cumbres y colinas, que coronaban la región de guerrillas de Chiapas. En otros tiempos, este había sido el dominio de *El diablo**, apodo dado al comandante Nuno, tenido por muerto tras la última refriega contra fuerzas ocultas, hacía poco más de un año. Jamás se había sabido quién le mató. En el supuesto de que lo hubieran matado.

---

* En español, en el original.

Eric había oído de su hermano —Leopoldo— todo sobre *El diablo*. Su instante final, caído y desangrándose; periódicos cubriéndole el cuerpo exangüe. Así lo había visto, al pasar, para tomar el helicóptero que lo llevaría preso al aereopuerto de Ciudad de México. Y desde ahí, de vuelta a Brasil. Todo había sucedido sin que los científicos supiesen siquiera por qué estaban siendo deportados; ni por qué intervenían tan ruda y brutalmente las fuerzas militares contra aquellos estudiosos de la profecía de Pacal, el Grande.

* * *

El quetzal permanecía posado en la cima más alta de la cadena de colinas. Inerte, como una roca, recortaba su perfil de ave sagrada, contra el confín crepuscular, de cuyo dorado epicentro surgía el sol. El astro, al ponerse en el horizonte de la ciudad, moldeaba las praderías de colores y sombras, en el cuello de las colinas. El ave sagrada se había convertido en tiempo. Los mayas vivieron en aquellas tierras hacía millares de años.

La civilización que había renacido allí provenía del confín del mundo, quizá de la tierra de Mu, o de la Atlántida, tal vez de las Pléyades. Serían, pues, cósmicos y terráqueos, simultáneamente. Algunos creían proceder del ombligo del mundo, siendo tal vez primos de los sumerios. Y todo ello porque en el siglo III d. de C. inventaran el cero; de ahí procedía el respeto de los científicos por esos fundadores de la más sofistificada civilización de la Tierra.

Eric Miller sabía que, en el 1840, el equipo arqueológico de John Stephens y Frederick Catherwood habían registrado sus viajes por el Yucatán y América Central. El resultado sorprendió al mundo. Aportaban el suspense del descubrimiento de una raza perdida y mucha fantasía. Escritores-exploradores del siglo XIX, como el abad Charles Brasseur de Bourborg, Lord Kingsborough, y de manera muy especial, Auguste Le Plongeon, empezaron a relacionar la civilización maya con los egipcios y los atlantes. James Churchward y Lewis Spencer, entre otros, establecieron una relación entre los mayas y los lemurianos, debido a las ruinas y a los jeroglíficos encontrados.

* * *

El quetzal esperaba que Pacal viniese a darle una fruta, el zapote o el cacao silvestre, y le acariciara la cola de jade. La zapota, árbol del zapote, producía un látex con un quince por ciento de goma, con la que se fabrica el chicle. Los mayas mascaban chicle, además de beber el chocolate, una bebida inventada por ellos. El zapote tiene una carne parda, carnosa y muy dulce. Al quetzal le gustaba mucho esta fruta. Con hambre voraz se complacía cuando el amo le daba el fruto del *cacahua*.

Era la única ave peregrina de Chiapas. Su lugar de origen era Guatemala, en donde aparecía hasta en el escudo de armas de la República. Pájaro solitario, perdido en Palenque, lejos de su hábitat natural, acechaba la llegada de Pacal para gozar de la fruta carnosa y jugosa, golosina que los monos macacos destruían con los dientes, antes de que madurase.

El quetzal se posaba entre las ruinas: Palenque, Bonampak, Yaxchilan y Piedras Negras, volando sobre el río Usumacinta y sus tributarios, además de Grijalva y las tierras altas de Chiapas. Gustaba ávidamente de todas las frutas de la región. En su intuición de pájaro quizá no supiera por qué gustaba más del zapote y del cacao, cuando se los ofrecía su amo, el rey Pacal de Palenque.

* * *

«Si no tuviera espíritu fuerte...» —decía la frase, sobre la tapa de la caja de madera. En ese punto, la caja descubierta en el Templo del Sol había sido raspada. ¿Quién trataría de esconder los informes del códice que podrían contenerse allí?

Eric jamás lo sabría. Encontró la caja casualmente en el Templo del Sol, al oeste de la plaza central, cerca del Palacio Real, y al pie de una colina. Allí había otras edificaciones: el Templo de la Cruz, el de la Cruz Florida, y pirámides inexploradas, típicas de la arquitectura de Palenque.

Al entrar en el templo, apreció en los pilares del pórtico jeroglíficos y figuras humanas modeladas en estuco. Algo parecido a lo que sucedía en casi todos los edificios de la ciudad. Observó que el Templo del Sol representaba la ascensión de Chan Bahlum, o *Serpiente-jaguar*, hijo de Pacal, como le había dicho su hermano. Vio también el signo del *Sol-Jaguar* en el mismo centro del escudo esférico, en el que se cruzaban dos lanzas, y que se apoyaba en el santuario, sustentado por dos atlantes. En el lado derecho estaba Chan-Bahlum, un *Ahau Kin* —Señor Solar— haciendo una ofrenda en la misma fecha de su ascensión al trono: 10 de enero del 684, o sea, 9.12.11.12.10. (calendario maya), después de una ceremonia de diez días.

Así decían los jeroglíficos que enmarcaban el retablo. Con mucho esfuerzo, Eric pudo traducirlos. Solo lo pudo conseguir gracias a la lectura de los libros de su hermano. Del lado opuesto se encontraba Pacal con el cetro real cuatripartito, símbolo de la división en cuatro del mundo maya. Miró los ojos del Sol-Jaguar, inscrito en el escudo, encima del trono. Em ambos se encontraba la forma espiraliforme, símbolo de la letra G, cuyo sonido y forma tenían origen maya. La G había sido siempre el símbolo de la Vía Láctea, aunque se trazara al revés. Eric ya sabía entonces que los sacerdotes de Palenque adoraban la G sagrada. Y que los ojos del Sol eran también los de la galaxia.

Tocó con cuidado los ojos del Sol-Jaguar. Las lanzas se unieron, revelando un nicho secreto. La sorpresa lo paralizó. Le costó dominarse. Un viento helado venía de aquellas pétreas entrañas. Se le erizó el vello. No por el frío que venía de allí, sino por la expectativa de que algo misterioso iba a llegar, haciéndolo temblar.

Descubrió la caja dorada en una hornacina de la pared.

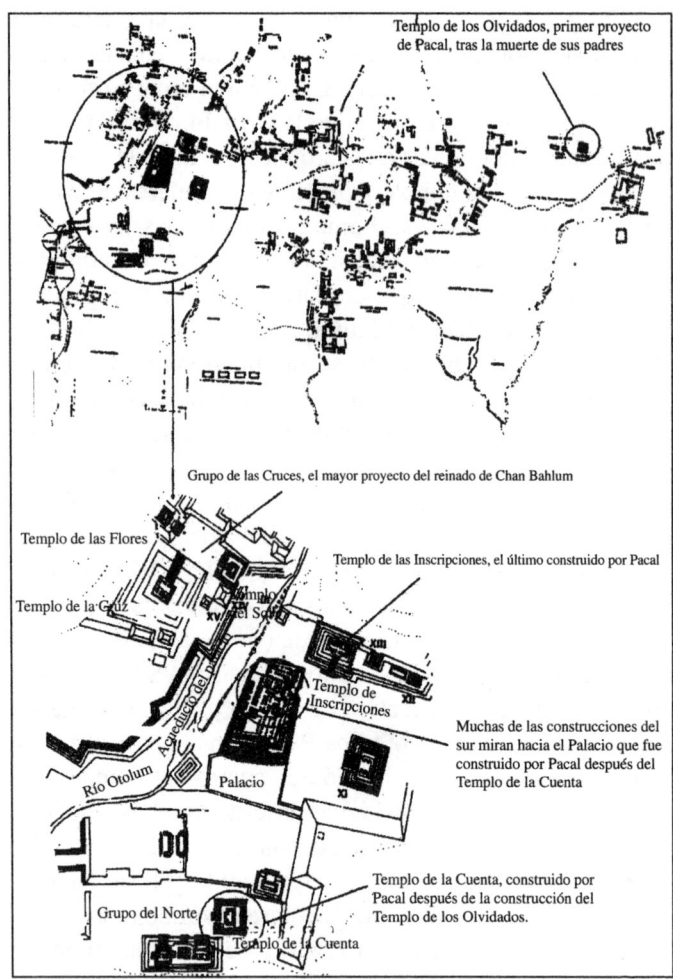

Planta de Palenque

El códice debía estar allí dentro, pero la caja era lisa, sin salientes. Totalmente lisa. ¿Cómo poder abrirla? En la tapa, el mismo icono del altar del templo: dos figuras sacerdotales de perfil, como las figuras egipcias, extendiendo las manos en ofrenda: *la energía solo llegará hasta nosotros en espiral, la forma de la Vía Láctea, de la que nosotros, seres de la Tierra, dependemos.*

Según los glifos, en el lateral de la caja, el sabio maya Pacal Votan, *Escudo-Serpiente*, escribió el contenido de la caja, fuese el que fuese. Eric lo pudo traducir, a pesar de que sus conocimientos del idioma maya clásico eran parcos. Los demás glifos eran arcaicos, quizá litúrgicos, en la lengua críptica de *Zuvuya*. Eric estaba adentrándose, en esos instantes, en el idioma secreto y sagrado de los mayas.

Leopoldo había dicho: «Los mayas lo definieron a la perfección al llamar al idioma YAK'; palabra que, invertida, se transforma en K'AY, que significaba *canto*. Los lingüistas llegaron a la misma conclusión: el ser humano aprendía a hablar cantando.

«Rara unanimidad», pensó.

Todavía quedaba mucho texto por traducir. Eric sabía de eso. Su hermano le había hablado de Maruska y de su amigo, Agustín, un extraño descifrador de la lengua maya. Se bañaba en la *Mariposa* bien temprano para energizarse al sol. Y pensaba. Quizá también se encontrase en Palenque el Códice T, otra letra de origen maya, la T del árbol sagrado o T del mundo, de donde procedía la Humanidad. Eric se había dado cuenta que la ciencia maya no se apartaba de la religión. Vio a las dos unidas, como una sola unidad espiritual. Aliadas, como debía ser, pues religión quería decir en latín *religare,* o volver a unir.

La importancia de la T sagrada radicaba en haber sido adorada en el palacio de Pacal, en donde viviera, en el siglo VII, el profeta. En la tapa de su sarcófago, la figura parecía viajar en una nave con la forma de la T sagrada. Para los mayas, el nacimiento mitológico de la Humanidad provenía del árbol sagrado. Y la letra T simbolizaba el árbol original. Por eso en maya Árbol Sagrado, *Yaxché*, quería decir el Primer Árbol. *Yaxché* todavía era la savia. Y la savia, el símbolo del Árbol Sagrado.

Eric Miller conocía la importancia del descubrimiento reciente. Pero quería estar en el Petén, tras el tesoro de Moctezuma. Había conseguido obras de los cronistas de la época. Una de ellas hablaba con detalle del tesoro del legendario emperador azteca, un secreto que se había guardado durante milenios. Por eso, Eric ansiaba, a través de Maruska, la amiga de su hermano, tener noticias de los códices perdidos en la selva del Petén. Solo de ese modo podría pretextar una incursión hacia el tesoro perdido. Volvía a repetir la misma *mis-en-scène* de Cortés, cuatro siglos atrás.

Había leído en una crónica del siglo XVII que, tras conquistar México, en 1524, Cortés se había adentrado en la selva del Petén para llegar a las Honduras Británicas. Prefería así el camino más difícil, por tierra, en vez de la vía marítima, más rápida y cómoda. Una elección extraña.

Como se decía en los textos, Cortés debía sorprender y castigar a un rebelde —el capitán Cristóbal de Ollid—, pero lo que anhelaba era el tesoro de Moctezuma, que se decía estaba escondido en una de las innumerables cavernas de la región de Petén. El eterno aventurero español siempre se había apasionado por las tierras ignotas. Después de haber conquistado a los aztecas, la vida había vuelto a la misma pasividad ínsipida de la rutina. Súmese a ello la incomodidad de los machacones e innumerables problemas de gobernar un imperio tan enorme como era el de México. Cortés quería librarse de tales encargos. Le animaba el desafío de invadir una tierra hostil, casi impenetrable, pantanosa, sumergida en una inmensa selva de lagunas insalubres, de largos ríos y de poderosas torrenteras. El viaje duró dos años. Una epopeya de dos mil quinientos kilómetros, ochocientos de los cuales eran selva virgen.

Eric leía y releía esa epopeya, que ahora formaba parte de la historia de los grandes hechos de los exploradores españoles. La expedición estaba formada por ciento cuarenta soldados, noventa y tres caballeros, tres mil indios mexicanos, ciento cincuenta caballos y una manada de novecientos sesenta cerdos, además de pequeña artillería, municiones y pertrechos. La presencia de muchas manadas de cerdos era normal en las expediciones. Los cochinos comían cualquier cosa y se necesitaban pocos hombres para vigilarlos. Eran toneladas de carne fresca que garantizaba la supervivencia del pequeño ejército. Pero, a pesar de los cuidados, aquello se convirtió en una marcha de hambrientos. Hubo canibalismo entre los indios y, probablemente, también entre los españoles.

Cortés llevaba a Cuauhtémoc en la loca epopeya. El príncipe azteca accedería al trono a la muerte del tío —Moctezuma— después de que este emperador fuera lapidado por el propio pueblo, por sumisión y servilismo a los invasores. Tras la muerte del tío, Cuauhtémoc retomó la lucha armada, pero ya era tarde.

Cortés dominó la revuelta, pero no lo eliminó. Al contrario, admiró su coraje y acabó haciéndose su amigo. Cuauhtémoc le habría hablado a Cortés del tesoro, aunque fuera para aplacar su ira, ya que había quedado cierta hostilidad entre los dos. Desde el principio, se produjeron revueltas entre sus componentes, cosa que irritó a Cortés. Cierto día, sin pruebas, Cortés acusó a Cuauhtémoc de alta traición y lo condenó a la horca. No debía haber escarmentado al príncipe con tan severa pena. Este hecho siempre permaneció oscuro. La historia jamás reveló las razones. Ni las que tuvo Cortés para llevar con él al príncipe, ni las que sirvieron para condenarlo a muerte. De este modo, Cortés jamás puso las manos en el tesoro de Moctezuma.

Eric también había oído leyendas sobre la existencia del tesoro escondido en el Petén. Mitos que corrían de boca en boca entre los pueblos indígenas, al nordeste de Guatemala. Solo este hecho hubiera justificado la odisea fracasada de Cortés al Petén. Al llegar a Honduras, Ollid ya había sido ajusticiado. Entonces Cortés regresó a España, debilitado por el paludismo adquirido en la selva del Petén. Y murió, en un pueblo cerca de Sevilla, lugar al que se le había obligado a volver.

La prueba de la existencia del tesoro de Moctezuma se debió a un caso todavía más oscuro, ocurrido en el siglo XIX. Eric había leído: «Algunos indios del Petén se habían instalado, en 1846, en una aldea de la Honduras

Británica, hoy Belice, entre Petén y Yucatán. Los indios decían que habían huido de una guerra contra una tribu vecina. Después de tres meses, quemaron y asolaron la aldea, antes de huir nuevamente a su selva originaria. La patrulla que se envió en su persecución los alcanzó cuatro días más tarde, junto a la laguna de Yaloch. Entonces, los indios propusieron un negocio a los veinticinco soldados mestizos y al oficial italiano que los mandaba: dejarían a sus familias como rehenes, durante ocho días; tiempo suficiente para ir a buscar oro, y de este modo poder comprar su libertad. Negocio cerrado. Siete días después, volvieron cargados con veintiséis barras cilíndricas de oro, que llevaban dibujos de una cabeza de águila y jeroglíficos. ¿El sello del emperador Moctezuma? Así lo aseguraban los indios».

Eric tenía la certeza de que los mayas sabían de la existencia del tesoro escondido en una urna, tal vez en un lago del Petén. Por eso siempre había querido trabajar cerca de las cavernas. Siendo espeleólogo, sabría cómo zafarse de las trampas que la misma naturaleza habría colocado allí. Deseaba tener noticias de Maruska. La empedernida venía a Palenque en busca del códice G, según le había dicho por *e-mail*. El *codex* tal vez estuviera allí, en la caja lisa que le quemaba las manos y le perturbaba.

En aquel instante, estaba lejos del Petén. Solo quedaba una solución: esperar la llegada de Maruska y de Agustín, el traductor, abrir la caja y descifrar el contenido. Decidió bañarse en la cascada. Quién sabe, así tal vez refrescase las ideas y alejase el miedo que había sentido al encontrar la misteriosa caja lisa.

* * *

En el día establecido, Maruska desembarcó en el aeropuerto de Eceiza sin que se supiera nada de Agustín. Los habituales retrasos del argentino la ponían de mal humor.

Agustín vivía retrasado. Así había sido desde los tiempos de la universidad. Además de eso, pocos meses antes de la licenciatura, se había cambiado a un curso de etnología. Se había especializado en razas y dialectos mayas. Especialmente *yucateca* y *cholan;* además del *nahua,* la lengua azteca.

La suerte de Maruska fue encontrar en el vuelo a Hans Berg, el dulce viejecito que había sido su profesor de posgrado, en la Universidad de Berlín. Hans había permanecido mucho tiempo desaparecido, después de sus aventuras en Palenque. Frans se había preocupado. No había vuelto a ver a su padre. Decían que se había vuelto un iluminado, y hasta que se había transformado en luz, según los más exagerados.

Cierto día llegó una carta de Hans. Frans se alegró. El padre había dejado la enseñanza y se había convertido en un chamán. Había aprendido el esoterismo maya y descubierto una profecía de Pacal Votan para el 2012. Después recorrió el mundo enseñando a sus discípulos a conseguir la iluminación. Acababa de descender en el Eceiza para encontrarse con el hijo, profesor de Historia en dos facultades argentinas. La mujer de Frans, Luara, había dado a luz dos gemelos: Frans Berg junior, y Hans Berg II. Hans había venido para conocer a sus nietos.

Finalmente, Maruska vio a Agustín corriendo confuso entre la gente. Tropezaba aquí y allá con los viajeros. Estos, sentados en sus maletas, esperaban sus aviones manteniendo buen humor y paciencia ante las largas demoras. Al verla, Agustín corrió a su encuentro, tirando casi a Hans que, sin embargo, logró eludirlo a tiempo.

Maruska y Agustín estuvieron abrazados durante mucho tiempo. Ambos carentes de afecto, solitarios y tristes. La rubia intentó soltarse. Él la abrazó con más fuerza, haciéndola enrojecer. Agustín se pegaba al cuerpo de Maruska. Ambos ardían de deseo. Hans observaba, con la mirada complaciente de los sabios. Sabía lo que era la soledad, desde la muerte de su Sara.

—Bueno, Maruska —susurró Agustín, todavía trémulo— ¿Marcha todo bien?

—Sí —dijo la rubia, disimulando—. ¿Leyó mi *e-mail* sobre los códices?

—Claro. ¡Siento una gran curiosidad! —respondió el afligido Agustín, separándose lentamente del cuerpo larguirucho y ardiente de Maruska.

—Quiero presentarle al profesor Hans —dijo la rubia, sin recuperarse todavía.

—Encantado —repuso Agustín—, reconociendo al viejo que casi atropellara.

—Ya no soy profesor de nada —cortó Hans—. Soy un aprendiz de hechicero maya... digamos que un mero alumno. Pero me gustaría saber algo de los códices...

—El profesor Hans fue el coordinador de mi tesis sobre las profecías mayas. Es un especialista en el esoterismo maya —explicó la Maruska de piernas muelles.

—¡Qué bien! —Exclamó Agustín, dominado todavía por el deseo.

—Quiero dejarle la dirección en la que me voy a quedar, Maruska. Necesito conocer los nuevos códices. Mire, aquí tiene la dirección, y la de mi hijo... en el centro...

—Muy bien... yo le telefoneo si... si tuviéramos novedades —despistó Maruska.

La gente se agolpaba en el Eceiza. Los coches se atropellaban en su afán de ocupar el escaso espacio alrededor del aereopuerto. Hans buscaba un taxi para ir al centro, en donde vivían ahora sus gordezuelos nietos.

4 = ...

Quetzal, el pájaro sagrado

9.10.2.6.6
Año 635 (calendario gregoriano), cuatro horas de la tarde.

EL QUETZAL esperaba paciente la llegada de Pacal Votan. A cada minuto volvía a llamar al amo. El encuentro, un ritual. Pacal subía los cuatro niveles de la Torre de los Vientos, ofreciendo jugosas y dulces frutas al ave sagrada. El pájaro, en gratitud, dejaba que el sacerdote, con toda su potestad, pasase los cortos dedos entre sus plumas; una mano santa que las acariciaba, y alisaba su larga cola de plumas color de jade, un gesto que solo se prodigaba a sí misma.

Después, *Etznab,* nombre que le había dado su amo, sobrevolaría las cúpulas de los templos, prefiriendo siempre la del Templo de las Inscripciones, el último erigido por el rey, antes de convertirse en luz. Allí, el profeta había dejado su *sarcófago* en una cripta secreta que el arqueólogo Alberto R. Lhuillier descubriera y anotara: «En el día 15 de junio de 1952 (...). Yo estaba en una cripta espaciosa que parecía tallada en hielo, pues tenía paredes cubiertas por una capa calcárea lustrosa, y numerosas estalactitas que colgaban de las bóvedas como cortinas, y las grandes estalagmitas daban la impresión de cirios enormes».

La cumbre del Templo de las Inscripciones era su preferida. *Etznab* no sabía lo que quería decir su nombre, pero lo había aceptado. Sabía que el amo lo quería bien y, por tanto, *Etznab*, significara lo que significara, solo podía ser un buen nombre. ¿Qué habría pensado Pacal al dar el nombre de *sala de espejos* o *patrón del tiempo nulo* a un ave?

Etznab era un *tiempo nulo* que se reflejaba ante toda la naturaleza. Y la *sala de espejos* en la que todos se miraban. Se había posado en la cima del templo. Había allí una energía que no se percibía en otros edificios de la urbe. Allí, el ave veía una arquitectura homogénea. Palenque era su territorio; su paradero, Tonina. Lejos de los vivos y de los muertos.

La ciudad estaba silenciosa, como si Pacal la hubiese vaciado para llevar a cabo un ritual en la selva. Desde donde se hallaba, el quetzal no divisaba ningún ser vivo. Mientras tanto, el ave sagrada tenía la paciencia de los pájaros. Y un hambre voraz de frutos, pero no un hambre perentoria. Si quisiera, podría volar hasta la primera zapota y disfrutar de la frugal carnosidad de los zapotes. O se posaría en el próximo árbol del cacao para disfrutar de la miel del *kakahua,* el dulce caldo del cacao. En su intuición de ave, la fruta resultaba más dulce cuando le era ofrecida por las manos puras del profeta.

Si conociese las costumbres mayas, intuiría que estaban en el *uayeb,* los cinco días aciagos del final del año. El calendario civil de los mayas clásicos —el *Haab*— tenía dieciocho meses de veinte días cada uno, completando los 360 días; más el mes cojo de cinco días, el *uayeb, la cama del año.*

Días antes, Votan había finalizado la profecía que, más tarde, sería el Códice T. El sacerdote dejará claves para que solamente los elegidos lo encontrasen, en el momento oportuno. Lo había escrito en la corteza del *baalché,* el árbol sagrado con el que también se hacía la bebida sacral de los rituales. El *baalché* tenía una composición insólita, al convertirse en bebida: agua y miel silvestre fermentada, mezcladas con la corteza tóxica macerada. Los mayas se embriagaban en los rituales con esta bebida estimulante y nauseabunda. En el bosque de Chiapas, el *baalché* crecía en estado salvaje. Las cortezas se recogían ceremonialmente, o bien como se hacía con la miel silvestre. La miel aceleraba la fermentación.

* * *

La noticia se había propagado por la cadena de montañas volcánicas de Chiapas, de clan en clan. Se había visto a El *diablo* cerca de Palenque, el primer día de septiembre; fecha de un eclipse solar. *El diablo* estaba vivo, si el rumor, en su discurrir por la sierra, era verdadero. Aquel pueblo padecía una pobreza que le había caído como un destino. Ese era el motivo por el que respetaban al rebelde, que les había ayudado a transformar su miserable sino en otro más humano, más cósmico. Los que lo conocían sabían que su alma estaba lo suficientemente avezada a traiciones políticas, como para no mostrar ninguna turbación. Había sido cazado como una fiera y resultará mortalmente herido. Todo había sucedido en Chichén Itzá, por eso surgía la desconfianza de que pudiera tratarse de un rumor, ya que ahora había sido visto en Palenque, un lugar muy alejado. Sus enemigos ni siquiera habían confirmado su muerte, a pesar de lo mucho que sangraba por debajo del periódico mentiroso que exhibía el titular: PAZ EN CHIAPAS.

Los helicópteros habían raptado a los científicos, en Chichén Itzá, y los habían llevado indebidamente a Ciudad de México. No había sido el Gobierno el que los deportara a sus respectivos países, sino una entidad sin nombre. Existía allí una guerra no declarada entre el enemigo X y los que alertaban al pueblo para la profecía maya.

Según los rumores que corrían por la sierra, después de la partida de los aparatos, Hans había dejado la dirección de donde se ocultara, llevándose con él a *El diablo* para que fuera medicado en el Templo del Jaguar. El mismo lugar en el que los científicos se habían reunido, antes de su apresamiento. Allí había sido tratado por un curandero cósmico, de nombre *Ahau Kin*. El reaparecer en aquella región tenía razón de ser; allí se había criado desde niño, disfrutando en libertad del lugar de Palenque, en sus juegos infantiles.

Los rumores crecieron en intensidad. Los clanes mayas intuían que había algo de verdad en los comentarios que recorrían aquellos parajes, ya fuese en las altas colinas o en los páramos. En verdad hablaban de una guerra sutil, la Cuarta Guerra Mundial, que había comenzado, con la globalización, a provocar desempleo y hambre. Eso había sido previsto en la profecía de Pacal Votan, «si la Humanidad no entraba en el cálculo del tiempo verdadero: 13:20».

* * *

—Por todo eso era muy importante el descubrimientode los tres códices —dijo Hans a su hijo Frans, teniendo en brazos al nieto que llevaba su nombre—. Sin los códices no se podrá saber cómo habrá que actuar durante más de un año, en la trayectoria de aproximación al gran portal del 2012.

Los ojos de Hans brillaban, al recordar los números mágicos mayas: 1. 2. 3. 4. 5. 6. 7. 8. 9. 10. 11. 12. 13. Frans, a su lado, también memorizaba:

«Colocados en oposición, tendremos que todos suman catorce:

$$+ \quad 1 \quad 2 \quad 3 \quad 4 \quad 5 \quad 6 \quad 7 \quad 8 \quad 9 \quad 10 \quad 11 \quad 12 \quad 13 = 91$$
$$\underline{ \quad 13 \quad 12 \quad 11 \quad 10 \quad 9 \quad 8 \quad 7 \quad 6 \quad 5 \quad 4 \quad 3 \quad 2 \quad 1 = 91}$$
$$14;\ 14;\ 14; 14; 14;\ 14; 14;\ 14;\ 14;\ 14; 14;\ 14 \quad 14$$

El siete ocupaba el centro, siendo el número místico por naturaleza. Al restarlos, el siete era el único que se restaba de sí mismo, haciendo aparecer el cero, obligatorio hoy en cualquier sistema de posición; y, de esa forma, quizá, los mayas habían descubierto el cero. La suma de los números entre sí totalizaba 91.

$$(1 + 2 + 3 + 4 + 5 + 6 + 7 + 8 + 9 + 10 + 11 + 12 + 13) = 91$$

Si disminuimos las dos parcelas anteriores, tendremos una progresión de números pares, en orden decreciente hasta el cero y, después, creciente hasta el doce. La suma de las diferencias es 84:

$$12 + 10 + 8 + 6 + 4 + 2 + 0 + 2 + 4 + 6 + 8 + 10 + 12 = 84$$

El *siete* continúa siendo el número más importante de esa progresión: así, $1 + 2 + 3 + 4 + 5 + 6 + 7 + 8 + 9 + 10 + 11 + 12 + 13 = 91$; que es 13×7. Si sumamos las diferencias, tendremos que $84 = 7 \times 12$, al mismo tiempo que la diferencia entre los dos totales $91 - 84 = 7$. De este modo, los dos números clave del *Tzolkin* son el 7 y el 13.

—Recuerde, Frans, que los trece números mágicos están relacionados con el ciclo anual de las *trece lunas* que toda mujer conoce muy bien; son los ciclos menstruales. Además de eso, los trece números son tonos galácticos, o poderes de la creación. De ahí parte el calendario de las Trece Lunas para sustituir al gregoriano.

—Los veinte iconos se refieren a las veinte frecuencias *solares* codificadas como sellos solares. Por eso hemos de vibrar en la frecuencia 13:20. La permutación entre los 13 números y los 20 iconos da 260, o $20 \times 13 = 260$ *kin* o días del calendario sagrado, el *Tzolkin*.

Hans recordaba a Frans el deber de preparse para el descubrimiento de los tres códices mayas, tríada que había conseguido librarse de la hoguera del obispo Don Diego de Landa, autor de la quema de todos los códices mayas.

Frans había quedado agotado tras haber sido preso en Chichén Itzá. Vivió cierto tiempo medio exánime, sin comer nada. Luara llegó a ponerle la comida en la boca. Estaba pálido, pero seguía atento a lo que el padre le decía:

—El abad Brasseur de Bourbourh (1814–1874) publicó en 1869 el relato de cómo había encontrado, en los archivos de la Real Academia de Historia de Madrid, la obra

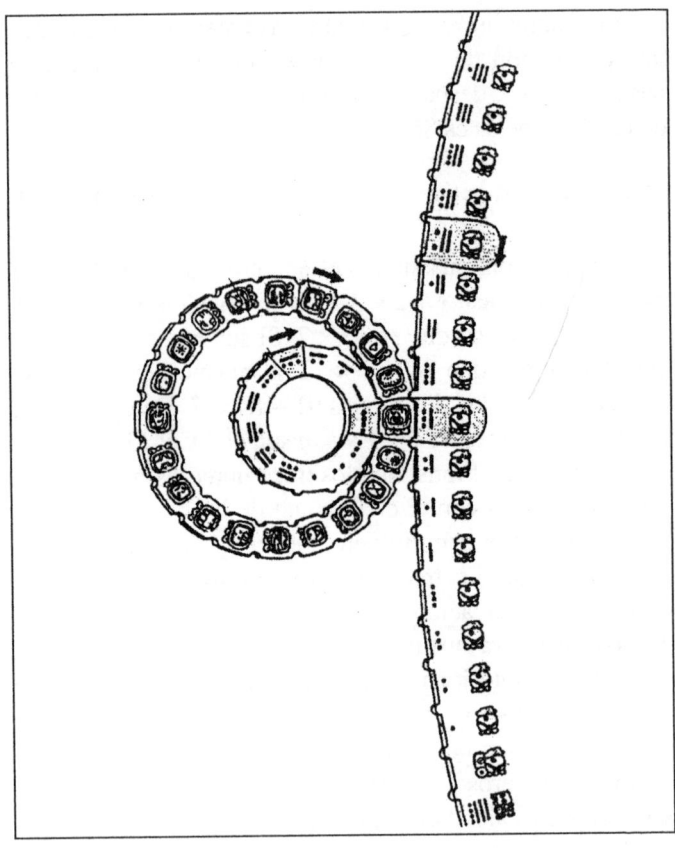

Los calendarios maya (el menor acoplado al mayor) funcionaban como ruedas dentadas.

Relación de las cosas de Yucatán, de don Diego. Allí el obispo asumía su culpa: «Esas gentes utilizaban ciertas señales o ciertas reglas con las cuales escribían en sus libros la historia antigua y sus doctrinas. Gracias a esas letras, así como a dibujos y figuras, comprendían la historia, la hacían comprender a los otros y podían enseñarla. Encontramos gran número de esos libros, y como no contenían más que supersticiones y mentiras diabólicas, los quemamos todos, a pesar del gran disgusto y desesperación de esas gentes».

Hans recordaba que «las gentes» eran los mayas. Todo había sucedido en Maní, al sur de Mérida, en el 1562. Don Diego había nacido en Cifuentes, estado de Guadalajara, a principios del siglo XVI. Era de la noble familia de los Calderones. Entró en la Orden de San Francisco. En 1553 se había trasladado a Yucatán, convirtiéndose en provincial de aquella Orden. En 1572, el rey Carlos V*, atendiendo la petición del Real Consejo de las Indias, lo nombró obispo de Yucatán, cargo que ocupó hasta su muerte, en 1579.

El descubrimiento de los tres códices no salía de la cabeza de Hans. Frans notaba a su padre muy ansioso. Sabía que era un iluminado, un sacerdote-jaguar. Había sido una persona sagrada en Chichén Itzá. Allí había contactado con Pacal Votan en otra dimensión, en la cual había conocido aquella pofecía.

* * *

Etznab volaba en círculo. Finalmente, la ciudad se había despertado. Quizá el sacerdote trajese la fruta tan ansiada. Planeaba sobre la Torre de los Vientos. La mancha que el ave veía allá abajo estaba subiendo las gradas del observatorio astronómico. Por el tocado, el ave había reconocido al amo. Andaba firme, y traía un talego atado al brazo.

---

* El autor se confunde, sin duda, con el rey Felipe II, que ocupara el trono desde 1566. *(N. del T.)*

El pájaro sintió el olor dulce de la suculenta fruta: los zapotes. Su cuota, después de cinco días de ansiarla profundamente. El amo le ofrecería la suculenta fruta, y también le suministraría agua fresca, traída del acueducto del palacio. *Etznab* se posó en la última torre. Allí esperó a que el amo trajese el tan esperado zapote. La paciencia del pájaro había sido más fuerte que su hambre voraz. Quizá ahora el amo, en su humilde potestad, le prodigase más de una fruta.

* * *

Maruska Raskolnikof, después de discutir con Agustín, le había hecho cambiar su idea de ir a Chichén Itzá para realizar allí un ritual.

—Sería mejor —le había dicho— que fuéramos al ritual de la Piel de la Serpiente, en la entrada del equinoccio de primavera en el hemisferio norte, el día catorce, Luna Jaguar Solar, en el calendario de las Trece Lunas; veinte de marzo, en el gregoriano.

A Agustín le desagradó el cambio de planes, pero se dejó llevar por este capricho de la rubia, ya que tanto la deseaba. No sabía habérselas con las mujeres. El ritual de la Piel de la Serpiente siempre había tenido lugar en el Templo de Kukulcán. Este había sido erigido de forma que, en la entrada del equinoccio de primavera, en el hemisferio norte, el Sol, al proyectar su luz sobre la escalera del templo, formaba triángulos semejantes al diseño de la piel de la cobra, cuya cabeza había sido esculpida en la escalinata del templo.

Agustín se había irritado. Maruska prefería ir a Palenque, en pos del proyecto de un tal Eric Miller, del que jamás había oído hablar; pero la rusa se hacía desear y llevó la situación con melosidad, mostrándose sensual, cariñosa y ardiente, y fomentando los deseos de Agustín, que terminaría rindiéndose. El etnólogo recibía aquellas caricias por primera vez. La rubia siempre había sido muy dura, fría y distante. Si las comparaba, Agustín prefería a Doreen. Cariñosa y de cuerpo ardiente, a pesar de estar siempre acompañada del Olavo de labio grueso, sujeto que le recordaba un término en desuso, que había sido el preferido de su padre —Hugo—, cuando hablaba con desprecio de alguien: «Mala catadura».

«Olavo era un sujeto de mala catadura», pensó. Y se rio, acordándose con nostalgia del padre. Lo había llegado a ver, con su gesto habitual, fumando en pipa por la casa, en Matadero, un suburbio de Buenos Aires, conocido por el olor de la sangre del matadero. Después de mucha discusión y muchos besos, el tipo viajó en avión hacia Palenque, en donde Eric deseaba llevar a cabo el descifrado de la caja, que ya le quemaba las manos.

* * *

El eclipse de Sol había dejado aturdido a Eric. Se había quedado meditando, en la penumbra de la ciudad. Imaginaba la Ciudad Roja en los cinco días aciagos del *uayeb*. En esas fechas no se hacía nada, solo meditación y ayuno.

«La ciudad debía levitar», pensó.

Después, cuando el eclipse llegó a su punto máximo, y cayó la oscuridad sobre Palenque, Eric se vio en medio de una fantasmagoría del pasado: los antiguos habitantes proyectados como sombras. Le parecía que la antigua historia de la ciudad volvía a pasar ante sus ojos incrédulos, como en el cine. Sentado en la escalinata del palacio, perplejo, como si se encontrase delante de las jarcias de un viejo velero fantasma, que navegase por el tiempo cero, Eric singlaba mares dimensionados en la nave fantasma de la Ciudad Roja. No sabía si era pasado o futuro; no era el presente. Había visto volar al quetzal peregrino, llamando al rey Pacal, que, al llegar a la cúspide, había surgido en toda su plenitud.

Había ascendido las escaleras de la Torre de los Vientos, parecida a la cámara del rey, en Giza, en Egipto. Ambas —la cámara y la torre— tenían cuatro niveles. En el último, Eric había visto posarse al pájaro. El sacerdote llevaba algo en su talego. La Serpiente Emplumada yacía en el tocado que le cubría la cabeza, y que impedía que se le viera claramente el rostro. Eric se encontraba delante de Pacal, el Grande. Le vio dar una fruta al pájaro y después ofrecerle agua fresca. Pasaba la mano entre las verdes plumas y le frotaba la cabeza de jade; por su parte, el ave se mantenía bien erguida en el parapeto de la torre.

Sintió que algo le agitaba la mente. Al poco rato, notó un torbellino de zumbidos, como si tuviese no una abeja, sino toda una colmena enturbiándole las ideas. Vivía un hiato entre las dimensiones del tiempo: el pasado de Pacal y el futuro de aquel instante, venían veloces y le perturbaban los sentidos. Vio a Pacal y al ave que se transustanciaba en la Serpiente Emplumada. La visión lo aturdió por aquel tiempo de dimensiones infinitas. Vio el cuerpo de Votan serpentear en un movimiento de alargamiento vertical. Vio a *Etznab* espejear en el tiempo nulo, al ensartar la cabeza de ave entre los anillos del reptil, como si la cabeza triangular de la serpiente coronase la del ave sagrada, engulléndola. Al mismo tiempo, las largas plumas de jade de *Etznab* le proporcionaban una cola a la serpiente, una cola emplumada, metamorfoseándose en el Dragón de América. Dragón Atlante, sin fuego en el hocico, dragón que navegaba en las profundas e indefinibles olas del tiempo.

El quetzal del tiempo, tras disfrutar de las carnosas y suculentas frutas, voló hacia otras cumbres. El eclipse había cesado. El Sol había vuelto a brillar fuertemente, retirando las sombras y penumbras invasoras, alumbrando de nuevo la ciudad y sembrando nuevas fantasías y fantasmas.

* * *

Hans Berg, el iluminado, intentaba convencer a Frans y a Luara de la necesidad de ir a Palenque. El códice, encontrado por Eric, había sido intuido por Hans. El maestro se había dado cuenta de la maniobra de Maruska, que le ocultaba la información sobre el códice. Había tenido esa intuición al tomar el taxi que le llevaba a casa de su hijo. Penetraba resueltamente en todas las dimensiones, desde que se iluminara y se transformara en un augur. Hans conocía la importancia que tenían los códices en la profecía de Pacal Votan. Con seguridad habría en ellos informaciones más detalladas sobre los nuevos tiempos que vendrían. Esencial para el futuro de una humanidad más luminosa y numinosa, si se ceñía a las normas contenidas en los códices.

Frans se había despedido de la universidad. Luara, con bebés que cuidar, estaba fuera del proyecto. Hans, a pesar de su edad, todavía quería participar con su hijo en la nueva aventura. El mismo Frans le había dicho que no debería andar por ahí solo. Era peligroso a su edad. Hans ya había cumplido los setenta años, pero tenía salud. Tras muchas discusiones, Frans consintió en ir con su padre, pero se quedó preocupado por Luara. Todo quedó resuelto con la llegada sin avisar de Solara, hermana de Luara. Venía de Lisboa para conocer a los sobrinos. Nacidos, como ella decía, de una sola hornada. Todo se resolvió entonces. E iniciaron los preparativos para un largo viaje. Frans tenía que pedir un sustituto para sus clases. Quizá se retrasase unos días más para terminar los preparativos, pero ya había hecho feliz a Hans.

El códice de la Vía Láctea

> *8 de septiembre, cuatro horas de la mañana.*
> *17. Luna Escorpión Lunar — kin 88 — Estrella Planetaria Amarilla: «Mejoro con objeto de embellecer, produciendo arte; sello el almacén de la elegancia, con el tono planetario de la manifestación, soy guiado por el poder de la inteligencia. Soy la puerta de la inteligencia galáctica, que me adentra»*

MARUSKA Y AGUSTÍN llegaron a Palenque en día especial. Se había abierto una puerta de activación galáctica por el calendario de las Trece Lunas. La aereonave se había posado en un campo improvisado. Traía a jóvenes científicos para que conocieran la ciudad. En el rostro de los que avistaban la arquitectura de la ciudad por primera vez había una expresión de pasmo. Agustín también estaba sorprendido, pero de diferente manera. Había encontrado a los amigos del Tortoni, nada más desembarcar, cerca del palacio real.

Maruska y Doreen se estudiaron disimuladamente de arriba abajo, procurando ver cada una defectos en la otra.

Eterna rivalidad de dos lobas, hembras guardianas de intuición salvaje, sabiduría primitiva del ser de niebla de sus psiques.

—¡Doreen! —Gritó Agustín—, agitando frénetico el brazo hacia la mujer.

Doreen se dio vuelta para ver quién la llamaba.

—Hola, Agustín. ¿Llegaron ahora? —quiso saber Doreen, mirando a Maruska.

—Acabamos de llegar. ¿Y las investigaciones? —preguntó, sin gracia, Agustín.

—¿No nos va a presentar? —inquirió irónica Doreen, mirando a Maruska, quien también la medía de los pies a la cabeza.

—Discúlpeme. Esta es Maruska, mi colega de facultad...

—Mucho gusto —dijo Doreen, automática y fríamente.

—¿También es usted científica? —quiso saber Maruska, al escrutar a la rival.

—Arquitecta. Vine a investigar la arquitectura de Palenque.

—Ya que nadie me presenta, soy Olavo, egiptólogo; vine a la excursión.

El grupo rio. Olavo, callado, pasaba desapercibido. Pero no le importaba. Se había acostumbrado a adornar las conversaciones. Tal vez por ser tímido, tal vez quién sabe si por sabiduría. Analizaba como pocos el carácter de las personas. Y casi siempre acertaba. Maruska quería contactar con Eric rápidamente. A pesar de que no lo había visto nunca, tenía la certeza de reconocerlo de inmediato, ya que se parecía a su hermano Leopoldo, su colega y amigo. Necesitaba una disculpa para salir de allí, aunque Agustín quisiera quedarse con la mujer exhibicionista y con el pasmarón del egiptólogo. Eric había pasado por Internet un *e-mail* sobre la caja lisa. No sabía abrirla Tenía glifos intraducibles. Había enviado el *e-mail* en *cholan,* idioma maya.

A Doreen le gustaría saber qué relación existía entre Maruska y Agustín. Sentía unos discretos celos por aquel gitano de ojos negros y tez morena que tanto le agradaba.

Maruska intuía el deseo de Doreen. Mientras tanto, y por el momento, no deseaba ver a una multitud en torno al códice, en el supuesto de que hubiera algún códice dentro de la caja lisa. Quería apartarlos, de lo contrario tendría que dividir el secreto. La empedernida intentaba adivinar dónde se habría metido Eric.

La Ciudad Roja tenía su eje en el palacio de Pacal Votan. Todo convergía allí, dividiéndola en dos grupos de templos: al norte el de el Recuento y el estadio del juego de pelota, una especie de baloncesto. El jugador tenía que hacer pasar la pelota por un aro de piedra, como una cesta, pero colocado en vertical y a más de dos metros de altura. Juego mortal, a veces, incluso para los vencedores. La vida y la muerte dependían del grado del sacrificio en juego. Si la ofrenda era importante, los sacrificados serían los vencedores. Los jugadores no podían utilizar las manos ni los pies, solo podían utilizar el costado y los muslos. El juego duraba días.

Al sur del palacio se encontraba el Templo del Sol, el del Jaguar, de la Cruz y de la Cruz Florida, y los menores, como el Templo de los Olvidados, la primera edificación de Pacal, en homenaje póstumo a sus padres. Después, el ala residencial de los nobles. Maruska habría de descubrir en qué templo se encontraba Eric Miller. Jornada difícil, teniendo en cuenta el laberinto de templos existente. Tenía que dejar el grupo y seguir el trazado blanco: encontrar a Eric y la caja lisa que contenía el códice.

—¡Agustín! —llamó Maruska, indicando que debían salir de allí.

—¿Qué sucede, Maruska?

—Tenemos que trabajar, allá al sur de la ciudad, ¡vamos!

—Ya voy...

Doreen se dio cuenta de la argucia de la rival, y se rio de la astuta Maruska. El grupo se dividió. Doreen y Olavo se fueron hacia el Palacio Real y al Templo de las Inscripciones, en donde se encontraba la cripta de Pacal Votan;

Agustín y Maruska hacia las márgenes del río Otolum, en donde se encontraba el Grupo de la Cruz. Un extraño pájaro de larga cola, cabeza de jade y pecho de un rojo vivo volaba sobre la ciudad, atento a los pasos de Maruska. Agustín lo observó y reconoció en él al quetzal, ave sagrada de los mayas. Comprobó que se encontraba volando lejos de su paraje.

«¿Qué haría el quetzal tan lejos de su paradero?», se preguntó.

A su lado, Maruska no había reparado en el ave. Tenía toda su atención fija en Eric y en la caja. ¿Sería tan enigmática como la caja de Pandora? La mujer se rio de lo absurdo de la idea. Ella, tan racional y lógica. Fijó su atención en la vía que iba paralela al río Motiepa. Todavía faltaba mucho camino. Optó por la Vía Real, una calle pavimentada, el mejor recorrido para sus pies cansados. Los dos iban tan ansiosos y distraídos que ni siquiera se habían dado cuenta de que eran seguidos.

El quetzal sobrevolaba la Vía Real. Iba y venía, por encima de ambos. Agustín lo estudiaba, mientras que Maruska no le prestaba ninguna atención. Lo desdeñaba, como si solamente fuese una mancha verde jade y rojo vivo en el claro cielo. *Etznab* sobrevolaba las construcciones con cierta oculta intención que, por desgracia, Agustín no había descifrado. No era en balde que el ave se llamara *Etznab* o *Tiempo Nulo*. A su vuelta todos se sentían aturdidos.

Agustín sintió el torbellino. Le parecía un enjambre de abejas, tan agudo era el sonido que se le instaurara en la cabeza. Era un sonido inaudible para el oído, sin embargo percutía en la mente, agrediéndola, a medida que el pájaro se cercaba más y más. Eric los vio pasar, y al mirar el cielo vio cómo silbaba un raro quetzal.

«Deben ser ellos», pensó.

El quetzal, en vuelo, piaba agudamente. Su canto parecía un clamor de otra dimensión, de un lugar de tiempo cero o infinito. El espeleólogo los vio entrar en el Templo del Sol; luego trató de seguirlos, ya que no le habían visto.

Se apresuró. La caja le quemaba las manos de ansiedad. Se preguntó, en el silencio que surgía entre un silbo y otro del quetzal, si el códice G no se encontraría allí mismo.

* * *

El diablo se había convertido de rumor en leyenda. En las sierras de Chiapas ya no se hablaba de otra cosa. Para los mayas que vivían allí era el único líder, el único salvador de la raza. Los clanes jamás lo habían dudado. *El diablo* no solo había sobrevivido, sino que incluso reunió a los antiguos camaradas para nuevos ataques al sistema que solo había aportado allí miseria para la región desde tiempos inmemoriales. *El diablo* hablaba de una nueva guerra mundial cuyos artefactos bélicos habían cambiado; en vez de misiles, obuses financieros.

El comandante sabía que el dinero, en la forma que era utilizado, acabaría. La profecía de Pacal Votan lo afirmaba así. Y había más: el capitalismo tendría que sufrir profundos cambios, si la Humanidad quería ir hacia la cuarta dimensión. La mentira del capitalismo había nacido del principio: *time is money*. El tiempo nunca había sido dinero. Esa máxima era prisionera del calendario gregoriano de doce meses incorrectos y de la hora de sesenta minutos. Un falso reloj que marcaba un tiempo todavía más falso.

—El dinero se había convertido en el dios de una civilización caótica. Las naciones más desarrolladas habían unido los dos lemas: *En Dios confiamos* y *El tiempo es dinero,* haciendo de la materia el *deus ex-machina* de esa filosofía. Ese mundo concebido en torno al dinero se estaba desmoronando. Solo podría salvarse si cambiaba. El cambio esencial era adoptar el calendario de las Trece Lunas, más correcto en relación con la biosfera y con el cosmos —decía *El diablo*.

Los mayas de Chiapas decían que lo habían escuchado todo de *El diablo* en persona. Solo se había escondido porque había gente que quería exterminarlo de forma perentoria y sin dejar rastro. Uno de los amigos personales del comandante era Juan Portero. Un ex profesor de matemáticas, que ahora vivía escondido como exiliado. Juan, casado con Rosita, vivía en una aldea próxima a la ciudad de México. Después de las pesquisas policiales tras los adeptos de la profecía, se escondió en un lugar ignorado. Y había perdido de vista a *El diablo*, después del anuncio de su muerte. Solo Hans sabía en dónde se encontraban ambos: *El diablo* y Juan. Nadie más. Ni la policía, que les seguía la pista. Después de la anunciada muerte de *El diablo*, nunca se volvió a saber en dónde vivían. Ni el líder de la guerrilla, ni su fiel amigo.

Con gracia y humor, *El diablo* vivía para eludir los esfuerzos que hacía la policía para capturarlo. Ahora había llegado la noticia de que el muerto andaba por la serranía haciendo asambleas y desafiando al poder. El pueblo era imaginativo. Solo podía ser eso. *El diablo* había muerto, sí. De eso no dudaban las autoridades. Y archivaron el caso.

El fiel amigo de Juan Portero —Pedro Ruiz— era ex profesor de biología y dueño de un restaurante. También se había ocultado, temiendo ser apresado por las fuerzas que detentaban el poder del dinero y del mundo de la dimensión 12:60. Pedro seguía el calendario de las Trece Lunas desde que conociera la profecía. Lo había adoptado por motivos históricos. Durante más de veintiséis mil años de historia humana, el *Homo sapiens* había seguido la Luna y utilizado el calendario lunar. Había hablado con Günther, el astrónomo, y todavía se acordaba de las lecciones que le diera:

—La Luna, como la mujer, es sensible y voluble, teniendo una naturaleza elusiva y sutil. Se dice en México que la mujer tiene *La luz de la vida**. La luz no se encuentra en el corazón, ni tras los ojos, sino que está en *los ovarios**, en donde se halla guardada toda la semilla, incluso antes de nacer. Después, Günther explicó cómo se daba la lunación:

---

* En español, en el original.

—La lunación se da sobre su eje, cada 29,5 días. La medida de una lunación sinódica es la misma para nosotros, porque vemos siempre el mismo lado de la Luna. La lunación sinódica de 29,5 días, duración de un ciclo lunar visto desde la Tierra, es solo uno de los ciclos lunares que podemos medir. Pero todavía hay otro ciclo lunar sideral de 27,33 días, tiempo este que tarda la Luna en llegar a un punto fijo en el cielo; y todavía está el ciclo lunar tropical de 27,32 días —tomando la longitud celeste—, y el ciclo de 27,2 días, tiempo que tarda la Luna en retornar al mismo punto. El hecho que resulta de todo eso es el de tener siempre 13 lunaciones, al pasar de un año solar a otro.

—La verdad —había enfatizado Günther— es solo una: la Humanidad había sido machista, y la Luna se relegó en favor del Sol, símbolo del macho. Además de eso, el trece se convirtió en un número aciago para la Humanidad. Por eso los hombres no adoptaban el calendario de las Trece Lunas, prefiriendo una bula papal, el calendario gregoriano, a pesar de todos los yerros que se habían verificado en él.

Nakin, la mujer de Günther, una princesa maya, había intervenido.

—Son ustedes, los hombres, los que piensan así. Para la mujer la discrepancia entre los días de un año solar y los ciclos lunares no son un problema. Sentimos en la carne las trece lunaciones, ya que el ciclo menstrual sigue exactamente el calendario de las Trece Lunas. Es la gran prueba de que sufrimos la influencia de los astros.

* * *

Maruska y Agustín encontraron a Eric en la puerta del Templo del Sol. Tras una conversación inconexa, en la cual se presentaron, Eric abrió su corazón. Habló de su angustia desde que había encontrado, por azar, allí en aquel templo, la caja lisa. Y cómo parecía que la caja le quemaba las entrañas. Maruska se rio, pero acabó sintiendo lo mismo. Una ansiedad muy fuerte, una extraña incomodidad, un roer en los huesos que la agotaba. Agustín miraba la caja como si quisiera adivinar su contenido. La estudiaba en cada punto. La tanteaba como un ciego ¿Cómo habría sido cerrada?

Hans descendía de la montaña en aquel instante preciso. Los vio entrando en el Templo del Sol. Dos sombras le seguían los pasos. Se apresuró para alcanzarlos. Hans sabía que desconocían el modo de abrir la caja. Caminó más deprisa, a pesar de que sentía dolor en la pierna por el esfuerzo del descenso. Frans, a su lado, llevaba mochilas y otras pertenencias. Todavía no había atardecido y el Sol fulguraba, entibiando los templos, alumbrándolos y avivándolos, hurtándolos de aquel aire de ruina. Aquel puñado de templos había sido construido por Chan-Bahlum (Serpiente-Jaguar) después de la muerte del padre, el profeta Pacal Votan.

Al entrar en el Templo del Sol, Hans vio a Eric y a Maruska intentando abrir la caja, teniendo a Agustín como espectador interesado. El viejo augur sonrió.

«La juventud cometía torpezas por demasiada exuberancia; por el uso descontrolado de la fuerza, o por una ansiedad desbocada», pensó el viejo.

Los tres estaban tan obcecados por la caja que no se dieron cuenta. Maruska fue la primera en verlos y se asustó. Pasó la lengua por los secos labios, y refunfuñó con su voz ronca:

—Profesor Hans... (casi no le salía la voz), ¿el señor por aquí?

—Vine para ayudar. Déjeme ver la caja, por favor —dijo Hans, con su deje germánico.

—¿Quién es el profesor? —preguntó Eric, sorprendido.

—Ya no soy profesor de nada —protestó Hans, mientras delizaba su mano de dedos cortos por la caja.

—¿Y quién es ese otro? —quiso saber Eric, molesto al ver tanta gente.

—Mi nombre es Frans —se presentó—. Soy historiador, hijo de Hans.

—El día es hoy. La caja deberá abrirse a las seis de la tarde —afirmó Hans, consultando el reloj de Frans. De aquí a una hora...

—¿Cómo sabe eso? —quiso saber Eric.

—Es simple: hoy, en el calendario de las Trece Lunas, es 17, la Estrella Planetaria Amarilla. Estamos en el kin 88, luego hoy se abrió una puerta de activación galáctica. La palabra de orden, o esencia de poder guía, es *Inteligencia*. El tono del día es 10, o sea, *perfeccionar para producir*.

—¿Y de ahí? —preguntó Maruska.

—De aquí a una hora se cerrará el portal. Antes, sin embargo, se abrirá la caja...

—¿Cómo? —quiso saber Eric.

—Con meditación y conciencia cósmica —respondió Hans.

—Es una larga historia... ¿vamos a esperar a que se abra la caja? —pidió Frans.

Agustín se quedó pensando en lo que dijera el viejo brujo. Había sido una buena idea el que hubiese aparecido allí, porque de lo contrario estarían perdidos. Había estado tan quieto que ninguno notara su falta. A Hans le cayó bien. Era único. Su energía entraba en cada uno con fuerza inaudita. Le llegaba a quemar el plexo solar. Entonces, los dos se acercaron, como viejos amigos.

Olavo y Doreen salieron de las sombras. Venían siguiéndolos desde el inicio. Olavo entró en la conversación, sin ser invitado:

—He visto semejanzas entre Pacal, el Grande y Ramsés II, el Rey de reyes. ¿Habrá conexión entre mayas y egipcios? —preguntó, serio.

—¿Quién es ese? —quiso saber Eric, cada vez más preocupado.

—Es Olavo Parmegiano —aclaró Maruska, también preocupada, fusilando a Doreen con la mirada. Sin embargo, Doreen apenas se rio.

Hans explicó entonces que algunos especialistas en la cultura maya aseguraban que la lengua maya era tan antigua que había ciertas palabras idénticas al idioma naga de la India, raza que se había perdido en el tiempo. El nombre de los números era igual en ambas lenguas. El hecho de que pueblos tan antiguos y tan distantes entre sí hubieran dado el mismo nombre a los algoritmos, solo podía significar que poseían una raíz común.

Hans les rogó que se pusieran a meditar. Debían centrar el plexo solar en la Serpiente Emplumada. Solo así podrían adentrarse en las dimensiones celestes, dominio mayor del *quetzal* o *kukul*, y las nueve estancias infernales, o Xibalba, imperio de la cobra *Coatl* o *Can*, la serpiente. De la fusión de las veintiuna dimensiones vivía el tiempo del *religare* maya. Hans les garantizó: antes de que se cerrara la puerta, la caja se abrirá, revelando su contenido.

Todos estuvieron meditando durante una hora. Poco antes de las seis, cuando el Sol se ponía entre las montañas, se oyó un sonido. Los participantes se miraron unos a otros. Venía de otro lugar, no de la caja. A pesar de eso, de la caja también venía un agudo silbido, que penetraba en la piel, en el cuerpo, en el alma de cada uno. Vibró una nota musical. Todo se equilibró con el sonido, que les pareció un Sol sostenido. Se hizo la escala completa, aturdiéndolos. Emergía la música profunda. Hans notó que la caja se entreabría, suave y lentamente. El grupo sintió escalofríos, seguidos de fuertes calores. La caja lisa se abrió. Dentro, el códice con la letra G, inscrita en la cubierta, el símbolo de la Vía Láctea.

Agustín tuvo entonces una revelación: la Serpiente Emplumada era un panteón de dioses. La suma de los dioses celestes de los trece cielos con los de las nueve moradas de las mayores profundidades de la tierra, aquello que los mayas llamaban Xibalba. Hans Berg cogió el códice y lo abrió, lentamente. El glifo de Pacal estaba al lado de la letra G, escrita como en un espejo, recordando a *Etznab*, el espejo del *tiempo nulo*. El ave volaba entre tiempos distintos; ora para gozar de las azucaradas frutas que le prodigaba el amo; ora siguiendo los pasos de algunos integrantes del grupo, que todavía no sabían ser el tiempo base de toda la ciencia-religión maya.

A Agustín le tocaba descifrar el códice. Hans intuía más que traducía; era un augur. Había sido iniciado por Pop Men, el doble de Pacal Votan, de la misma forma que el doble de la serpiente, *coatl*, era *quetzal*. Durante siglos, *Bahlam*, o el jaguar, había sido el título que los olmecas —pueblo anterior a los mayas, y sus primeros maestros en América— daban a los sacerdotes. A veces les llamaban también *bahlum*.

Agustín y Hans se sentaron en la solanera del templo, en cuanto los otros fueron a dar una vuelta, alejando así el cansancio que les había sobrevenido con la ansiedad y el miedo. Agustín calculaba y anotaba signos extraños en el cuaderno que había traído. Olavo fue el primero en salir, seguido por Maruska. Doreen prefirió admirar la rara arquitectura del templo. Frans dudó. Al ver a *Etznab* posado en el templo de la Cruz Florida, salió tras el quetzal que, a cada instante, se acercaba más y más.

* * *

Juan Portero y Pedro Ruiz subieron las sierras de Chiapas en busca de *El diablo*. Habían sido sus mejores amigos. Varias veces estuvieron juntos en situaciones difíciles. Eso los hermanara para siempre. Juan Portero dejaba a Rosita y a dos hijas. Para entonces, el soltero Pedro Ruiz ya había resuelto cumplir con su destino: descubrir en dónde se había metido *El diablo*, si es que todavía vivía. Por las volcánicas sierras corrían rumores como si fuera magma. Y no les habían sido de mucha ayuda. Andaban perdidos, de villa en villa, sin obtener siquiera una sola información que les sirviese.

Ya estaban a punto de desistir cuando, en San Cristóbal de Las Casas, un viejo con barba les hizo señas. Poniendo el dedo índice cerca de los labios carnosos, les pidió silencio. El anciano, barba rala y cumplida, se vestía como un aldeano del lugar. Se acercaron a él, temiendo que se tratara de un simple inventor de historias, como aquella de que *El diablo* había sido visto en un corcel negro con arreos de plata.

Pero el viejo no les pareció un loco; ni tampoco atacado por la fiebre de los mitos, que corrían más deprisa que el jaguar. Se acercaron. El viejo los invitó a que entraran en su casa, siempre con el dedo índice pidiendo silencio. El sombrero de paja, colgando a la espalda de un cordel grasiento, mostraba su origen humilde. Lo cual encajaba a la perfección con su morada. Aceptada la invitación, los dos amigos solo temían que el viejo fuera un informador de las tropas federales.

La casa, arreglada y limpia, acusaba la presencia de mujer, hecho confirmado por los vasos de frágiles margaritas en las ventanas. El viejo parecía conocerlos, lo que les aguzaba todavía más la curiosidad. Tenía una mirada aguda y voz grave.

—¿No se acuerdan ya de mí? —les preguntó el anciano, desgranando las palabras mientras se levantaba la barba hasta la frente.

Los dos se miraron entre sí, interrogantes. Negaron con un simple movimiento de cabeza. El viejo se rio del desconcierto de ambos, pero se sintió feliz al comprobar la eficacia del disfraz utilizado.

—Soy Fulgencio, el lugar teniente de *El diablo* —se descubrió.

—¡No es posible! —exclamó Juan, dudando todavía.

—¡Increíble! ¿Cómo ha quedado tan irreconocible? —quiso saber Pedro.

—El comandante me enseñó muchas cosas...

Al cabo de un minuto de duda se abrazaron los tres. En el rostro de los dos recién llegados había otra interrogación mayor:

—¿Está vivo el comandante, como dicen? —quiso saber Juan.

—¡Vivísimo! —exageró Fulgencio, mirándolos con aire de misterio.

—¿Y dónde está? —indagó Pedro.

La conversación iba a ser larga. La botella de tequila surgió de la cocina, traída por una morena de cuerpo esbelto, y ojos negros enmarcados por largas pestañas. La nieta de Fulgencio, Juanita. Los visitantes la habían conocido cuando era una niña. La joven ya no se parecía en nada a la niña que había sido. Servida la tequila, los descendientes de mayas confraternizaron. Entonces, Fulgencio les contó su historia: *El diablo* no había muerto en el fatídico día de la expulsión de los extranjeros que defendían la profecía. Quedó casi muerto, sangrando por debajo de los periódicos, como ya sabían. Hans Berg, que se volvía invisible en otra dimensión, lo recogió y lo llevó a un *Bahlum* maya. El hombre santo trató de fortalecerle el cuerpo, suministrándole un té de hierbas especiales. Había perdido mucha sangre y necesitaba una transfusión. Pero si recibía la sangre en Chiapas, en donde había nacido y crecido, se acabaría el secreto.

—Por eso se lo llevó a Guatemala. Allí se curó; después fue a Yucatán, en donde terminó el tratamiento. Durante este tiempo, casi un año, *El diablo* pensó mucho —dijo finalmente Fulgencio.

En el día fatídico, Nuno dejó la guerrilla debido a la muerte de su hermano, Alfonso. En los meses de recuperación cambió de idea. Volvió a rebelarse, pero encaró la nueva orden mundial de otra manera. *El diablo* había dicho, entonces, que la Cuarta Guerra Mundial ya estaba en curso, la guerra económica: «En esta había una acumulación de riquezas por parte de unos, y carencia para millones de otros».

$$6 = \div$$

El falso tiempo de Babilonia

Palenque, 16 de septiembre, 10 horas de la mañana.

25. Luna Escorpión Lunar — kin 96 — Guerrero Entonado Amarillo: «Confiero poder para que se pueda preguntar. Dirigiendo la intrepidez, sello la salida de la inteligencia. Con el estimulante tono del esplendor, soy guiado por el poder del florecimiento. Soy una puerta de activación galáctica. Adéntrame».

AGUSTÍN HABÍA TERMINADO de traducir el códice G, que se atenía al calendario de las Trece Lunas. Había empleado ocho días en la traducción. Algunos pasajes estaban incompletos, pero el sentido general estaba aclarado y era veraz. Hans había llamado a todos para hacer una lectura allí mismo, en el Templo del Sol. El quetzal se había posado en la cúpula del templo. Podía ver y ser visto por las visitas. El sonido penetrante, al salirle del pico, estimulaba los oídos de todos, dejándolos aturdidos, como si entre el ave y el grupo hubiese un tiempo más bien mental y agudo que el de la tercera dimensión, en donde se encontraban. Hans le indicó a Doreen que iniciara la lectura del códice.

—¿Por qué Doreen? —quiso saber Maruska.

—Porque es mujer, y está haciendo ahora su noviciado en la profecía maya...

—Yo también soy mujer —reaccionó Maruska, dominada por la rabia.

—Lo sé..., lo sé..., pero usted ya sabe lo suficiente. Venga, Doreen... —llamó Hans.

—¡Cuánta honra, *Herr* Hans! —manifestó la mexicana, victoriosa.

Doreen abandonó el lugar en que se encontraba y pasó al centro del templo, local de una mejor acústica. Tomó el códice con cuidado. Las hojas de *baalché* ya se estaban deteriorando. Al lado del original, estaba la traducción de Agustín, que se había quedado junto a ella. Era un códice arcaico, de la época de Chan-Bahlum II, hijo de Pacal, que reinó tras la muerte de su padre, desde el 684 hasta el 702. Chan-Bahlum II, el penúltimo rey-sacedote de la dinastía de la antigua Ciudad Roja.

Doreen se dio cuenta del carácter histórico del códice: «Cuando todo comenzó, hace casi nueve mil años, la agricultura de la Tierra se desenvolvía en la región del Sol naciente. El poder se encontraba en las manos masculinas de los sacerdotes. La simple cuenta del tiempo se había convertido en un poder increíble. Los machos y las hembras vivían siempre divididos: el poder del macho se había asociado al Sol; el de la hembra, a la Luna. Venció el poder del macho, convirtiéndose en paradigma. De este modo, el calendario basado en el año solar pasó a ser el centro de la cuenta del tiempo. Desgraciadamente, los egipcios habían creado el tiempo, repartiendo el círculo de trescientos sesenta grados en doce partes iguales, de treinta grados cada una, pensando que, al repartirlo, dividían el tiempo, cuando en verdad estaban dividiendo el espacio.

De este modo, los sacerdotes de los países de Egipto y de Mesopotamia habían instituido las nuevas reglas del poder masculino, tomando como orientación celeste el poder solar. De esa manera fue inventado el tiempo, hace cinco mil años. Los sacerdotes de Babilonia y de Egipto, de común acuerdo, habían dividido el Zodiaco en doce casas, creando los doce meses del calendario solar y la astrología, que ya en aquella época era una demarcación equivocada del tiempo. El calendario babilónico tenía doce meses de treinta días, que sumaban trescientos sesenta días; los cinco días restantes se consideraban de purificación, y de este modo se completaba el año solar».

Doreen miró a Maruska y comentó:

—Estos hombres quieren dominarnos hasta en el calendario, ¿no es verdad?

Maruska hizo como que no oía, pero le agradó la observación. Doreen continuó:

«Los sacerdotes de Babilonia utilizaron los trescientos sesenta días solares para la correlación con los ciclos lunares de veintiocho días. Hace tres mil quinientos años, el sistema de trescientos sesenta grados, divididos en doce partes llegó hasta la India y China.

Las doce partes son divisiones del espacio: se dividió una figura geométrica, el círculo. Debéis cambiar urgentemente de calendario. La división correcta del tiempo es la del calendario de las Trece Lunas, que nos gobierna e ilumina cada año, haciendo el mes de las hembras de veintiocho días, comprobado cada mes por la menstruación. El error de los sacerdotes babilónicos se extendió a las demás regiones de la Tierra, inclusive a Grecia y Roma. Hoy está presente en casi todo el mundo.

El calendario gregoriano procede de Roma, por eso los nombres de los meses están todos en latín. Enero viene de *Jano*, uno de los mayores y más antiguos dioses romanos. Llamado el dios de los dioses. Era el primero que se citaba en las preces; el primero en recibir su parte del sacrificio; el guardián del universo, el inaugurador y clausurador de todas las cosas, mirando hacia dentro y hacia afuera de todas las puertas, siendo el dios de los inicios, del primer día y del primer mes del año: *Ianuarius*. Jano era bifronte, y se representaba con dos caras; una que miraba al frente, y otra hacia atrás.

Resulta irónico que el papa Gregorio XIII, sacerdote mayor de una religión cristiana, haya adoptado un calendario pagano, como él mismo definía a la Roma antigua. Una religión, que se dice sin supersticiones, no acepta el calendario biológico de las Trece Lunas, debido al tabú del número trece. En todo el mundo se dice que el trece marca el destino. Y el papa Gregorio era justamente el decimotercero de la dinastía de príncipes de la Iglesia.

Debido a sus creencias, el obispo D. Diego de Landa quemó los códices mayas, quedando algunos, como este, a salvo de su hoguera. El sacerdote Pacal lo escondió, en otra dimensión, evitando esa acción devastadora. Nosotros, mayas, usamos la frecuencia del tiempo 13:20, nunca 12:60. El trece, para nosotros, se refiere a los trece tonos galácticos, o poder de creación, codificados en las trece lunas del año lunar; y el número veinte, a las veinte frecuencias solares, codificadas en los veinte iconos o sellos solares.

El *Tzolkin,* o calendario sagrado de los mayas de 260 días, se basaba en el tiempo de la frecuencia 13:20. Combinado con el ciclo solar de 365 días, el *Tzolkin* nos da un patrón mediante el cual podemos construir cualquier sistema de tiempo, respetando de este modo el orden armónico del sistema solar y de la galaxia en general. Con esas construcciones del calendario, nosotros los mayas mantuvimos el calendario lunar y los ciclos de eclipses con gran precisión. La base de nuestro calendario sagrado era de 260 kins o días —el *Tzolkin*—, y no los trescientos sesenta grados del círculo, por eso nunca precisamos de la correlación del ciclo de lunaciones con el año solar.»

—Vamos a parar aquí —dijo Hans—. No solo precisamos meditar sobre todo eso, sino que hemos de dar tiempo para que todos entiendan lo que pasa.

—Tenemos un calendario solar equivocado porque los machos nos usurparon el poder femenino, el poder de la luna. ¿No es verdad, Hans? —enfatizó Doreen.

—Sí. Los antiguos sacerdotes de Babilonia tenían mucho poder...
—Cuando traduje el códice, no lo advertí. El poder dominó el espíritu de los seres humanos hasta en la cuenta del tiempo —reflexionó Agustín, en voz alta.
—Quizá su tradución esté equivocada, ¿no es cierto, Agustín? —le espetó Olavo.
—Nadie me va a decir cómo he de traducir, y mucho menos un belfudo como...
—¿Belfudo? ¿Qué diablos es eso? —preguntó Olavo, contrariado.
—Un sujeto con el labio inferior mayor que el superior —dijo Agustín.
—Esperen. Que no haya disputas. Vamos a pensar en el códice... —rogó Doreen, busto al frente, como un ariete sensual.

Hans había descubierto en aquel momento el porqué del calendario de las Trece Lunas. Había tenido la intuición. Lo sabía más perfecto que el gregoriano, y ahora descubría por medio de la razón lo que antes intuyera. El *Tzolkin de* 260 días era una constante galáctica para viajar en el tiempo, en busca de nuevas dimensiones.

Entonces, el augur decidió contarles un secreto maya: la guerra que se había producido entre los planetas del sistema solar. De un lado Saturno y Júpiter, del otro la Tierra y Urano. Los dos primeros impidieran que los dos últimos llegaran a la cuarta dimensión. Se formaría un túnel hacia la cuarta dimensión entre la Tierra, tercer planeta a partir del Sol, y Urano, el tercero a partir de la galaxia. Hubo otro planeta entre Marte y Júpiter, llamado Maldek, que fue destruido en la lucha. Maldek permanece hasta hoy en el mismo lugar, solo que hoy se le llama «cinturón de asteroides». Los sacerdotes de Babilonia convencieron a los terráqueos de que ganarían con la frecuencia 12:60, si abandonaban la frecuencia 13:20, solo conservada hasta hoy por los mayas a través de milenios.

—El calendario maya —explicó Hans— contiene conocimiento y sabiduría para llegar a la cuarta dimensión del tiempo. Para eso, tenemos que seguir el calendario de Trece Lunas —trece meses de veintiocho días. La frecuencia 13:20, necesaria par llevarnos a la cuarta dimensión...

—¿Y si no la conseguimos? —preguntó Olavo.

— Solo si no quisiéramos...

—Pero, papá, ¿si no la conseguimos por nuestra propia deficiencia?

—Escucha, Frans. Adoptando el calendario de Trece Lunas daremos el primer paso para alcanzar la frecuencia 13:20..., entonces llegará la cuarta dimensión...

El quetzal, en la cumbre de la torre del templo, emitió su canto. El pájaro sagrado sabía de otras dimensiones, por instinto. Su silbido agudo y denso aturdía a todos. En el alero del tejado del Templo de Sol, mirándolos desde la franja del techo, el canto retumbó por las paredes, formando eco dentro de cada uno de ellos.

Todos fueron a meditar sobre las palabras del códice. Había allí verdades que los llevaban a más y más preguntas. Una era esencial: ¿por qué se mantenía todavía un calendario equivocado, si los humanos poseían tecnología para tenerlo perfecto?

¿Por qué meses de treinta días, de treinta y uno y hasta de veintiocho? ¿Qué podría suceder si no nos equilibrábamos con el tiempo verdadero del planeta? ¿Sería nuestro apocalipsis la frecuencia 12:60 —doce meses del año; hora de sesenta minutos— heredada de los sacerdotes babilónicos?

7 = ..

El tiempo es una ilusión

9.10.2.6.6. (calendario maya).
635 d. de C. (calendario gregoriano),
12 horas.

EL SUMO SACERDOTE Pacal entraba en aquel instante en el palacio. Había visto a lo lejos a *Etznab* que, planeando sobre la Torre de los Vientos, mantenía su vuelo temporal, invadiendo las dimensiones, feliz por haber consumido el contenido de la saquita del amo, frutas sabrosas y jugosas de carnosidad sólida y dulce.

Pacal Votan tenía entonces treinta y dos años y hacía veinte que había sido entronizado como sumo sacerdote-rey de Palenque. No había sido fácil coronarse. Había tenido que demostrar a los súbditos que su árbol genealógico procedía directamente del linaje de la Primera Madre, la Madre Cósmica, comprobando de ese modo su ascendencia estelar y no terrena.

El año 635 corría tranquilo, gracias al carisma del sacerdote. Su nombre era el de un augur: Pacal, o *Escudo Solar* ; *Votan*, o Serpiente Emplumada. La dinastía se había iniciado el 11 de marzo del 431 d. de C., cuando *Bahlum-Kuk*, o Jaguar-Quetzal, se coronara rey, a los treinta y cuatro años de edad. De esa forma se había instaurado el linaje cósmico de Xibalanqué.

Según la tradición de los mayas de Palenque, la sucesión debía darse por línea directa masculina, patriarcal; por eso, Pacal Votan había tenido problemas para ascender al trono de la Ciudad Roja: procedía de un linaje materno. Su padre —Kan Bahlum Mo'— no había reinado. Dejó esta misión a su esposa, la madre de Pacal, Señora Zak-Kuk. De este modo, la madre de Pacal Votan había reinado durante tres años. Después de ese tiempo ella renunció en favor de su hijo, pero manteniendo las riendas de la política.

Pacal había dicho a sus súbditos que, además de descender de linaje cósmico, la fecha de su nacimiento —26 de marzo— era la misma del nacimiento de la Primera Madre. Así, su nacimiento había sido tan sagrado como se requería. La Primera Madre, o Madre Cósmica, había tenido tres hijos, los tres dioses centrales de la religión de Palenque, deidades muy complejas, conocidas por la Tríada. Su madre —la Señora Zak-Kuk— procedía también de la dinastía directa de la Primera Madre; había hecho lo mismo que su abuela —la Señora Kanal-Ikal— que había sido la primera en romper la tradición, al usurpar un trono que, desde antiguo, pertenecía al poder masculino.

Solo tras todas esas explicaciones pudo descansar Pacal. Por eso, al erigir el Templo de las Inscripciones, su tumba, quiso que se exhibiera, en el corredor de la magna construcción, toda la lista de su dinastía cósmica, en placas de estuco, casi como un fresco. Dejando también comprobaciones en la tapa de su sarcófago.

En los laterales de la cripta, localizada en las profundidades del templo, volvió a registrar las listas de los reyes y reinas ancestrales, con las fechas de su muerte, ya citadas en el corredor superior. Toda esa obsesión se debió a las discusiones habidas sobre su linaje, cuando, con apenas doce años, había ascendido al trono de Palenque. Hecho sorprendente en cualquier dinastía. Pero a ello había contribuido su sensibilidad paranormal y su don de profetizar.

Etznab se había posado en el Templo del Sol para limpiarse el pico y las plumas de los restos del zapote. No emitía ningún canto. Se había callado. Ahora se concentraba en su propia higiene, viéndolo todo en dos dimensiones: la de Pacal y la otra, en la que se habría de desarrollar el Códice G. Había girado sobre sus patas, en la cumbre del templo, y allí se quedó, tenso como una cuerda, aderezándose el plumaje encarnado del pecho y entregándose a los placeres que tal limpieza le producía.

Para el pájaro sacral nada importaba, ni siquiera la profecía que preocupaba a tanta gente. Se dejaba acariciar por la brisa, que pasaba leve, feliz porque tenía limpios el pico y el cuerpo. Atisbaba hasta los límites de Palenque, y dejaba que su mirada se deslizase hasta allá, hasta la curva de la Vía Real, bien al sur, en dirección a Naranjo. La noche caía en la dimensión de Votan, y *Etznab* sentía el presagio de la presencia de Moã, el ave destinada a llevar a los muertos a su última morada. En cuanto la ciudad empezó a despertarse, voló hacia Tonina, su paradero.

* * *

Hans había llamado al grupo para la lectura de la segunda parte del Códice G. Todavía no habían desayunado. Les había dicho que para poder leer un códice sagrado era necesario que estuvieran puros y en ayuno. La segunda parte del códice solo se refería al tiempo. Para la segunda parte, Hans llamó a la resentida Maruska, todavía molesta por no haber tenido el privilegio de iniciar aquel ritual.

Doreen entregó el libro sagrado con cuidado. Las hojas se deshacían con el simple contacto. Maruska tomó el códice con cariño, cuidando de que no se deshiciera. Al lado de las hojas del original, la traducción hecha por Agustín parecía fundirse con el texto maya. Adoptó la postura adecuada para iniciar la lectura, impostando la voz. A su lado, Agustín iba siguiendo la lectura, por si Maruska necesitaba de su ayuda. Y de este modo comenzó la lectura:

«Quien os habla es la Serpiente Emplumada, símbolo de todos los avatares. Os traigo el saber de la naturaleza, la calidad del tiempo y su relación con el ser humano y con el cosmos. Meditad sobre el tiempo, de lo contrario estaréis perdidos. El tiempo posee cualidades. Del mismo modo que precisáis de aire para respirar, necesitáis del tiempo para oxigenar vuestras conciencias. Habréis de saber que el mundo se halla confuso y repetitivo porque se agota el tiempo de la tercera dimensión, y la Tierra viaja hacia la cuarta dimensión de la conciencia. Confusa se halla la conciencia humana. Vosotros, que siempre habéis vivido utilizando el pasado como una proyección para el futuro, habéis perdido la vía de la integridad temporal. En la historia humana ya no habrá más medida para el tiempo de la tercera dimensión.»

«La Nueva Era será tan diferente que no habrá experiencia anterior que pueda proyectarla. Se acabó el tiempo de la tercera dimensión, circunscrito para vosotros en la dualidad del capitalismo del tiempo es dinero *versus* el socialismo de la falsa igualdad. Os espera un tiempo nuevo, así pues, preparaos. El tiempo de la Tierra, regulado por meses desiguales y días mecanizados en horas y minutos, se agota. La mente humana se encerró en el falso reloj que, al marcar espacio y no tiempo, acaba por polucionarla. Por eso falta tiempo para todo. Nadie encuentra tiempo para nada.»

«El tiempo de la cuarta dimensión pertenece a la conciencia, tanto de la mente racional como de la mente emocional. Dos son los factores esenciales de la naturaleza del tiempo de la cuarta dimensión: el carácter racional del consciente científico, y el carácter emocional del subconsciente artístico. La cuarta dimensión posee un tiempo de carácter racional o científico, porque viene del despertar del conocimiento de las cosas. La cuarta dimensión tiene tiempo de carácter emocional o artístico, pues tanto la fruición artística cuanto el hacer artístico son espejos que reflejan el tiempo.»

«El arte es la proyección del ser en el tiempo. El artista se proyecta en su obra con su inconsciente temporal de cuarta dimensión. La Conciencia es la raíz del tiempo. Ya sea la conciencia de la mente científica, como la conciencia de la mente artística.»

«Vosotros convivís con la cuarta dimensión cuando soñáis o cuando estáis dominados por el inconsciente. El artista vive en la cuarta dimensión cuando, en pleno éxtasis, crea sus obras. La humanidad, cuando se halla en trance mediúmnico, se adentra en la cuarta dimensión. En la regresión de las vidas el ser se encuentra directamente en la cuarta dimensión de la conciencia, pues accede a la espiritualidad del arte de la vida.»

«Solo en el dominio de la cuarta dimensión podréis crecer espiritualmente. Solo así seréis guerreros de la luz. Estuvisteis en la cuarta dimensión antes de nacer; volveréis a la cuarta dimensión, después de vuestra muerte. ¿Por qué, entonces, no procuráis vivir el tiempo de la cuarta dimensión, el tiempo de la mente libre, de la conciencia plena, de la mente verdadera y del sentimiento total?»

«Os cegó el calendario gregoriano. Fuisteis alucinados tanto por la razón como por la emoción. Perdisteis la noción de Ética y de Estética que, por ser xipófagas, no existe cirugía capaz de separarlas sin que perezcan. Vuestra mente se halla obliterada, pues obedecéis a un calendario falso, que es vuestra perdición y vuestro fin. La mente es de la cuarta dimensión, en donde se funden en armonía la razón y el sentimiento, la filosofía y el arte, la ciencia y la religión.»

«No os olvidéis: el espacio pertenece a la tercera; el tiempo, a la cuarta dimensión. El tiempo no es palpable, ni puede ser medido. Pertenece a la razón, a la mente, a la conciencia. No se puede medir lo intangible, solo sentirlo, presentirlo, y solo de ese modo tornarlo mentalmente tangible y palpable.»

«Vuestro entendimiento y comprensión del tiempo son diferentes de los nuestros, que estamos en otra dimensión. No entendemos vuestro significado del tiempo, pero como

It's all in plain sight.

ya existimos antes en vuestra vibración más lenta, vamos a explicároslo: el tiempo solo existe cuando no hay comprensión de que la existencia es continua. Vosotros, los de la tercera dimensión, fuisteis condicionados a creer en la existencia del tiempo porque en ese espacio, en el que vosotros vivís, solo podéis acordaros de vuestro ser; pero la mente opera dentro de la estructura de vuestro cuerpo. El concepto del tiempo y de la relatividad fueron insertados en la conciencia de los gobernantes y de los que os pueden destruir. El tiempo es un factor inexistente. La esencia del tiempo es ilusión.»

«Cuando el eje de la Tierra se cambie, sabréis de forma más profunda que el tiempo fue creado por una Inteligencia Superior como forma de control sobre vuestro cerebro. El tiempo es una salvaguardia contra la corrupción, pero inexistente en su propia esencia. La ilusión del tiempo deberá continuar durante un buen periodo.»

«El pensamiento solo precisa de energía para existir, y continúa mucho después de la destrucción del cerebro, después de la destrucción de la materia, después del fin del cuerpo. En el espacio no es preciso crear materia con el pensamiento. El tiempo es la creación de la materia. El pensamiento es energía pura.»

Maruska terminó la lectura del códice G y todos guardaron silencio. Hans dijo:

—Ya habéis visto. Estamos equivocados con relación al tiempo. Intentamos medir algo impalpable, intangible. Construimos una vida falsa, siguiendo un marcador del tiempo que todavía es más falso. Solo hay tres tipos de órdenes dadas al tiempo de la cuarta dimensión: órdenes de las galaxias, órdenes de las estrellas y órdenes de los demás planetas del sistema solar. Cada cual depende del otro. Cada una de las órdenes enviadas a la Tierra son proyecciones holográficas de las demás y, así, forman un Todo.

—¿Cómo funciona eso, Hans? —preguntó Agustín.

—La pregunta está mal formulada. Usted piensa en el tiempo como algo mecánico. El tiempo no es una cosa que

El tiempo no se puede medir.

se pueda coger, medir, pesar, como sucede en la rutina científica de la tercera dimensión. En relación con el tiempo, el espacio no es nada, no pasa de un punto material. Pensar el tiempo es pensar el infinito...

—Sé que no estamos acostumbrados a pensar en el tiempo como algo mental. ¿Cómo debemos actuar, Hans? —preguntó Doreen.

—Primero habrá de adecuarse a la frecuencia 13:20. Después precisará de mucha meditación en torno a esa conquista, utilizando el calendario de las Trece Lunas y, así, su mente se encontrará viviendo nuevamente el tiempo correcto, el de la cuarta dimensión, conjuntamente con el planeta.

—¿Será el tiempo nuestro apocalipsis? —quiso saber Olavo.

—Será el fin para quien no se adecue. No estamos acostumbrados a mirar a nuestra galaxia como una energía que nos dirige. Creemos que solo sufrimos la influencia de lo que está próximo. Hemos de prepararnos para el viaje de vuelta al seno del universo. Somos parte del todo, hemos de estar armonizados con *Hunabku* y con la nueva orden que vendrá, tras el final del ciclo, en el 2012. Después vendrán otros ciclos. La idea de principio y fin, de vida y muerte, es el reflejo del espejo dual de la tercera dimensión, que produce la ilusión dicotómica de lo real visible, y nos obliga a verlo todo como algo que ha de tener vida y muerte, principio y fin...

El grupo se quedó pensativo, tras las palabras de Hans Berg, el iluminado. Algunos, como Agustín y Frans, llegaron a ser tocados en su sensibilidad, y ni siquiera escondieron las lágrimas.

Allá, en lontananza, Etznab cantaba más agudamente todavía. El tiempo empezaba a penetrar en la mente de cada uno. Hans propuso que meditasen durante tres días, después de una comida frugal a base de frutas y tortas de maíz, que preparó él mismo. Era la única forma de entrar en el tiempo de los mayas que tenían por dios —*Hunabku*— a la energía radiante que existía en el núcleo de la Vía Láctea.

El códice G, la verdad de la galaxia, había modificado ya el comportamiento del grupo. Hans iba a dar ahora más informaciones sobre otro códice, el que llevaba la letra T o TE, que él sabía que estaba en Palenque, o en el palacio de Pacal Votan, ya que allí había sido adorada. ¿Lo ocultaría el avatar Pacal, el emisario de la Serpiente Emplumada y de las Pléyades, en algún lugar de Palenque? ¿Dónde?

El grupo vivía una experiencia única en el mundo. Nadie iba a preveer jamás que todos los acontecimientos del planeta: guerras, pestes, luchas por el dominio de los territorios, la polución de la Tierra, se debían al tiempo desequilibrado en que todos vivían. Urgía, pues, el cambio a la frecuencia 13:20. De ese modo podrían volver a sintonizarse con el cosmos y hacerse nuevamente uno con *Hunabku*.

8 = ●●●

La desaparición del Códice T

20 de septiembre, ocho horas de la mañana.
1. Luna Ciervo Eléctrica — kin 100 — Sol Solar Amarillo. «Pulso con el fin de iluminar. Realizando la vida, sello la matriz del fuego universal. Con el tono solar de la intención, soy guiado por el poder de la inteligencia.»

TODOS SALIERON de la larga meditación con una sensación de levedad en la mente y en el cuerpo. Acampados cerca de las cascadas, cuyas aguas procedían de la serranía, habían levantado unas cabañas justo en la curva del río Otolum, antes de que este cumpliera su destino fluyendo directamente hacia el acueducto del palacio real. Allí había agua en abundancia, y quedaba cerca del lugar en donde estaba el juego de bola, lugar espacioso, en el que todos podían meditar, lejos del rumor de los turistas. Hans reunió al grupo para hablar sobre las revelaciones contenidas en el Códice G. Maruska estaba furiosa. Acababa de ver a Doreen dejar la cabaña de Agustín y había sentido unos celos mortales, aunque se había contenido.

En la noche anterior, abrasada por el deseo, Doreen había invadido, sensual y furtiva, la cabaña de Agustín, cuando todos dormían, asaltándolo. Agustín se había asustado, pero le complació el acto impensado. La sangre le hervía y se entregó a la naturaleza. Como si aquello estuviera combinado, los dos se amaron violentamente, derrumbando casi la frágil tienda. La luna alumbraba los templos, creando fantasmagorías. El silencio parecía cruel para aquellos seres urbanos, avezados a los ruidos de las metrópolis. Dominados por el deseo, en plena entrega, se amaron durante un tiempo cuya duración jamás sabrían, olvidándose de que el Sol se disponía a lucir sobre la cima más alta del collar de las colinas.

Todavía no saciada, Doreen abandonaba la cabaña en el instante en que Maruska salía de la suya. Las dos se miraron: Doreen extasiada por la fantasía salaz del acto; Maruska incrédula por la visión sáfica, que se presentaba ante sus verdes ojos celosos. Como mujeres que conservaban el *self* salvaje, preferían ocultar lo que pasaba por su interior. El cuerpo de Doreen, dolorido y en brasas, parecía decir: «Soy la dueña de la situación, no me molestes». La mirada de Maruska, que antes era un agudo puñal, se aplacó, como diciendo: «Vas a sufrir mucho por tu perversión de esta noche».

Ambas se encontraron y se besaron. La mirada de Doreen demostraba que la noche había sido pródiga. Maruska captó el subrepticio mensaje, como solo lo saben hacer las mujeres lobas. La rusa había perdido la oportunidad de saciarse, años atrás, en la universidad. Agustín no había ocultado la preferencia por su belleza salvaje, a pesar de la dureza de su mente racional. Se había hecho una empedernida, una mujer de piedra. Acordándose del pasado, se vio ante un tiempo de racionalidades sin el menor sentido práctico. Con mucho había sido la mejor alumna del curso, pero también la más solitaria.

Doreen había llevado ventaja. Se había apasionado por el gitano desde que lo viera. Y ahora acababa de cumplir lo que la naturaleza mandaba. Nadie se había dado cuenta, aparte de Maruska y Olavo. Para las mujeres, las escenas de amor siempre acaban en secretos absolutos. Olavo se acordaba de la mitología egipcia, en la cual Isis trabajaba —desde el anochecer hasta el amanecer— para reconstruir el cuerpo del hermano, Osiris, descuartizado por el otro hermano, Set. De lo contrario, el Sol no nacería. Muchos soles habrían de nacer antes de que las dos lobas volviesen a reconstruir aquella amistad. El amor hace milagros, más también enemigos.

La mujer loba no era más que un paralelo de los mitos universales, en los cuales los muertos siempre son resucitados. Amar como amaba Doreen era una especie de muerte para la resurrección de la nueva vida. Además de restaurar la vida en Agustín, que se había quedado pensativo en la cabaña, sin dar todavía crédito a lo sucedido, Doreen había cumplido su destino y había matado su deseo.

«Es difícil entender a las mujeres. Seres dudosos, de reconocida dualidad, ora aman, ora odian, siempre con la misma ferocidad intuitiva», pensó el gitano.

Hans había establecido la reunión en el Templo de las Inscripciones. El augur había intuido que algo le había sucedido al Códice T. No sabía con seguridad qué había sido. No estaba allí. Alguien se había apoderado de él. El rostro que se le aparecía en sueños era el de alguien que Hans no quería creer. Lo sabía, pero no decía quién era.

—El códice T desapareció —dijo Hans—. En mi sueño, durante la pasada noche, vi el rostro de un ser, pero no tengo certeza. Tenemos un problema. Necesitamos del códice T para saber sobre la vida en la Tierra. Vamos a esperar una señal de Kukulcán.

Agustín y Doreen se miraban con ternura, después de aquella noche de amor.

Olavo y Maruska observaban sus gestos. La rusa no sabía que Olavo también había visto a Doreen dejar la cabaña, torpe y feliz. Hans sintió el aire pesado, pero no preguntó nada. Toda su atención estaba puesta en la desaparición del códice.

Etznab había vuelto a volar, cuando se encaminaban hacia el Templo de las Inscripciones. Volaba en silencio, observando con su sensible mirar seres y templos. Para el ave sagrada de los mayas, Palenque constituía su diversión principal. Tenía las frutas de sabor inigualable que solo se podían encontrar en aquellos parajes, en donde su amo se las prodigaba tan solo a él.

Hans sabía que en el templo se encontraban los indicios del códice y de quien lo había hurtado. Sabía a quién pertenecía la mano rapaz que se apoderara del *codex*. A pesar de ello, no decía nada, pensativo y distante. Había visto al quetzal sobrevolando la ciudad, y había sentido que *Etznab* intentaba darle alguna información críptica.

El *espejo del tiempo nulo* parecía reflejar algo trascendente en su ceremonial aéreo. Hans inició un diálogo extraño con el pájaro. *Etznab* sabía quién había cometido el robo, apoderándose de lo que no le pertenecía; algo que solo serviría a la humanidad, justamente en las vísperas de un nuevo tiempo.

Todos guardaron silencio ante el diálogo diacrónico entre Hans y el ave. Vivían tiempos diferentes, sintonizados mentalmente en el infinito, abstracción a la que solo se podía acceder con el tercer ojo, el que lo veía Todo; en el que el espacio crecía como un agujero negro. En cuanto al planeta, se convertía en una nave temporal, una nave del Tiempo Tierra. Nave solitaria, que se movía en un espacio propio, en una rotación ejecutada por su propio poder; manteniendo el espacio propio en órbita espiral, alrededor de su cuerpo estelar.

De esta forma, en resonancia con las órdenes estelares, la Tierra se convertía en una nave—tiempo, manteniendo su espacio en orden, con la finalidad de proporcionar la experiencia consciente de los infinitos ciclos y razones del tiempo. Hans vivía este raro instante. Esta conciencia de razones infinitas y de ciclos inconmensurables de tiempo. Solo así podría contactar con *Etznab* que se encontraba en otra frecuencia, en la misma dimensión de Pacal, el profeta. El viejo augur había penetrado en la dimensión de la Ciudad Roja, en el instante en que Pacal acababa las notas para el *Codex* T. Escribía con una pluma de la cola apretada del quetzal y con la tinta de un mineral secreto. Allí estaba el códice que trataba de las relaciones de la humanidad con la Tierra, de cómo había sido creado el mundo, y por qué los mayas habían estado en Mesoamérica escondidos en las selvas, creando las urbes más modernas de su época, más que cualquier otra raza de su tiempo.

Hans Berg había dejado el grupo para sumir la verdadera dimensión de augur. Profeta del nuevo milenio, cuya puerta empezaba a abrirse. Lo único que no entendía era por qué *El diablo* se había transformado en *Ahau Kin*, o Señor Solar, dejando de lado la lucha política. Sentía en su plexo solar que la respuesta solo la podría dar el comandante. Quizá ser político, hoy día, fuese lo mismo que luchar por el planeta que, cada día, se transformaba más y más en un gran basurero de la humanidad.

—Cuando el portal de la cuarta dimensión se abra en el 2012, la política, la ciencia y la religión volverán a ser una sola cosa, una e indivisible —dijo Hans, en voz alta, para sí mismo, mientras los demás se miraban entre sí, sorprendidos.

Hans sabía que mediante la autorreflexión consciente, la Tierra pasaría por la experiencia holográfica que lo haría conocer los otros dos niveles, el estelar y el galáctico. La Tierra, planeta-nave-tiempo, presupone un tipo de biosfera (esfera de vida) capaz de transformarse en noosfera (esfera mental), la cual sería entonces capaz de manifestarse como un banco *psi*, o banco de datos del *alma* de la Tierra.

—El único problema del ser humano es creer que la Tierra no es inteligente. El llegar a percibirla como un ser vivo inteligente, que mantiene información con todo el cosmos, podría producirse demasiado tarde —informó Hans, en voz alta.

—¿Por que dice usted eso? —inquirió Olavo.

—Estoy pensando aquí para mis adentros. Pensamos que el planeta no es un ser vivo, sino una «cosa» en la cual habitamos...

—¿Y es un ser vivo, la Tierra? —preguntó Doreen, distraída.

—Sí lo es, Doreen. Nuestro planeta es una nave, un ser vivo y también nuestra casa. Ahora, en vísperas de marchar hacia la cuarta dimensión, está recibiendo informes radiados desde la galaxia, desde las estrellas y los planetas. Por eso los seres de la federación galáctica están queriendo comunicarse...

—¿Por eso están apareciendo los platillos volantes? —preguntó Eric.

—Tal vez. Solo lo sabremos después de que encontremos el códice...

—¿Y por qué no lo habríamos de encontrar? —quiso saber Maruska.

—Porque está en las manos de alguien que lo encontró antes que nosotros, alguien...

—¿Tú sabes quién es, ¿no es verdad, papá? —presionó Frans.

—Quizá. Quiero tener la certeza de la intención de quien lo llevó, esa es la cuestión...

—Es algún amigo, ¿no, papá?

—Sí, lo es, Frans. Un amigo muy querido. Aunque no sé por qué hizo eso...

La noche caía sobre la Ciudad Roja, en donde habían vivido muchos clanes mayas. Imposible entender aquella realidad atemporal. Incluso antes del paso del primer al segundo milenio, Palenque había sido abandonada. Los gobernantes dejaban, entre tanto, obras maestras en sus paredes contando la historia del pueblo que viviera allí, y cuyos descendientes todavía viven hoy en las ciudades próximas.

9 = ••••

El diario de *El diablo*

26 de septiembre, ocho horas de la mañana.

7, Luna Ciervo Eléctrico — kin 106 — Enlazador del mundo lunar blanco: «Polarizo con el fin de igualar. Estabilizando la oportunidad, sello el armazón de la muerte. Con el tono lunar del desafío, soy guiado por el poder de la magia. Soy portador de activación galáctica. Me penetra».

MI NOMBRE ES NUNO, pero me llaman *El diablo*. Soy perseguido por los nuevos fascistas como un animal. Para que se mantenga la duda sobre mi muerte no voy a fechar este relato. De este modo, se podrá pensar lo que se quiera; los que me aman, que estoy vivo; los que me odian, que estoy muerto. En este cuarto en que me encuentro, miro por la ventana del mundo y solo veo muerte. Además, desde el día en que Alfonso, mi pobre hermano, fue muerto a balazos por mi culpa, ya nunca volví a vivir. No estará equivocado aquel que me juzgue muerto.

Morí el mismo día en que la bala traspasó el cuerpo juvenil de Alfonso. Tengo los ojos fijos en el techo, acostado en la yacija en la que me encuentro, desde el día fatal.

La fatalidad no es solo la muerte, a veces, como en mi caso, se muere de pie, al morirse por dentro, en el intento vano de reunir los trebejos del destino. En este cuarto, de tonos rosa y violáceo, vivo mi dolor. Este cómodo vacío, en el que la desesperanza llena de blanco mi desesperación, vivo la angustia consagrada de la ausencia de Alfonso. Acordarse de los tiempos felices no apaga la desdicha de la memoria. Me cuesta creer en la muerte de ese hermano, muerto antes incluso de haber vivido.

Mi memoria reconstruye nuestra infancia fugaz, cuando corríamos por la Ciudad Roja, sin saber que un día viviríamos la profecía de Pacal. La llamo Ciudad Roja, porque ese era su nombre en maya, Xibalanqué. Palenque fue o bien la invención del cura que la descubrió, el padre dominico Pedro Lorenzo que, en 1564, traído por esclavos, la descubrió sentado en un *palanquín,* de ahí el nombre de la ciudad; o bien Palenque viene del español *palizada,* un medio de defensa (empalizada). La Ciudad Roja era realmente encarnada, de un rojo brillante, tenía estilo oriental y, hace trece siglos, se parecía a una ciudad china.

Vivíamos —Alfonso y yo— nuestra felicidad infantil en medio de ruinas, cada vez más devastadas por la invasión de la selva, corriendo entre majestuosos templos de cúpulas en declive y de torres que llegaban al cielo, Los recuerdos de la Ciudad Roja hieren mi memoria con el puñal de la inocencia, trayendo una dulce embriaguez a mis sentidos, mezclada con el espanto de estar vivo; mientras tanto, el infantil y puro Alfonso se desvanecía en sangre, en la tierra húmeda en la que antes crecía el maíz y ahora crece el odio. Minutos antes de la bala fatal, estábamos el uno frente al otro, pisando la misma tierra, que formaba el polvo de espanto que nutría la vida. Antes me asustaba el ver el simple nacimiento del maíz. Ahora, solo resta el polvo de la muerte.

Cuando la bala traspasó la piel tersa y suave de Alfonso, rodaron dos lágrimas por su rostro, dejándome aturdido e indefenso, ante el malhadado sino, intimidándome en la velocidad del susto y en la morosidad de la angustia. En la hora fatal solo me acuerdo del agudo silbo del quetzal, el ave sagrada que se funde con la serpiente, transustanciándose en Kukulcán. Su mirar, mirada del pleno tiempo, era el espejo doble que unía, en una plenitud total, el cero y el infinito.

No dejé que nadie lo bañase. Alfonso allí muerto parecía un árbol frondoso por el dolor del instante. El cuerpo desnudo, acostado en la mesa del comedor, ya estaba dispuesto para la cena de los dioses: *mueren jóvenes los que los dioses aman*. Mi mano, mojada por la sangre inocente de Alfonso y por el agua que caía del viejo grifo, recorría su joven cuerpo de incipientes plumones, pecho perforado, todavía caliente. Lo abrazé con fuerza, y mi memoria se encharcó de recuerdos del tiempo en el que nadábamos, chapoteando en las aguas heladas de las charcas de Xibalanqué. Entonces, morí allí con Alfonso.

Llegamos al punto principal de este relato: el Códice T. Me apoderé de él. No sé si lo dejaré llegar a la Humanidad. Los humanos no merecen conocer su destino, incluso después de la apertura del portal de conciencia en 2012. El Códice T se vincula a esta letra maya. Y el uso de la letra T es muy antiguo.

Trescientos años antes de Cristo, Valmiki, que vivía en la India, compiló los dos libros más sagrados de los hindúes: el *Mahabarata* y el *Ramayana*. Valmiki decía entonces: «La cultura nagamaya llevó a la India el uso de la letra T».

Sabemos que la Biblia habla del Árbol del Bien y del Mal, manzano simbólico que dio origen al pecado original, cuando Eva dio la manzana a Adán. La palabra Eva, con la V latina, letra labiodental, substituyó, por orden papal, a la letra U, como se hacía en español arcaico —*Civdad* en vez de Ciudad— porque la letra U tenía origen pagano. En maya, Eva es Eua, que significa aislar. Es decir, lo que sucedió. Eva se separó del cuerpo de Adán. Y el primer hombre, al percibir que pariera a una hembra, exclamó ¡Eua! Es decir, que ella se separara de su cuerpo andrógino.

En los inicios del tiempo, en los albores de la Humanidad, el árbol y lo sagrado siempre estuvieron unidos. El nombre de árbol deriva, en maya, de *Teol,* nombre que se da a lo sagrado. *Te* quiere decir árbol; *ol,* espíritu. Los mayas representaban al árbol sagrado con el jeroglífico T. La T simbolizaba todavía al Aire, al Viento y al Aliento Divino. Para ellos, el árbol poseía espíritu, vida y sensibilidad.

Vuelvo a decir que la Humanidad no se preparó para tales códices. Estoy en guerra contra la Bestia. Sun Tzu dice en su obra *El arte de la guerra** «La guerra es un asunto de importancia vital para el Estado, es el territorio de la vida y de la muerte, el camino que conduce a la supervivencia y al aniquilamiento. Es indispensable estudiarla a fondo».

La bomba financiera es el arma de la Cuarta Guerra Mundial. La Tercera Guerra Mundial —la Guerra Fría— benefició al vencedor, al capitalismo. Tras ella, se puede ver un nuevo dispositivo planetario, cuyos principales elementos conflictivos son el crecimiento decisivo de las tierras de nadie, el desarrollo de solo algunas potencias —especialmente Estados Unidos y Europa—, la crisis económica del mundo y la nueva revolución de la informática.

Gracias a los computadores, a los mercados financieros, basados en casas de cambio al gusto, imponen sus leyes y sus preceptos al planeta. La globalización es simplemente la extensión totalitaria de su lógica a todos los aspectos de la vida. Los maestros recientes de la economía, los Estados Unidos, están teleguiados por la propia dinámica del poder financiero: el libre mercado comercial. Esta lógica sacó provecho de la porosidad producida por el desenvolvimiento de las comunicaciones para apropiarse de toda una gama de actividades del espectro social. En fin, una guerra mundial completamente total. Una guerra planetaria —la peor y la más cruel— promovida por el neoliberalismo contra la Humanidad.

---

* Una versión de esta obra realizada por Thomas Cleary puede verse en la colección Arca de Sabiduría de esta editorial.

Tengo el *Codex* T en mi poder. Conozco su contenido. Es de suma importancia para cualquier ser que viva en la Tierra. Pero no sé si valdrá la pena hacerlo público. Tengo dudas. El códice habla más especificamente de la vida en el planeta Tierra, ya que la T es el árbol de la vida o del mundo.

Dejo aquí una sorpresa para los antropólogos. La antropología ortodoxa cree que los mayas deformaban sus cabezas desde su más tierna edad por mero capricho o por motivos estéticos. Nada en la existencia de los mayas, llamados clásicos o *mayax,* fue gratuito. Hasta sus conocimientos matemáticos y astronómicos estaban unidos a la religión, o eran en sí mismos la religión. Su estética también cumplía ese destino, o sea, estaba unida a los ritos religiosos. No había división entre astronomía y astrología. Los sacerdotes eran al mismo tiempo gobernantes, administradores, políticos, astrónomos, astrólogos y profetas. Todo, sin embargo, estaba basado en la ciencia maya, un conocimiento cosmológico y cosmogónico.

Ahora, la sorpresa: ¿por qué los *mayax* tuvieron tan alto grado de conocimiento? ¿Por qué hasta hoy el alto grado de habilidades espaciales de los mayas permanece tan desconocido?

Se sabía que los mayas habían tenido un gran desarrollo en astronomía, artes, matemáticas y arquitectura. Tales conocimientos superiores estaban reservados a los sacerdotes y a una elite. La antropología se equivoca al pensar que deformaban la cabeza de los niños por cuestiones estéticas. Los mayas sabían que al hacerlas braquicéfalas (cabeza en forma de huevo) les ampliaban el poder de pensamiento, de inteligencia y de dominio espacial. Sabiamente, el descubrimiento solo fue aplicado a los paranormales, a los intelectuales y a los hombres de conocimiento. La sociedad maya estaba bastante jerarquizada. Le correspondía a la elite, y solo a esta, conducir el destino de la raza.

Los *mayax* alteraban el cráneo de los niños porque sabían que la modulación del campo magnético del Sol produce efectos benéficos al sistema endocrino. Este efecto mejora el biorritmo y las funciones de fertilidad del cuerpo humano. Si nos fijamos en la cabeza esculpida de Pacal, encontrada en su tumba, veremos algunas señales poco corrientes, que recuerdan tres pétalos de flor, colocados de forma estratégica sobre su cabeza.

Así deformaban los mayas sus cabezas desde la infancia.

Los pétalos de la cabeza generaban una fuente, de la que partían líneas magnéticas de fuerza, que emergían de la coronilla de la cabeza y de las áreas del lóbulo temporal. Si nos fijamos en los tres pétalos juntos, vemos que los tres ocupan un mismo eje, y están puestos de manera que encajan hacia lo alto con el área pineal, región del hipotálamo del cerebro, sugiriendo que tales pétalos forman objetos de naturaleza magnética. Los pétalos tienen la función de capacitar mejor el sistema de comunicación entre los hemisferios del cerebro, haciéndolos más eficaces, además de acomodar y almacenar mejor las informaciones en un neuro-hemisferio, haciendo de un hemisferio el espejo real del otro, convirtiéndolos en un programa de ordenador, almacenando datos en memorias separadas para procedimientos independientes. Vendrán sorpresas con el códice T. Espero pasar el códice a Hans, si no muero.

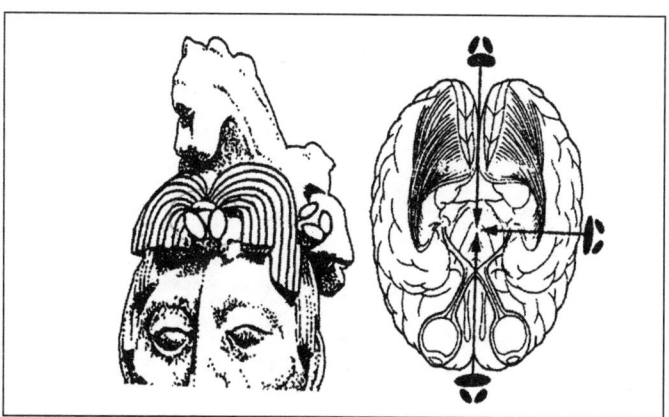

La glándula pineal convierte los campos magnéticos del biorritmo en melatonina.

La pituitaria y el hipotálamo afectan la produción de las hormonas, el estrógeno y la progesterona. Esta conversión del campo magnético es conocida en química como transducción electroquímica. Todo ello es debido a la radiación solar y a la adecuación de las glándulas de los mayas, según se muestra en el dibujo.

10

El enigma de la tapa del sarcófago

27 de octubre, nueve horas de la mañana.
10. Luna de la Forma — kin 137 — Tierra Resonante Roja: «Canalizo con el fin de evolucionar. Inspirando la sincronía, sello la matriz de la navegación. Con el tono resonante de la armonización, soy guiado por el poder del agua universal».

TRAS BUSCAR el códice T durante un mes, el grupo prefirió investigar la ciudad. Mientras tanto, Hans buscaba a *El diablo* para ver el *codex*. La sensual Doreen estudiaba la arquitectura de la Ciudad Roja durante el día; por la noche seducía a Agustín. El argentino vivía, por la noche, su mejor romance. Por el día estudiaba las diversas lenguas que se hablaron allí, hacía mil años.

Frans, nostálgico de Luara, especulaba sobre la historia de la ciudad que, a su juicio, había sido una urbe cosmopolita. Maruska Raskolnikof, la rubia pétrea, analizaba un nuevo templo recién excavado, al lado del palacio, cuyo homenajeado, ya fuese un dios o un dignatario, se había convertido en un misterio. Eric y Olavo analizaban la tumba de Pacal, el Grande. Todos dialogaban al mismo tiempo:

MARUSKA.—Escuche, Doreen, ¿no encuentra exageradas sus noches con Agustín?
DOREEN.—¿Preguntando o acusando? ¿Qué le sucede a usted, eh?
MARUSKA.—No sé, pero me parece que usted exagera... ¿Cree que no lo veo?
DOREEN.—Usted tiene celos y es una moralista... nosotros somos libres.
MARUSKA.—No lo soy, no..., y usted podría comportarse mejor...
DOREEN.—No recuerdo haber estado interna en un colegio, es una delicia, ¿sabe?
MARUSKA.—No lo dudo, pero somos científicos, debemos comportarnos...
DOREEN.—¡Usted es científica! Solo Agustín apaga mi deseo, somos humanos...
MARUSKA.—Estamos aquí para estudiar los códices y no para... para eso...
DOREEN.—Usted tiene miedo de amar, ¿no es cierto, Maruska? Encuentra feo el sexo...
MARUSKA.—Así, de esa forma, sin el menor pudor, lo encuentro, sí...
DOREEN.—Oiga, Maruska, todo el mundo desea y tiene derecho al amor.
Olavo llega con novedades, e interrumpe el diálogo de las dos mujeres.
OLAVO.—Estudio con Eric los glifos de la tapa del sarcófago de Pacal Votan...
MARUSKA.—¿Por qué ese estudio ahora, si ya hubo tantos y no se concluyó nada?
ERIK.—Porque ahí está el misterio de la Serpiente Emplumada.
FRANS.—¿Qué misterio es ese?¿Ustedes no se cansan de tantos misterios?

ERIK.—No, Frans. Todo es misterio en la civilización maya. El de la tapa es otro más.

OLAVO.—¿Sabe, Eric? Creo que es una pérdida de tiempo.

DOREEN.—No lo es, no. Creo que leí algo sobre eso, en un tal Coterell.

ERIK.—Maurice Coterell, ¿No es cierto?

DOREEN.—Sí. Realizó una completa investigación sobre la tapa del sarcófago...

OLAVO.—Por eso estamos investigando la tapa. Tiene que ver con Kukulcán...

MARUSKA.—¿Y qué nos dice ese Coterell?

OLAVO.—MUCHAS cosas. Todas las civilizaciones tienen su piedra de Roseta, ¿No es cierto?

ERIK.—OLAVO quiere decir que todo el misterio de los mayas se encuentra en la tapa...

DOREEN.—¿Así? ¿Cuál de ellos?

OLAVO.—El porqué abandonaron sus ciudades es uno de ellos...

ERIK.—Yo vi cómo Pacal se fundía con el quetzal y se convertía en Kukulcán...

MARUSKA.—¿Cómo fue eso?

ERIK.—No lo sé explicar. Se dio en otra dimensión. Yo estaba mirando distraído la ciudad cuando, de repente, vi la Palenque del tiempo de Pacal. Estaba dándole frutas al quetzal, cuando se convirtió en Serpiente Emplumada. Me quedé asombrado por la confusión entre las dos dimensiones del tiempo. Era demasiado real. No he querido hablar de ello...

FANS.—¿Por qué no lo contó?

ERIK.—No lo sé, Frans. Tal vez por el miedo de caer en el ridículo...

MARUSKA.—¿Es por eso por lo que está estudiando la tapa del sarcófago de Pacal Votan?

ERIK.—Creo que ahí están las respuestas a muchos misterios mayas.

DOREEN.—Pero usted ha hablado de Coterell...

ERIK.—Él descubrió misterios estudiando la tapa del sarcófago de Pacal. Esa tapa ha sido muy estudiada, con muchas especulaciones que no han llevado a nada. Unos vieron en los glifos de la tapa un ser extraterrestre viajando en una nave espacial, como Erich von Däniken. Los glifos de la tapa se prestan a muchas teorías. Están en un idioma cifrado. Estamos a punto de descifrarlo. Olavo tiene experiencia en eso. Era su trabajo en Egipto. Por eso viene lo de la conexión con la piedra de Roseta, descifrada por Champollion. La tapa es la piedra de Roseta de los mayas...

MARUSKA.—¡Vaya, Eric! Usted nos engañó con esa cara de ángel...

DOREEN.—¿Hablará el códice de la tapa del sarcófago?...

FRANS.—Quizá. Con certeza toca el asunto... fue escrito por Pacal...

OLAVO.—¿Cómo lo sabe, Frans?

FRANS.—Es sencillo, Olavo. Me lo dijo mi padre. Los misterios mayas son muchos...

DOREEN.—Hablando de Hans ¿Dónde se ha metido?...

FRANS.—Fue tras el códice... Debe estar llegando...

MARUSKA.—Eso fue lo que me dijo hace una semana, antes de desaparecer...

FRANS.—Volvamos a la tapa tallada del sarcófago. Díganos algo más, Eric...

ERIK.—¿Y qué puedo decir?

MARUSKA.—Háganos un relato, un sumario de lo que encontraron ustedes...

OLAVO.—Necesitamos a Agustín, para descifrar ciertos glifos...

AGUSTÍN.—¡Ah! Ahora me necesitan, ¿eh?...

DOREEN.—Usted está muy callado, Agustín. ¿Por qué no nos ayuda a descifrar la...

AGUSTÍN.—Estaba pensando. Creo que el códice tiene que ver con...

ERIK.—¿Con la tapa? Yo también creo eso...

AGUSTÍN.—Sí, con la tapa. Allí debe constar el renacimiento de Pacal...

MARUSKA.—¿Renacimiento? ¿Qué es eso? ¿Resucitó Pacal?

AGUSTÍN.—Sabe, Maruska, yo creo que Pacal renació en otra dimensión...

DOREEN.—Háganos un relato, Eric, necesitamos saberlo todo sobre la increíble tapa...

ERIK.—Bien, si insisten. Lo primero que hay que tener en consideración es el nivel artístico de la tapa del sarcófago, obra de un gran artista grabador. Hay una complejidad de signos y de motivos religiosos, formando una imagen llena de misterios, tanto artísticos como míticos y místicos. Se ve una plétora de signos, símbolos desconocidos y confusos, en la maraña de las formas, y alrededor de los glifos y de los motivos. Se dieron muchas interpretaciones, pero nada definitivo. Creemos —Olavo y yo— que hay allí muchas más informaciones de las que se han descubierto hasta hoy. Coterell dice: «Las tallas muestran, entre otras cosas, la actividad de las manchas solares, bien como efectos de la actividad solar sobre la fertilidad de los mayas...

MARUSKA.—¿Y eso qué quiere decir?

ERIK.—El secreto del éxodo maya se debe a la actividad maligna de las manchas solares sobre la fertilidad del pueblo...

OLAVO.—Hay una relación directa entre el apogeo de la civilización y la intensidad del Sol...

FRANS.—Explíquense mejor. No estoy entendiendo bien eso...

OLAVO.—Yo estaba estudiando la relación entre el apogeo de Egipto y la intensidad máxima del Sol. Coincidencia: apogeo del Sol, apogeo de los egipcios; declive de las manchas solares, declive de la raza egipcia...

ERIK.—Los mayas vaticinaron el declive de su raza, al conocer el declive del Sol. El bombardeo solar causó males en los niños, que nacieron deformados...

MARUSKA.—Pero eso caería como una bomba sobre gente... Ustedes podrían tener...

ERIK. —No tenemos certeza. Podría tratarse de una teoría más entre tantas que hay por ahí... ese es el secreto de los mayas...

FRANS.—¡Vaya! ¿Conocerá eso mi padre?

OLAVO.—Debe conocerlo, Frans. Pero él solo revela lo que puede ser revelado...

ERIK. —Todavía hay otro misterio...

OLAVO.—No va a contar eso, ¿verdad?

ERIK.—¿Por qué no?

OLAVO.—Porque hay mucha confusión en torno a eso. Vamos a esperar al códice...

ERIK.—Está bien, no lo contaré.

AGUSTÍN.—Si quieren ayudar al descifrado, sería bueno que lo contaran, si no...

OLAVO.—Es una tontería, Agustín. No tiene valor científico...

AGUSTÍN.—No importa. Es bueno contar...

DOREEN.—A ustedes, los hombres, les gusta guardar secretos, ¿no es cierto?

MARUSKA.—¡Cuéntelo, pues!

ERIK.—Está bien. Voy a contarlo...

OLAVO. —No, no lo cuente. ¡Por favor, Eric!...

ERIK.—Voy a contar tan solo lo que puede ser contado. Los mayas clásicos, los llamados *mayax*, aseguraban que vivían en la cuarta era cósmica. En la tapa se encuentra todo eso sobre los cuatro ciclos, pero justamente falta la quinta era o ciclo, que o bien se perdió o no fue grabada en la tapa. Está el espacio, pero los glifos no están...

DOREEN.—¡Justamente nuestra época! ¡No puede ser!...

ERIK.—La cuestión es esta: la quinta era, la del Jaguar, no está representada...

DOREEN.—Pero esa quinta era es la profecía de Pacal Votan, ¿no es cierto?

AGUSTÍN.—La profecía ya fue divulgada en *2012. La profecía maya*, ¿no es cierto?

MARUSKA.—Sí, Agustín. Es cierto, pero queríamos una comprobación...

FRANS.—O, quién sabe, otros datos sobre el futuro inexorable...

OLAVO.—Creo que ya hemos hablado mucho, ¿no es verdad?

AGUSTÍN.—Es verdad. Vamos a reflexionar sobre eso.

DOREEN.—Quizá, si descifrases algunos glifos más, ¿no es cierto, cariño?...

AGUSTÍN.—Quizá. Creo que habrá muchos descubrimientos más, sin duda...

MARUSKA.—¿Descubrirán hacia qué lado va el «navegante» Pacal de la tapa?

ERIK.—Sí. Pacal se dirige a Xibalba, la tierra de los muertos, la región maya que hay después de la vida, pero no existe una evidencia total de esa afirmación...

DOREEN.—Siempre el misterio...

AGUSTÍN.—Vamos a intentar contactar con Günther Schielen, el arqueoastrónomo...

MARUSKA.—¿Por qué, Agustín? ¿Quién es Günther?

AGUSTÍN.—Ya lo he dicho, un arqueoastrónomo que estudia el cielo del tiempo de los mayas.

OLAVO.—¿En qué nos podrá ayudar?

AGUSTÍN. —En esa cuestión de las manchas solares, y en el posible fin de los mayas...

MARUSKA.—Hasta hoy la ciencia no ha estudiado el Sol en profundidad...

OLAVO.—Y, mientras tanto, el Sol es el padre de todas las religiones primitivas...

ERIK.—Y también de las ciencias primitvas... de la intuición humana...

DOREEN.—Una humanidad dividida: hombre igual a Sol; mujer igual a Luna...

AGUSTÍN.—¿Está en la tapa la idea de que los mayas profetizaron su fin?

ERIK.—Sí, Agustín. Está allí, el lenguaje críptico de Pacal Votan...

AGUSTÍN.—Pero si ustedes no lo descifraron, ¿cómo lo saben?

ERIK.—Por la división cuatripartita del mundo maya

AGUSTÍN.—¡Ah! La historia de los cuatro mundos, ¿no es cierto?

ERIK.—Claro. Y el quinto siempre era muy peligroso...

DOREEN.—¿Qué historia es ésa? No sabía eso...

MARUSKA.—Los mayas lo dividían todo entre cuatro, Doreen, incluso la vida...

DOREEN.—Ponga un ejemplo.

MARUSKA.—La vida de un maya duraba cincuenta y dos años, dividida entre cuatro: trece años de infancia, trece años de pubertad, trece años de madurez y trece años de vejez. Y cada cincuenta y dos años los calendarios se encontraban.

FRANS.—El calendario solar y el sagrado, el *Tzolkin*, ¿no es así?

MARUSKA.—Sí, Frans. De ahí procedía la idea de que la vida se hallaba marcada por el encuentro de los calendarios...

DOREEN.—¿Y después?

MARUSKA.—Después venía la sabiduría y la muerte...

DOREEN.—Y se moría muy pronto, ¿no es cierto?

MARUSKA.—Es verdad, Doreen... muy pronto..., menos Pacal Votan...

ERIK.—Que murió a los ochenta años y dejó vaticinios inscritos en la tapa...

DOREEN.—Trece era el número mágico maya, ¿no es verdad?

AGUSTÍN.—Lo era, sí, Doreen.

DOREEN.—¿Y durante cuantos años gobernó Pacal, el Grande?

MARUSKA.—Durante sesenta y siete.

DOREEN.—Si sumamos las cifras, da trece...

MARUSKA.—No había pensado en eso...

DOREEN.—Pero ¿y la tapa?

OLAVO.—Registra lo que sucedió en los cuatro mundos o ciclos anteriores...

FRANS.—Y el quinto mundo, o ciclo, ¿es este que se iniciará en el 2012?

ERIK.—Era peligroso; tal vez por eso no hay tallas en la tapa...

AGUSTÍN.—Sabe, en las ceremonias los sacerdotes no mencionaban el quinto Chac...

DOREEN.—¿Pero no dividían las cosas y el mundo entre cuatro?...

AGUSTÍN.—Por eso mismo. El quinto Chac era muy importante, pero peligroso...

DOREEN.—¿No estaba basado su mundo en cuatro Chacs?

AGUSTÍN.—Así es. Uno para cada punto cardinal. El quinto era el centro...

DOREEN.—Y el centro era peligroso...

MARUSKA.—Porque en él estaba la duda, Tanto podía ser bueno como malo...

FRANS.—También los dedos de la mano...

DOREEN.—¿Los dedos de la mano? ¿Qué historia es esa de los dedos?...

FRANS.—El pulgar es el más importante, pero rompe la armonía de los demás...

AGUSTÍN.—El pulgar era *thup*, el pequeño, que se esconde entre los otros...

DOREEN.—*Thup*, un nombre gracioso. El pulgar también es gracioso. ¿No es verdad?...

AGUSTÍN. —*Thup* era el nombre del quinto Chac, el menor, pero esencial en los ritos...

DOREEN.—El quinto ciclo, o mundo, es el del Jaguar ¿No es así?...

ERIK.—Así es. Deberá ser un mundo de magia, pues el Jaguar es *Balam*...

DOREEN.—¿Y qué es el *Balam*?

AGUSTÍN.—*Balam* es el nombre que se daba a los sacerdotes mayas, viene de los olmecas...

MARUSKA.—Por eso *Chilam Balam* es *El libro de la adivinación de las cosas ocultas*...

ERIK. ¿Y cuándo traerá Hans el códice T?

DOREEN.—Se está retrasando mucho...

MARUSKA.—¿Será que encontró el códice?

FRANS.—¿Vais a continuar las investigaciones sobre la tapa?

ERIK.—Creo que sí, Frans. Hay muchos misterios allí...

OLAVO.—Poco a poco vamos llegando a conclusiones finales sobre los mayas...

AGUSTÍN.—Se está adhiriendo a los mayas, ¿no, Olavo?

OLAVO.—La civilización maya es tan importante como la egipcia, Agustín.

DOREEN.—Estoy asombrada. Nunca pensé que pudiese haber una raza así...

MARUSKA.—Estaría bien que el profesor Hans llegase pronto con el códice...

FRANS.—Mi padre suele aparecer como un cometa...

AGUSTÍN.—Su padre es un sabio... si no fuese por él, todavía estaríamos en el punto cero...

11 = ⸗

La muerte de la señora Zak-Kuk

9.10.7.13.5.
Dos de septiembre del 640, seis horas de la tarde.

La señora Zak-Kuk acababa de morir en Palenque. El rey Pacal vio agitarse al quetzal, allá en la Torre de los Vientos. El tiempo de su madre se había acabado. Tendría honras fúnebres de estadista. Había reinado en Palenque durante tres años. Solo había renunciado al trono en favor de su hijo, Pacal el Grande. El padre de Pacal habría de vivir todavía algo más de dos años, antes de que le llegase la muerte. El momento solemne obligaba a padre e hijo a mantener la calma y la potestad, a pesar de los rostros acongojados de los dos, en los que se reflejaba el inefable dolor que les llenaba el espíritu.

Etznab cantaba como si en el sonido de su cántico se encontrase inherente todo el dolor de su amo. Clamor mortal, como si Etznab estuviese llamando al pájaro de la muerte, al Moã, para que viniese a buscar el alma de Zak-Kuk para llevarla a Xibalba, la última morada.

Kan-Bahlum-Mo' sentía como un homenaje aquel piar que le hería los oídos y el alma dolorida. El padre de Pacal no había querido aceptar toda la fortuna que el poder le hubiera conferido, si reinase. Antes bien, prefirió entregar el trono a quien realmente se había preparado para gobernar: su mujer. Ahora, la compañera que le diera el hijo más maravilloso de Palenque, estaba allí, inerte, como si jamás hubiese vivido. La vida, en aquel instante, no tenía el menor sentido para él. «Vivir ya es una forma de morir», decía el sabio padre de Pacal el Grande.

El hijo de Pacal —Chan Balhum II— solo tenía cinco años cuando murió su abuela. En su inocente crueldad de niño, el pequeño, que más adelante adoptaría el nombre de Serpiente-Jaguar, jugaba distraído en medio de los rostros compungidos de los más viejos. Chan Bahlum sería el penúltimo rey de la dinastía. Su madre, la Señora Ahpo-Hel, se esforzaba por impedir que el futuro rey jugase y saltase entre las piernas de los que allí se encontraban, para prestar su último homenaje a la ex reina. La solemnidad lo exigía así. Al final, había sido el propio Pacal el que dijera: la Señora Zak-Kuk (Papagayo Blanco) era hija de la Primera-Madre, la Madre Cósmica, el primer poder celeste de los mayas de Palenque.

La guardia, adornada con apretadas plumas de quetzal, tenía el color del jade. La coral, entonando los cantos fúnebres, transformaba en funesta la trágica escena. La ordenada formación de la tropa, con sus sandalias de latón, dotaba de un aire entristecido a la escena, barajando los lúgubres y graves sones de la cantilena de la coral con los sones aguzados y marciales de los cadenciosos pasos de la guardia.

Pacal Votan tenía treinta y siete años. Además del dolor estampado en su pétreo rostro, vivía otra inquietud más que se podía leer en sus acongojadas facciones. Aquel día había hablado con Kin, el grabador de la tapa de su sarcófago. Le había dado instrucciones sobre el vaticinio que debería constar allí. Sabía que la dinastía estaba a punto de concluir. Y que el mundo maya vivía sus estertores. Nada podía hacer para impedir la situación, porque estaba escrito. Eran pocos los que lo sabían. Su madre había cerrado los ojos para siempre, y así acabaría la cultura maya, en breve.

Había hablado largamente con el artesano. Quería que constara allí la historia de los cuatro mundos mayas, ya vividos. Quizá incluyera las previsiones para el quinto mundo. Dependía mucho de su don profético. Eso lo apesadumbraba en aquella hora trágica. Los mayas tenían como misión dejar a sus descendientes todo su saber. La humanidad todavía tendría que pasar por situaciones extremas de miseria espiritual, en el ciclo que estaba a punto de acabar. Tal vez pudiese recuperarse de los ataques alevosos contra sí misma.

Kan-Bahlum-Mo', a su lado, sentía la aflicción de su hijo. Sabía que era grande y sabio. Lo había visto pasar noches insomne, haciendo intrincados cálculos y utilizando el idioma críptico, para que los pobres de espíritu no padeciesen toda la desgracia del futuro. De nada le serviría al pueblo conocer su final como raza. Sufrir por anticipado. Sería mejor dejar que el dolor llegase en su momento. Si es que habría un tiempo calculado para tanta frustración.

La madre de Pacal recibía el homenaje *post mortem* en el palacio, que todavía estaba en obras. El palacio sería concluido por Pacal y por sus dos hijos —Chan Bahlum y Kan Xul— a lo largo de casi un siglo, entre el 615 y el 711 d. de C.

Pacal pensaba ya en la manera de informar a la elite de cómo se cumpliría la profecía. No sería fácil. Haría una proclama general e intentaría explicar lo inexplicable. ¿Quié le creería? En esa hora, incluso por supervivencia, ninguna cultura aceptaría su extinción. Para que la raza sobreviviese, al menos en la memoria de los humanos, la única salida sería dejar las ciudades y volver al nomadismo.

La situación le obligaba a aceptar el desafío de enfrentarse nuevamente con la ciudad. Ya había vivido una situación idéntica al aceptar el trono. Había sido preciso una buena explicación para que el muchacho de apenas doce años se coronase rey. De nuevo se veía ahora en una situación idéntica. ¿Tendría capacidad psicológica para enfrentarse nuevamente a la elite? ¿Sería su discurso convincente para poder ser aceptado?

Etznab, en la cima de la Torre de los Vientos, piaba. El rey Pacal le oía y sentía dolor por el pájaro. Allí se confundía el tiempo. Sabía que habría de vivir lo suficiente para iniciar el éxodo de la elite. ¿Cómo reaccionaría el pueblo cuando supiese la terrible verdad? El pueblo que siempre había creído a sus sacerdotes, a los sabios, matemáticos y astrónomos de capacidad y competencia excepcionales. De repente, el más grande de los mayas de todos los tiempos tenía que decir a la población que ya no le quedaba nada, a no ser que volvieran a los principios. Sería como decretarles la muerte en vida.

—Podríamos poner la profecía en la moldura de la tapa del relicario —dijo Kin.

—Sería una buena medida —respondió Pacal, distante—. Sería mejor empezar por el primer ciclo de la Humanidad, girando de derecha a izquierda, hasta el quinto mundo. Todavía estoy preparando la profecía para el fin del ciclo, para el 2012,

—Vuestra majestad es quien sabe. Apenas soy el instrumento de vuestra orden.

—Sé que has hecho lo mejor, eres un gran artista. Pienso poner en la tapa de mi ataúd la esencia del *Popol Vuh* en lengua cifrada, para que solo sea descifrada de aquí a muchos siglos... tal vez un enigma.

—¿Un enigma? —preguntó, preocupado, el artista.

—Una especie de rompecabezas que pueda ser descifrado por una persona sagaz...

—¿Y cómo sería eso?

—Todavía no lo sé, Kin, estoy pensando...

Pacal Votan se mantenía hosco. El artista se había callado. Siempre esperaba la hora oportuna para dar su opinión. Había entre los dos un tiempo vacío, un silencio que había dejado contrito al artista. Un vacío de muerte. Kin no sabía qué hacer en tales momentos.

La Señora Zak-Kuk sería enterrada en el Templo Olvidado, al sudoeste de la Ciudad Roja, edificado por Pacal, justamente para que contuviese los túmulos de sus padres.

LA MUERTE DE LA SEÑORA ZAK-KUK

Su madre estaría frente a frente con los Señores de la Muerte, en Xibalba. Antes, padre e hijo prepararían el camino para que Zak-Kuk diese, de forma correcta, el paso de este mundo al otro. Para eso debería realizarse un ritual, antes de que cayese la noche sobre la ciudad. El cortejo fúnebre atravesaría todo el centro de la ciudad, toda vez que el Templo Olvidado quedaba en el lado opuesto al palacio, en donde se velaba el cadáver.

Kan-Bahlum-Mo' veía, por anticipado, el mismo cortejo en el que participaría, de allí a dos años, cuando entonces fuera él el homenajeado. Por eso no se sorprendió Pacal cuando oyó que su padre le susurraba:

—Estoy aprendiendo el camino... seré el próximo..

—Todos nos iremos un día —fue todo lo que consiguió decir Pacal.

Etznab tenía ahora la compañía del pájaro mítico, el Moã. Su canto se había vuelto muy agudo. Suscitada por la voluntad del rey, el ritual del pasaje de la ex reina, de este mundo al otro, al encuentro del Señor del Limbo, se iniciaba bajo la intervención de Moã, que de este modo preparaba y concluía la reencarnación de la muerta.

El poder de Moã era el mismo que el del Espíritu Santo, incluso su glifo era idéntico: el de una paloma posada en su nido. En los códices su cabeza estaba reducida a un círculo, con dos puntos para los ojos y una línea para el pico. Tales puntos y líneas significaban que era un ser mítico, espiritual. En el vientre, la rueda solar, anunciando siempre la clarividencia o el éxtasis del sacerdote.

Pacal Votan se transustanció en el largo cuerpo de la Serpiente Emplumada. El quetzal dejó de cantar y se introdujo en la boca de la serpiente. El Moã llevaba ahora el fuego sagrado. Velaba a la muerta, a la hija de la Madre Cósmica, a la que volvía a la casa materna. Para acompañar a la Señora Zak-Kuk a la última morada, otro ser mítico: la Gran Estrella o *Lamat*.

La muerta renacería en el acto de magia simpática. Sus células renovadas, el psiquismo letárgico volvería a brotar, y reencontraría la actividad consciente gracias a sus virtudes. La muerta germinaría y viviría una vida nueva. Al Moã solo le quedaría llevar el fuego prometeico. El Moã no volaría con sus propias alas. Como ser mítico, el sacerdote tenía que ponerlo en movimiento en el ritual de renovación.

Pacal Votan reconoció la luz sagrada. Su aparición era esencial en el ritual de reencarnación. Decía el ritual: «Cuando la luz se encuentre en los ojos del iluminado *Chilam,* el difunto reencarnará».

Luz espiritual, sagrada. Esta luz infiltrada en el alma de Pacal era exactamente la que producía el renacimiento en el Limbo: metamorfosis del muerto, que precedía de inmediato al retorno al vientre materno. La Señora Zak-Kuk retornaba al vientre de la Madre Cósmica. La luz que ya penetraba en la conciencia de Pacal iluminaría el camino. Y el alma de la reina, por fin, enfilaría la senda abierta de la reencarnación.

Por lo que se refería a la muerta, estaba en un estado de letargo, vivía en tinieblas. Para apartarla de esa condición era necesario hacer el ritual. Por ello, el sacerdote tenía que realizar llamamientos y evocaciones. Si el muerto permanecía en letargo sería sacrificado a la gloria de Akbal —la Noche— o Tinieblas Eternas. En ese instante, Pacal Votan necesitaba de Moã, fuente de luz, para irradiar el poder celestial. Y la reencarnación se realizó finalmente.

En la ceremonia funeraria estaban presentes todo tipo de místicos: augures, sacerdotes y videntes. Esos personajes esotéricos concurrían con el sacerdote mayor para hacer renacer a la madre de Pacal. Si unos hacían sacrificios, otros ofrecían sus dotes de iluminados, como los augures. Constituían el ejército de los *Ahau-Kin,* los Señores del Sol. Al frente del cortejo, los videntes. Llevaban dos timbales de brazos apretados, señales de clarividencia. Eran sacerdotes-videntes, casi siempre hombres de mediana edad. En Palenque se decía que los difuntos volvían a la vida gracias a los sacerdotes clarividentes. Después venían los sacerdotes de los sacrificios, que perdían su propia sangre, en pleno éxtasis.

12 = ⁝⁝

La caverna de los jeroglíficos

14 de noviembre, ocho horas de la noche. 28, Luna Lechuza Autoexistente — kin 155 — Águila Cristal Azul: «Me dedico con el fin de crear. Universalizando la mente, sello la salida de la visión. Con el tono cristal de cooperación, soy guiado por el poder de la realización. Soy un portal de actividad galáctica, penétrame».

HANS ESPERABA la luna llena. Sabía que *El diablo* saldría de la cueva con la luz de la luna. Como no apareció, Hans entró en la *cave*. La luz de la luna solo penetraba en la ante sala de la cueva. Pocos pasos más allá ya se establecía la penumbra. Andaba con cuidado para no tropezar con las estalagmitas. Tenía desarmado el espíritu, como convenía a un augur. Sentir era lo más apropiado en aquel instante. Cerró los ojos para estar en una mejor plenitud. La luna llena introducía en su cuerpo humores extraños, aguzándole todavía más la sensibilidad.

El diablo había estado allí, con certeza. Su energía había impregnado las piedras y el aire enrarecido. *El diablo* se había convertido en un solitario. Solipcismo. Se había enquistado en la soledad, de no estar muerto. Hans percibía su presencia energética. Con seguridad, había pasado por allí. Hans desconocía aquella energía. No sabía si era espiritual o corporal.

Había sentido, de alguna manera, la presencia del códice T en las oscuras piedras de la caverna. Andaba al azar. La energía le impulsaba a ir al fondo de la cueva. Oyó rumor de agua corriente que batía contra las rocas. Parecía adentrarse en el reino de Xibalba, el mundo de los muertos. Buscó astillas secas para hacer una antorcha. Palpó el bolsillo buscando un encendedor. Sara se lo había dado como regalo de boda. Allí lo tenía, casi sin uso. Un milagro haberlo encendido. Hacía mucho que dejara de fumar. Mientras tanto, lo había guardado como recuerdo de un tiempo feliz. Sara había sido la única mujer que él había amado en la vida. Después de minutos, percibidos como horas, descubrió unos palos secos. Los amontonó en forma de pirámide y los rodeó con musgo seco. E hizo la hoguera.

La visión de la caverna era indescriptible. Sus ojos se fueron acostumbrando a la luz, después de haberlos acostumbrado a la oscuridad. La piel se le erizó. Había perdido el pulso con la turbación de los sentidos. En las rocas que allí había podían leerse glifos de todo tipo. ¿Serían jeroglíficos del Códice T entrelazados con signos que ya había desde antes en las paredes de la caverna?

Le parecieron indescifrables. Solo un estudioso de lenguas crípticas mayas, como Agustín, podría traducir tales signos enigmáticos, que cubrían casi toda la pared de piedra. Se sentó en posición de loto. Cuando no conseguía entender de forma racional algo, entraba en alfa para sentir en otra dimensión. Así se quedó durante una hora.

Después, tranquilizado, como si se pasease, miró alrededor de la cueva, especialmente la antesala, todavía iluminada por la luz de la luna. Las primeras estancias se encontraban llenas de jeroglíficos. En medio de aquel batiburrillo de signos, Hans reconoció los glifos de Venus y del Jaguar; este era el símbolo de Pacal. Se animó.

Ahora tendría que regresar al campamento. Encontraría el códice T escondido en una caverna próxima a Chiapas, en donde se había acostado el sagaz *El diablo*. No había visto al comandante Nuno, del que solo él sabía que estaba vivo. Si había habido una segunda muerte, era algo que nunca lo sabría. Todo indicaba que *El diablo* ya no quería más tratos con los vivos.

Estaba recogiendo sus cosas para la vuelta, cuando vio pasar un bulto entre los vanos iluminados por la luna. Hans creyó haber visto un fantasma. La misma cueva parecía pertenecer al Señor de la Muerte. Sus ojos lo habían visto con claridad. No había soñado. Y todavía menos que los ojos, jamás le había fallado su aguzada percepción sensorial. Lo había visto, sí. Un bulto encapuchado que desaparecía en pleno aire. Sintió al ser fantasmagórico que lo eludía con la destreza de un saltimbanqui. Dejó la mochila y salió en busca de aquello que viera, fuese lo que fuese.

Todo se había producido con rapidez. Tenía que volver a la caverna en busca del encapuchado. Por primera vez sintió miedo de lo sobrenatural. Tal vez el clima de la cueva oscura, o quizá el espíritu del Señor de la Muerte habían anunciado el peligro por el que había pasado. Miedo y desasosiego se habían apoderado de sus entrañas con la rapidez del rayo. *El diablo* jamás lo asustaría o le haría daño. Habían sido buenos amigos. Al fin y al cabo, Hans le había salvado la vida.

La luna se había ido. La caverna se había oscurecido. Un gusto acerbo le vino a la boca, amargándosela. ¿Estaría delante del mundo sublunar? Se lo había impuesto algo en la mente, como si se encontrara allí *per se*. Le salían frases truncadas. como si a los vocablos les faltase un nexo de ligazón: «Habrá mucha sangre... el alma del templo se verá ensangrentada... buscando la protección de la muerte, el *Chilam* elevará sus preces al cielo. Las bendiciones celestes quedarán eliminadas de la tierra, la fecundidad regresará al cielo. Puesta del Sol. Muchos templos quedarán cubiertos. Los muertos purificados llorarán en el Limbo...

muchos *Chilam* morirán... las almas de los ancianos hablarán como dioses... aflicción para el mundo sublunar...».

Hans estaba fuera de sí. Akbal, la Noche, se había cerrado en su manto penumbroso. No veía nada en la sombra. Sentía el cuerpo frágil con el vello que se le erizaba. El sonido de alas que batían contra el viento, y que parecían invadir la cueva, lo dejaron, todavía, más inseguro. ¿Sería el Moã, el ave de la muerte? O quién sabe si el quetzal peregrino, el ave insistente que vivía allí, en desacuerdo con su habitual paradero.

«La sangre cubrirá el templo. Los rituales de la santa generación serán confundidos. La sangre hará olvidar el éxtasis. Los difuntos serán larvas. El poder celeste se alejará. Las sembradoras oirán la muerte de *Chilam-Balam*... mucha sangre, poca comida...»

El viejo augur se sintió incómodo en aquel cuerpo temeroso. No sabía qué hacer. El encapuchado se había desvanecido. Se había quedado allí ante las sombras negras, confuso y con la sensación de inutilidad, sin siquiera saber si el tiempo que allí había transcurrido pertenecía a un tiempo presente o a uno pretérito.

La Luna se había alzado sobre lo alto de la montaña, y la noche se había cerrado en nubes negras e intimidatorias. Quizá lloviese y el agua lavase todo lo que allí le perturbaba los sentidos, dejándolo cada vez más agotado, fuera del inútil cuerpo, que ya ni siquiera sabía reaccionar tan bien como su espíritu. Luego él era un guerrero de la luz. Tenía que abandonar todo como estaba, y pensar en el códice. *El diablo* saltaba a otra dimensión. Y de este modo, y bien despacio, Hans fue abandonando la cueva.

* * *

En el campamento, a altas horas de la noche, Doreen vio a Maruska abandonar la tienda de Agustín. Perpleja, se quedó sin habla. La rusa tenía los ojos desmayados de placer concupiscente. La pétrea, la empedernida Maruska, jamás había sentido algo semejante. El mundo le parecía irreal, ahora que había tocado las entrañas de Eros. Había salido con dificultad de la cabaña, todavía llena de un amor que le quemaba los firmes muslos.

Doreen no daba crédito a lo que acababa de ver. La empedernida había sucumbido al deseo y se había hartado con su hombre. Le pareció una traición. Era necesario que tuvieran una conversación seria, ya que su gitano se había convertido en un hombre-objeto. Dulce ironía.

La empedernida vivía en el Paraíso. Había perdido la virginidad con el hombre al que siempre había amado en silencio, a pesar de haberse mantenido siempre racional. Sin embargo, su secreto se había mantenido: su apellido Raskolnikov.

Este lo remitía todo al escenario de San Petersburgo y a la bisabuela materna —la abuela Alióvna Ivanóvna— que había vivido en tiempos de Fiódor Mikhailovitch Dostoievski, autor de *Crimen y castigo*, cuyo personaje, Aliocha Raskolnikov, fuera un homenaje del autor a la familia.

Alióvna vivía en la vieja San Petersburgo, cuando Dostoievski comenzara a publicar *Crimen y castigo* en *El mensajero ruso* de 1866. En su diario, Alióvna hacía mención a su apellido Raskolnikov, usado en la obra maestra. Con fecha de enero de 1866, el diario de Alióvna mencionaba el relato del mayor crítico de Rusia: «Es un fenómeno singular, pero frecuente, que un nuevo tipo humano aparezca por primera vez en la literatura de cualquier país nuevo para, desde ahí, penetrar sucesivamente, junto con toda la complejidad de problemas que ello acarrea, en la literatura del mundo culto. De tal modo, en el siglo XVIII Werther parte de Alemania para conquistar Inglaterra y Francia; y, así, en la segunda mitad del siglo XIX, irrumpe Raskolnikov en el mundo de la cultura occidental, procedente de Rusia, en aquellos tiempos lejanos, ignota y casi legendaria» (György Lukács).

Alióvna Ivanóvna Raskolnikov había nacido en San Petersburgo en 1850. Tenía dieciséis años cuando inició el diario. Su vida no había sido fácil. Robada a los seis años por una gitana, según testimonios, en un raro descuido de su madre —Maria Dimitrievna—, había sido vendida en Moscú a un rico comerciante, Marmelodov. Este la revendió por veinte rublos a una *puttana*, conocida por Dunia, dueña de un célebre lupanar de Píter. Píter era el nombre cariñoso que, en aquel tiempo, tenía la ciudad.

Dunia, la puta más importante de Píter, mujer esbelta, precedida de majestuosas mamas, cuyos pezones tenían el diámetro de un dólar de plata, estaba convencida de haber hecho una excelente compra, a pesar del deplorable estado de la niña. De este modo, Alióvna había regresado a la tierra natal, con la misión de seducir y complacer a la selectiva clientela del más disputado *bas-fond chic* de Píter, frecuentado por la crema de la sociedad rusa.

La precoz belleza de la joven encantaba a todos. Especialmente después de que la camarera le dio un buen baño de hierbas aromáticas y la roció con una loción de agua de rosas, fricionándole la blanca piel; y no tanto para activar su circulación sanguínea, como para eliminar el polvo del largo viaje y las liendres que insistían en habitar sus cabellos sucios y desgreñados. A pesar del estado deplorable de la joven, sus bellos ojos azules lo veían todo con curiosidad.

Alióvna creció en aquel ambiente de humo y sexo. Cuando cumplió diecisiete años, Dunia la obligó al bautismo-de-fuego. Antes le prendió, en su bello vestido de encaje, un broche de oro y madreperlas, distinción otorgada solamente a las putas exclusivas de la «Mansión del Placer», nombre dado por los ilustres clientes al famoso *rendez-vous,* el más caro de Píter. Y le dio un sabio consejo: «Una buena puta, al igual que una buena esposa, debe ser obediente, sumisa y grata». Así, la joven *putaine* había aprendido todas las técnicas de seducir y complacer.

En poco tiempo, Alióvna, había superado a la decadente Dunia, pasando a ocupar un lugar destacado en el *Livre D'Or,* o *catalogue de toutes les putaines de la Maison de Plaisir*, en el cual su nombre venía impreso en letras doradas, incluso con su precio, una verdadera fortuna. Por demás objetivo, el catálogo no decía nada sobre sus ojos almendrados, azules como el aguamarina, ni sobre sus dulces pezones, duros y rojos como la ciruela. Ni sobre sus torneadas piernas, cuyos muslos fuertes y bien hechos, siempre abrasados por el deseo, terminaban en pequeños y frágiles pies. Y nada tampoco sobre sus pequeñas manos de adolescente que parecían —total engaño— que no conseguirían envolver con maestría el diámetro de un falo. Ni sobre su boca mínima, cuya cavidad se diría imposible de acoger todo el volumen de un glande inflamado. Después de conocer todas las artes del oficio, en el cual se había convertido en una notoriedad, Alióvna se las había pasado a la hija, Babuska, la abuela de Maruska, como la mayor prueba de su amor maternal.

Babuska competía con la madre en los senos, duros como almendras, y también en la boca pequeña, que los adeptos a la *fellatio* temían rasgar. Sin embargo, sus manos eran fuertes y grandes, envolviendo por completo y con maestría un glande inflamado. Había crecido allí, en la Mansión del Placer, aprendiéndolo todo sobre el sexo de las manos preciosas de la madre, la matriarca Alióvna. La dinastía Raskolnikov de mujeres placenteras había instaurado una tradición familiar que Maruska acabaría por heredar. Tal abolengo y linaje solo contrastaban con la calificación de empedernida que le había dado el gitano. El linaje sáfico de Maruska solo había sido roto por la madre, Mariana, nacida sin el don para el oficio común de las mujeres de la familia, rompiendo así una tradición secular, ya que Mariana, la madre de Maruska, no era mujer lasciva. Por el contrario, era recatada en el vestir, y extremadamente pudorosa en maneras y palabras, como se decía entonces, púdica y de recta moral.

Así que, en aquella noche de luna llena, al igual que una loba en celo, la empedernida había asaltado al gitano, subiéndosele al vientre y empalándose, con férvido placer, en su duro y lúbrico miembro. Hasta entonces había luchado contra el síndrome de «el sexo es sucio», que le impusiera su madre, Mariana, en desacuerdo con el relajado destino de su progenitora, Babuska, y de su abuela, Alióvna, que había iniciado la dinastía erótica del clan Raskolnikov de San Petersburgo.

Por todo eso, Maruska se había vuelto casta. No es que desease esa situación antinatural para sí. Tenía miedo de volverse, como sus abuelas, una meretriz. Palabra que, además, trataba de sustituir por otra más adecuada: hetaira. A pesar de eso, había aprendido de las abuelas, quizá por atavismo, y solo en teoría, todos los saberes y técnicas del amor carnal, los cuales ponía ahora en práctica.

Agustín no lograba entender nada. La glacial rusa se había introducido silenciosa en la cabaña, sin darle siquiera tiempo para reaccionar. Era noche de luna llena, la tienda estaba a oscuras y envuelta en una cierta nube erótica, cuando Maruska entró, desnuda y sedienta, en una entrega total. Quien la hubiera visto en aquel instante, le hubiera podido hacer un mal juicio. En una voluptuosidad desenfrenada, la empedernida, ahora lúbrica, se entregaba al placer carnal más salvaje, poseyendo al hombre que más había deseado en toda su vida.

Lo que le había facilitado el ataque había sido un hecho desconocido para ella. Agustín sufría de priapismo, especialmente en noches de luna llena. Estaba, pues, con el príapo duro y vertical, en el instante en que Maruska, voluptuosa y ardiente, invadiera la tienda. Al constatar tal dureza oblonga, la rubia se acercó al falo, que se exhibía en toda su potencia, sorbiéndolo de forma arrebatada, chupándolo feroz y furiosamente, clavándose en él durante horas, cabalgando hacia adelante y hacia atrás, por encima y por debajo, cíclicamente, como una amazona en una jornada guerrera, al galope.

Mientras cabalgaba, Maruska se acordaba de los buenos consejos de sus abuelas, formadoras de generaciones de Raskolnikov, en todas las técnicas de la fruición erótica. De ese modo, utilizaba todos los artificios sensuales para mantener la cabalgada sobre el encabritado, como habían enfatizado sus abuelas. Al mismo tiempo procuraba saciarse buscando el punto G, situado en alguna parte entre el útero y los labios vulvares. Lo había montado hasta saciarse, dejándose caer después al lado del gitano, llena todavía de amor y de deseo. Maruska sentía por primera vez en su vida el *frenesí veneris*. La matriarca Alióvna podía sentirse orgullosa de su bisnieta.

Dicen las crónicas de la época que la joven Alióvna, a los treinta años, después de haber permanecido buena parte de su vida en la *Maison de Plaisir*, se había casado con un rico comerciante, tras haberle concedido una noche *au grand complet*. Rashid solo decidió casarse después de haber disfrutado de mil y una noches de placeres eróticos. Esa había sido la oportunidad que aprovechó Alióvna para dejar aquella vida que, para la abuela de Maruska, apenas había comenzado. Sin saber nada de eso, el gitano intuía algo extraño en aquella noche con la bisnieta más amada de Alióvna. El nombre Raskolnikov había mantenido su tradición. Maruska no había decepcionado.

It's the feeling now
Before the circumstance
Casi
    ¿Qué pienso?

13 = ⋮⋮⋮

El Sol y el declive de los mayas

21 de noviembre, cinco de la tarde.
7, Luna del Esplendor — kin 162 —
Viento Rítmico Blanco: «Organizo a fin de comunicar. Equilibrando el aliento, sello la entrada del espíritu. Con el tono rítmico de la igualdad, soy guiado por mi propio poder duplicado».

GÜNTHER SCHIELEN descendió del avión en Palenque. Notó en todos los rostros un aire de preocupación. Hacía una semana que el viejo brujo se había ido tras el códice T. La llegada del astrónomo a Palenque había puesto ansioso al grupo. Había venido con dos hermosas estudiantes, muy bien recibidas por Eric y Olavo. Los dos se mostraban interesados tanto en las dos jóvenes como en las investigaciones de Günther sobre el Sol, que marginaban los medios científicos. Los científicos torcían la nariz al oír tales especulaciones, como siempre.

Al desembarcar, Günther había notado la preocupación colectiva, pero al saber que se trataba de una más de las innumerables desapariciones de Hans, ironizó:

—Hans debe estar en otra dimensión. Le encanta jugar con los dioses.

Al saber que el augur fue en busca del códice, se quedó serio. Conocía muy bien la importancia que tenía el códice para avalar mejor la profecía maya. Él mismo necesitaba decidirse sobre la nueva revelación de la arqueoastronomía: ¿Había influido el Sol, de forma vital, en el apogeo y declive de las civilizaciones de la Tierra?

Su llegada había sido inesperada, pero todos estaban de acuerdo en que su presencia aportaba más conocimientos al grupo, un poco cojo en astronomía hasta ese momento. Las jóvenes que había traído, las antropólogas Camila Holz y Linda Montserrat, eran alumnas de la Universidad de Colonia. Camila, austríaca; Linda, francesa. Camila, más alta, tenía piernas bien torneadas que la minifalda dejaba exhibir. Linda, con sus pechos puntiagudos y soberbios, prácticamente desnudos por la blusa transparente, parecía la perfecta visión de un paraíso terrenal lleno de lubricidad.

La llegada de las dos exasperó más todavía a las dos féminas del grupo, que las habían mirado de arriba abajo, como si hubiesen invadido el territorio ya dividido entre las lobas Maruska y Doreen. Además, la situación entre las dos se había vuelto difícil, tras la invasión de la rusa de la cabaña de Agustín. Maruska no había conseguido dar una explicación convincente a Doreen. La arquitecta estaba furiosa porque la rusa tuviera la pretensión de eludir su autoridad de elegida en el corazón del gitano, y por haberse aprovechado de su hombre. A pesar de eso, la llegada de aquellas dos mujeres, más jóvenes, más delgadas, con un frescor recién salido de la pubertad, había exacerbado todavía más el ánimo de las lobas y, al mismo tiempo, las había unido.

Como en una guerra entre dos contendientes sagaces, Maruska y Doreen sabían cómo luchar entre sí y qué armas podían usar, pues se conocían como rivales. La situación se había complicado. Ahora tenían dos rivales. La lucha por el dominio del grupo había aumentado. Cada una tenía que enfrentarse con otras dos. De ese modo se habían olvidado de los hechos pasados, concentrándose más en el presente, que estaba bien delante de ellas: dos féminas bellas y sensuales. Y lo que era peor, mucho más jóvenes.

Por fin, Agustín había abrazado a Günther. Se había quedado en la tienda para reflexionar sobre todo lo que le había contado recientemente. Le resultaba difícil entender a las elusivas mujeres. Maruska era un enigma todavía mayor que el de los mayas. ¿Por que se había resistido durante tantos años y, ahora, se le había entregado así, tan impúdicamente?

Su relación con Doreen se había deteriorado. Se sabía inocente. No. Inocente, no. Sería erróneo pretender inocencia; solo que no se sentía culpable. No había partido de él la acción, ni con Doreen ni con Maruska. Había sido dado como un trofeo en la lucha mantenida entre las dos lobas en celo. Cuando lo supo Günther, se divirtió:

—¿Quiere decir que usted es ahora el hombre más apetecible de Palenque?

—No se burle, Günther, soy el oscuro objeto del deseo de dos lobas...

—Por lo visto, usted es feliz, ¿no es lo mismo? —insistió el alemán.

—No me quejo, ¿o sí? Además, usted llegó bien acompañado...

—Son mis alumnas de astronomía, pero son casi unas niñas...

—¿Niñas? Están bien creciditas, ¿no, Günther?

—No tengo nada que ver con eso... ahora usted se va a hartar de mujeres...

—Son muy bonitas y...

La conversación quedó interrumpida por la llegada de las mujeres, además de Olavo y Eric, ansiosos por conocer las investigaciones de aquel alemán de casi dos metros.

—Günther, quisiéramos conocer la influencia que tuvo el Sol sobre las civilizaciones antiguas... parece que usted tiene una teoría...

—Está equivocado. El estudio no es mío. Solo hice los cálculos y vi las posibilidades que tenía la teoría de Coterell de ser cierta. Me parece que está bien fundamentada...

—¿Coincide la intensidad del Sol con el auge de las civilizaciones? —preguntó Eric.

—Todavía son meras especulaciones. La superficie del Sol está marcada, de tiempo en tiempo, por minúsculas manchas negras, que fluctúan en un patrón cíclico permanente, alrededor de cada 11,5 años terrestres. Esas manchas son síntoma de la actividad electromagnética que constantemente tiene lugar en el interior del Sol. Los análisis de las manchas demuestran que el campo magnético solar, y sus efectos en un espacio localizado, revierten cada 3,75 años, aproximadamente. De este modo, acontecen cinco reversiones magnéticas cada 18,139 años, y cada reversión necesita 374 años para realizar un ciclo completo, de comienzo a fin. R. Woolf fue el primer científico occidental que sugirió, en 1943, la existencia de un patrón cíclico para la aparición y desaparición de las manchas solares en la superficie del Sol. Estableció un periodo medio de cerca de 11,1 años. Y la diferencia media de la rotación del Sol en su curso exterior, más específicamente la diferencia entre la media de los campos magnéticos polar y ecuatorial del Sol, que son los principales responsables del ciclo de las manchas solares. Ello tiene que ver con la profecía maya...

—¿Por qué con la profecía maya, Günther? —quiso saber Olavo.

—La profecía de Pacal Votan se apoyó en las observaciones del campo magnético solar y en sus efectos sobre la Tierra. Lo que distingue a la civilización maya de las demás es que ellos conocían la reversión solar y el consecuente declive de su civilización, como había sucedido anteriormente con la griega, la egipcia y la romana.

—¿Fue así cómo Pacal vaticinó el declive de su raza? —quiso saber Olavo.

—Exacto. Pacal lo tenía todo calculado. Sabía que la reversión sucedería a partir del siglo VII, cuando estuviese en el trono. Y lo más esencial: los efectos de la reversión magnética solar amplificarían la intensidad del bombardeo sobre la Tierra de los rayos solares, produciendo un aumento de la mortalidad infantil y el fin de la raza.

—¡Qué locura! —exclamó Doreen.

—¡Increíble! —dijo Maruska, boquiabierta.

—Calma, niñas. Hay mucho más —intervino Camila, divirtiéndose con la ignorancia que las otras dos tenían en astronomía.

—Percibieron eso los mayas, a través de la astronomía? —inquirió Agustín.

—Para los mayas no había diferencia entre ciencia y ocultismo. Primero hacían los cálculos matemáticos y astronómicos; después los interpretaban a la luz del ocultismo. Tal vez por eso estuvieran tan adelantados. No tenían prejuicios. Ellos sabían que los astros eran puntos materiales en el universo. Y también sabían que habrían de influir sobre la Tierra a través de órdenes llegadas de la galaxia. Nosotros, por el contrario, ni siquiera estudiamos seriamente la Vía Láctea —dijo Günther.

—Pero usted la estudia, ¿no es cierto, Günther? —preguntó Doreen.

—Y cada día me encuentro más confundido. Todavía tengo mucho que estudiar...

—¿Sabe, Günther?, estuvimos estudiando la tapa del féretro de Pacal Votan —dijo Eric, misterioso.

—Estamos a punto de descubrir algo, pero no sabemos qué —adujo Olavo.

—Hay mucha gente estudiando esa tapa —informó Günther, interesado.

—Todo indica que allí está la profecía de Pacal Votan para el quinto mundo, el del Jaguar. Hay dos rupturas geométricamente perfectas, en dos de las puntas de la tapa de la lápida. Tal vez sea una especie de rompecabezas... —añadió Eric.

—Interesante. Pacal dejó diversas inscripciones en Palenque. Hay muchos misterios en las paredes de esos templos —especuló Günther.

—En la tapa de la lápida de Pacal parece que hay indicios de la sabiduría maya sobre el ciclo magnético solar —adujo Olavo.

—¿Cómo es eso? —quiso saber Günther, cada vez más curioso.

— Todos saben que hay un árbol de la Vida en la lápida. Al mismo tiempo, el árbol diseña una cruz, símbolo del Sol. En la inscripción hay pliegues que son semejantes a los aparecidos en el campo magnético solar —comentó Eric.

—Como no soy especialista en la civilización maya, como ustedes, intenté saber qué significaba 260, el número de días del calendario sagrado...

—¿Y qué encontró, Olavo? —quiso saber Günther.

—Comprobando tablas y gráficos encontré que los 260 días del *Tzolkin* se refieren a la interacción entre los campos magnéticos polar y ecuatorial del Sol.

—Que se encuentran cada 260 días —concluyó Günther, impresionado.

—Exactamente. Por eso, tengo la sospecha de que el sistema numérico maya estaba vinculado con los ciclos magnéticos solares... —terminó Olavo.

—Tiene razón, Olavo. No había pensado eso —dijo Günther.

—Y está aquella historia de que los mayas deformaban la cabeza a los niños para hacerlos más sensibles e inteligentes —fustigó Maruska, sensual.

—¿Qué historia es esa? —preguntó Camila, curiosa.

—¿No lo sabe? ¡Cuánta ignorancia! —soltó Doreen, vengativa.

—Sabía que los mayas deformaban la cabeza por cuestiones estéticas, para ser la raza más braquicéfala del mundo, cabezas en forma de huevo; pero que fuese para mejorar la raza... —subrayó Günther, cada vez más ansioso.

—¿Estética? No hay posibilidad de que fuera por eso —afirmó Doreen, con seguridad.

—Esa es otra historia. Los códices que todavía no se han descubierto deberán tener la respuesta —añadió Maruska.

—¿Y Hans?, ¿Por dónde andará? —preguntó Agustín, preocupado.

En aquel instante, Günther divisó a dos mexicanos, que descendían del avión. Habían llegado en un aparato que aterrizó en el otro lado de la ciudad. Günther fue a darles un abrazo. No se veían desde hacía más de dos años, desde la muerte de *El diablo*. Si es que *El diablo* había muerto realmente.

—¡Juan Portero! ¡Pedro Ortiz! —les gritó Günther.

Los mexicanos hicieron señas, y dejando las mochilas corrieron a su encuentro. Los dos desaparecían casi delante del enorme alemán.

—¿Qué hacen por aquí? —quiso saber Günther.

—Estamos buscando al *Diablo* —respondieron casi a coro.

—¿Pero no murió? —indagó Günther, perplejo.

—No sabemos, Günther. Por eso estamos aquí, en su tierra... —expuso Juan.

—¡Vaya! ¡Qué satisfacción verlos! Vengan, les voy a presentar al grupo...

Todos se habían quedado inertes observando la escena, como si fuese un film. Günther nunca se había mostrado tan extravertido. De ahí, la sorpresa de todos.

—Aquí tienen a otros dos mayaístas. Juan es matemático; Pedro es biólogo. Ambos son descendientes de los mayas. Ahora tenemos a todos los especialistas que necesitábamos para desvelar mejor los códices restantes. —Y mirando a los dos recién llegados:

—¿Sabían de la existencia de esos códices?

—No, Günther; pero los ancianos insistían en su existencia —dijo Juan.

—¿En qué podemos ser útiles? —indagó Pedro..

14 = ⬤⬤⬤⬤ / ═══

Los misteriosos jeroglíficos

28 de noviembre, mediodía.
14, Luna Pavo real Entonada —kin 169—
Luna Cósmica Roja: «Perduro con el fin de
purificar. Trascendiendo el flujo, sello el
proceso del agua universal. Con el tono
cósmico de la presencia, soy guiado por el
poder del espacio».

LA LLEGADA DE HANS había aportado calma a todos. El viejo augur todavía se encontraba asustado, pero lo disimuló al ver a las dos desconocidas. Feliz por volver a ver a los amigos, compañeros de aventura y testigos también de la muerte de *El diablo*. Camila y Linda se acercaron al viejo Hans, que había causado impresión profunda en las dos, por la nostalgia del abuelo que ya no tenían.

El viejo fue asaltado por una serie de preguntas. Todos querían saber si había encontrado el códice. Tomó resuello para iniciar su relato. Se había sentido abatido por los acontecimientos de la cueva, en la que debería estar *El diablo*, si no había muerto. Sabía que si contaba lo de la aparición, desconcertaría al grupo. Por eso, omitió el pasaje. Dijo tan solo que, según le parecía, el códice estaba inscrito en las piedras de la caverna, aunque él no hubiera podido descifrarlo. Desconocía el idioma.

—Creo que usted lo conseguirá, Agustín —dijo en tono grave.

—Pero Hans, ¿tiene la seguridad de que era realmente el códice?

—Por intuición, sí. No sé, Agustín, si el códice T estará completo, pero...

—¿Dónde está la cueva? —quiso saber Olavo.

—Cerca de aquí. Está en una posición increíble, casi nadie la puede descubrir...

—¿Cómo es eso? —preguntó Linda, pechos descubiertos por el fuerte Sol.

—La caverna está escondida por un árbol que cayó al pie de la entrada, por eso no se la puede ver.

—Es mejor que nos vayamos allí y que resolvamos esta situación —enfatizó Eric.

—Vámonos entonces— dijeron Maruska y Doreen al unísono.

—Esperen —cortó Hans, nervioso—. Nadie va a ir, a no ser Agustín. Además, también Eric, por ser espeleólogo, podrá ser de mucha ayuda. Ni siquiera yo iré. Espero que todos lo entiendan. Voy a instruir a Agustín y a Eric, y a decirles en dónde se encuentra la caverna. Los demás deben esperar aquí.

Confusión, tras la determinación de Hans. Maruska y Doreen querían ir a cualquier precio; pero al poco rato se olvidaron de su ansiedad. Y se calmaron.

Hans llevó a los dos elegidos hacia un rincón, en el que no pudieran ser oídos. Pero, antes, pidió:

—Todos deben continuar las investigaciones; son importantes para la comprensión del nuevo códice...

Juan y Pedro se habían dado cuenta de que Eric y Agustín eran paranormales. Los dos mayas lo apreciaron nada más llegar. Las dos mujeres se interesaron rápidamente. Las dos nuevas, todavía más. Dejando preocupadas a Maruska y a Doreen. Sensaciones de posesión y de deseo empezaron a surgir de lo más profundo de aquellas lobas.

Doreen no quería perdonar a la astuta Maruska. Estaba contrita. Y más triste todavía porque la rusa hubiera cabalgado de manera perfecta. Agustín andaba medio perdido, como si ya no entendiese nada. Doreen conocía muy bien aquel falso cansancio masculino que, no obstante, siempre quería más y más. Ella misma creía haber asegurado la posesión de Agustín, mediante el deseo. Se había rendido ante la técnica de la abuela rusa, a pesar de desconocer el secreto de Maruska. Cuando lo supiese, era seguro que su rabia aumentaría.

Maruska permanecía en las nubes, perpleja por todo lo que había tenido apenas en una noche. El deseo lo había encendido. El gitano la turbaba. Había llegado incluso a olvidarse del motivo de estar allí, en Palenque. Parecía encontrarse en el paraíso, incluso la Ciudad Roja era ahora para ella una ciudad carnal, completamente teñida de pasión.

Se había enterado de la existencia de los códices por casualidad, si es que existía la coincidencia. Como un encuentro casual entre dos seres. Hasta ese momento no había dicho nada a los demás. A no ser al gitano, mientras lo cabalgaba frenéticamente, aquella noche. En una pausa, jinete y montura, sudados y cansados, bajo la luz de la luna, habían iniciado un diálogo inconexo.

—Gitano mío, ¿qué es lo que quieres de mí? —preguntó Maruska, empalada.

—Quiero saber dos cosas. ¿Dónde aprendiste a montar de esta manera?

—Eso es un secreto, no te lo puedo decir... ¿y la segunda?

—¿Cómo te enteraste de los códices?

—Te lo voy a explicar. Pero antes dime cómo haces para tenerla tan dura todo el tiempo.

—Es una enfermedad. Todas las noches de luna me quedo así...

—¿Enfermedad? Esto es una felicidad...

—¿Y los códices?

—Fui a la charla que daba un anciano maya, en Berlín. Después, fuimos a comer. Yo quería algunas explicaciones sobre los misterios mayas...
—Y entonces él te lo contó, ¿no es cierto?
—No exactamente...
—¿Cómo que no exactamente?
—Solo me dijo que en Palenque se encontraba la clave de todo...
—¿Todos los códices están en Palenque?
—Eso no lo dijo. Dijo que la clave de todo...
—¿Pero no es acaso la misma cosa, Maruska?
—La clave del enigma está aquí, quizá los códices también...
—Pero Eric ya encontró uno, ¿no es verdad, Maruska?
—Lo encontró. ¿Y qué? El anciano no me dijo en dónde estaban los códices
—No me lo quieres decir, ¿por qué?
—El viejo me dijo: tal vez se encuentren en un sitio azteca. La Serpiente Emplumada era una diosa común a los dos pueblos, a no ser...
—¿A no ser qué?
—Que hayan traído los códices T y O a Palenque...
—¿Quieres decir que podemos estar en una pista equivocada, Maruska?
—No lo creo, Agustín. Es posible que uno de ellos esté en otro lugar, en un sitio azteca; o tal vez en la cuna de todas las civilizaciones de Mesoamérica...
—¿Teotihuacán?
—¡Quién sabe!... —dijo Maruska, misteriosa— ¡Ahora vamos a cabalgar!

* * *

La historia de Doreen también tenía sus misterios. Sus padres, Jacob y Sara, habían muerto en un accidente aéreo. Por ironía del destino habían estado presos en el mismo campo de concentración de Auschwitz, en 1940. Entonces tenían diez años. Después del Armisticio, en 1945, volvieron a Praga, tierra natal de ambos. Jacob y Sara habían sido adoptados por parientes, pero todavía no se conocían. Crecieron creyendo en tiempos mejores. Jacob se hizo librero; Sara abrió una tienda de moda. Veinte años después, cuando iban a cumplir treinta y cinco, se vieron por vez primera en un café de Praga.

Por coincidencia, los dos estaban absortos en *El proceso*, de Kafka. El azar los unió para siempre. Uno delante del otro, estaban esperando su *capuccino,* cuando sus miradas se cruzaron por simple curiosidad. Al darse cuenta de que los dos tenían el mismo autor y la misma obra, se habían reído mucho. De nuevo el destino los colocaba uno frente al otro. Si no se habían conocido en el campo de concentración, se debió a que niños y niñas eran albergados en patios diferentes, al igual que los padres, enviados a otros barracones y amontonados como ganado.

Jacob era circunspecto; Sara, charlatana. Así pues, fue Sara la que tomó las riendas de la conversación, y no dejó escapar a Jacob. «Esta vez, no», pensó la bella Sara, que ya no tenía esperanzas de casarse, después de que la guerra hubiera matado o mutilado a millones de hombres. Se casaron en Praga, en aquel mismo año, gracias a *El proceso* que, si les llevó a muchas discusiones, también les curó las heridas de guerra de la carne y del cuerpo. El nacimiento de Doreen había sido una bendición para los dos. La felicidad duró quince años, hasta que se produjo el desastre aéreo. El destino, finalmente, también los había unido en la muerte.

Una vez huérfana, Doreen se volvió amargada. Ya tenía cuerpo de mujer. Los senos despuntaban, primero como una granada, después como una pera, hasta que alcanzaron su definitiva forma, una manzana roja que atraía a los ojos golosos de los muchachos.

Mientras tanto, no conseguía entender la fatalidad de la muerte de sus padres. Su tía Raquel, hermana de su padre, la adoptó. Sus nuevos padres, Raquel y Abraham, no tenían hijos. A Raquel no le gustó la mirada concupiscente que el marido lanzaba a la joven, en el frescor de los quince años. Quizá por eso Raquel le hizo trabajar duro en los quehaceres de la casa. La joven limpiaba, arreglaba la ropa, cuidaba el jardín y, a veces, incluso cocinaba. Cuando quería descansar, el todavía joven Abraham la llevaba al comercio, con la clara intención de atraer clientela. Esta aumentó, con la presencia de la joven de mirada triste y distante, pero de piernas bien torneadas, y de senos redondos y apetitosos como manzanas.

Doreen sufrió en silencio hasta aquel día fatal. Raquel se fue de compras. Y Abraham llevó a la insinuante joven de senos duros que ya despuntaban y de piernas torneadas al comercio. Harían control de existencias, ya que no se podía abrir la tienda, pues era día santo, el Sabat. La joven se subió a una escalera para alcanzar unas piezas de seda. Abraham, al ver sus piernas fuertes y atractivas, no se contuvo, metió la mano entre los muslos de la joven y apretó con fuerza su vulva, dejándola entre el dolor y el placer.

Doreen se estremeció. Era la primera vez que alguien le tocaba aquellas partes. Ni siquiera tuvo tiempo de hablar. El fuerte Abraham, con la mano todavía entre sus piernas, derribó la escalera al suelo, y con sus más de cien kilos, la montó. La asustada joven se debatió, pero no consiguió frenar al ardiente Abraham.

Durante unos minutos, en los cuales perdió el sentido, Abraham la montó. Después de un tiempo difícil de precisar, tanto por el hombre, cuyo deseo carnal lo atolondrara, cuanto por la ingenua joven, desfallecida, los dos se miraron. Una crisis de llanto la acometió, dejándolo confuso a él, entre la satisfacción y el remordimiento.

Nada podría borrar aquella escena de la memoria de Doreen. Aquella situación sería determinante en su vida. Si callaba, consentiría, y Abraham volvería a la carga. Si hablaba, sería puesta en la calle por una Raquel resentida. Entonces Doreen se fue calmando y resolvió sacar partido de la situación. Miró fijamente al fondo de los ojos de Abraham, y le dijo, casi sin una lágrima.

—Ahora tendrás que pagar mis estudios de arquitectura, si no...

Abraham la miró fijamente. No podía pasársele por la cabeza tanta perspicacia en una joven adolescente. Así se hizo. Por la noche, Abraham le dijo a su mujer cuál sería el nuevo destino de Doreen. Raquel se calló, pero exigió que los estudios de la joven sobrina se llevaran a cabo bien lejos de Praga. Como Doreen finalizaba su preuniversitario, al año siguiente sería enviada a Berlín, donde estudiaría en la facultad de Arquitectura.

Durante los meses siguientes, la experta Doreen dejó que el tío Abraham se hartase de ella en la tienda, cuando no había clientes. De esa experiencia nació una nueva Doreen.

Se dio cuenta de que los hombres eran más fáciles de dominar de lo que pensaba. Así pues, la joven se propuso saber todo sobre el sexo y la comida, pues, según ella, esas eran «las dos formas de mantener un macho». Esa era la razón por la que Doreen siempre estaba triste. No había sabido aplicar la lección aprendida en Praga. Y el gitano acabó en los brazos de Maruska.

* * *

Los dos penetraron en la cueva silenciosamente. Después de dudarlo, Hans fue empujado por los dos hacia adentro. Eric miraba como un especialista. La caverna estaba formada por bloques de piedra que habían sido llevados hasta allí, pues en Palenque no había aquel tipo de roca. A pesar de eso, les pareció un antro natural excavado por los mayas, que habían aumentado su dimensión. Las piedras en las cuales había glifos, especialmente estas, no parecían ser de allí. Los glifos estaban inscritos en piedra jabonosa que, allí abajo, se ablandaba, pero que, en contacto con el aire, se endurecía. Vieron las estalagmitas en el suelo de la caverna, al igual que las estalactitas que caían como cirios del techo, y comprobaron que la piedra era de origen natural.

La caverna estaba allí desde hacía milenios. Se necesitaban milenios para que el carbonato de calcio se depositara en aquellas dimensiones. Por eso debían tener cuidado para no tropezar con las estalagmitas, al mismo tiempo que desviaban las cabezas de las estalactitas que pendían del techo.

Mientras Eric se ocupaba de la gruta, Agustín, en éxtasis, intentaba descifrar los glifos de los *mayax*. El gitano comprendió que le esperaba un trabajo agotador. Alguien mezclara los jeroglíficos. Sería preciso ordenarlos. Mientras tanto, Hans miraba las esquinas buscando el bulto fantasmagórico que le había perturbado. Nada. No se oía ningún ruido. Silencio total. Un sepulcro.

Fue entonces cuando el augur dio con un laberinto de curvas, que llevaba a diversos caminos. No los había descubierto antes. Escogió uno, y se adentró por él. Con su linterna abrió una senda de luz. Una vez más sintió la energía de *El diablo*. ¿Dónde estaría el comandante Nuno? Hasta sintió calor en las piedras frías. Le pareció que su hálito estaba allí, impregnándolo todo. Cansado, más de emoción que de esfuerzo, se sentó en una piedra redondeada, propicia para una parada. Agustín, al otro lado del subterráneo, copiaba y desifraba aquello que bien podía ser el *Codex* T.

«Si no es el códice, no me llamo Agustín Saens Peña», decía para sí.

Había indicios de que el artesano Kin lo hubiese copiado allí, antes de pasarlo a limpio en la tapadera del sarcófago de Pacal. Sin embargo, eso no lo podría saber Agustín. Era uno de los secretos de Pacal, el Grande. Solo lo sabría *Etznab*. Y, por cierto, si pudiese hablar, no diría nada. Habían decidido que los tres se encontrarían a las seis de la tarde, para hacer una valoración completa del documento. Cuando los relojes marcaron las seis en punto,

Eric y Agustín se encontraron en la puerta de la *cave*. Entonces surgió la pregunta de rutina: ¿Dónde estaba Hans?

— Debería estar con usted, ¿no es así, Eric?

—Conmigo, no. Vi cuando entró en el laberinto, pero no sé hacia donde se fue...

—Extraño. Vamos a buscarlo —propuso Agustín.

Los dos entraron de nuevo en la caverna, conversando:

—¿Encontró el Códice T? —preguntó Eric.

—Sí. Está un poco confuso, pero es el códice, sí.

—¿Se puede traducir?

—Creo que sí. Comencé por el glifo del Jaguar, que es el de Pacal. No sé cómo ese secreto fue a parar de tal manera a una caverna. Cualquier persona podría haberlo descubierto... algo extraño, ¿no es cierto?

—Pensándolo bien, Agustín, no tiene tanto de extraño. Supongamos que Pacal quisiera inscribir la profecía en la tapa de su sarcófago. Tendría que llamar a un artesano para que lo hiciera, ¿no es cierto?

—Sí, claro.

—Pues bien. Este artesano debería trabajar escondido en esta caverna. Y tuvo que hacer un proyecto, antes de esculpir la profecía en la lápida, ¿verdad?

—Verdad. ¿Y qué tiene eso?

—Lo que tenemos aquí es un borrador del códice...

—¿Y dónde está el original?

—No lo sé, quizá con el amigo de Hans...

—¡*El diablo*!

A pesar de que habían llevado provisiones para dos días, Agustín no tenía la certeza de poder descifrar y copiar todo en aquel breve tiempo. En cuanto Eric fuese a buscar a Hans en el laberinto, Agustín intentaría ganar tiempo, descifrando el códice.

Allá, a lo lejos, *Etznab* cantó como si quisiera decir algo. Eric miró al cielo y vio al pájaro sobrevolando el Templo de las Inscripciones, en donde Pacal, o, mejor dicho, sus restos mortales descansaban. Eric le hizo un gesto al pájaro, que se lo devolvió con su característico gorjeo.

Eric se dio cuenta de que el ave no era de este mundo. Y entró en la caverna para buscar al viejo Hans.

* * *

En el campamento se habían quedado solo las mujeres. Los hombres había salido, cada uno por su lado. Pedro y Juan se habían ido hasta la ciudad más próxima, en busca de *El diablo*. Frans y Günther se bañaban en las pozas. Preferían la piscina de Pacal, cuyas aguas corrían en cascada y formaban el río Motiepa. Y así, habían dejado silenciosamente el campamento, sin que nadie se diera cuenta.

Olavo era el único que se había quedado. De modo que invitó a las dos jóvenes a bañarse en la Mariposa. El calor se había vuelto insoportable y nada se podría hacer, a no ser el descifrado del códice. Linda aceptó de inmediato. Camila dijo: «Váyanse, que ya voy yo», en cuanto terminase de desperezarse. Olavo le indicó el camino, y salió con Linda, que pasó antes por la cabaña para coger el traje de baño.

Las novatas, al llegar al campamento, habían hecho su selección: A Linda le gustó Olavo; Camila simpatizó con Eric. Ambas hubieran preferido al gitano, pero como vieron que era disputado por las lobas, desistieron. Así que el «Váyanse, que ya voy yo» de Camila era la señal para que Linda se quedara a gusto con Olavo.

Maruska y Doreen estaban solas por primera vez desde lo sucedido. Intentaban poner orden en el campamento, barriendo y limpiando. Para iniciar la charla, Doreen preguntó a Maruska cómo iban los trabajos en el templo XIII, en donde se había descubierto la tumba de un noble desconocido, con una corona de jade.

—No sé, Doreen. La dejé de lado. Unos arqueólogos mexicanos la descubrieron en 1994, pero todavía no se sabe quién es el noble que está enterrado allí...

—¿Ni siquiera una pista?...

—Nada... ¿qué es lo que quieres?, ¿eh, Doreen?
—¿Yo? Sólo quería charlar un poco..., nos hemos quedado solas..
—Lo sé. ¿Es que quieres hablar de Agustín?
—¿Qué puedo decir yo? Tú eres quien debe hablar, después de...
—Mira, Doreen, nunca he querido hacerte daño..., aquel día me dio una fiebre...
—No es necesario que te justifiques..., yo sé cómo es eso..., el gitano es demasiado...
—Yo no quería que sufrieses... ¿Qué vamos a hacer ahora?
—Mira, Maruska, creo que es Agustín quien debe escoger...
—Muy bien, Doreen, haremos eso. Que escoja él con quien quiere quedarse...

Las dos se abrazaron. Miraban al horizonte, en donde el Sol se iba poniendo por detrás de las montañas. Camila había oído todo sin querer. Allí era difícil guardar secretos. La austríaca hasta se había sentido feliz por las dos; al final empezaban a cuadrar sus cálculos.

* * *

Olavo y Linda llegaron a la ribera del Otolum y decidieron echarse a nadar. Olavo se quitó toda la ropa delante de Linda, que no se molestó. Después, riendo como una niña, la joven le imitó el gesto. Olavo le admiraba el cuerpo esbelto con una mirada concupiscente; estudiaba sus pechos erguidos, los muslos delgados, centrándose en el *axis* del triángulo de su sexo, sugerido por la sombra del vello a través de la diáfana braguita. Linda comenzó a desvestirse lentamente, pieza a pieza, provocativa, como si fuese una *stripper*. Al mismo tiempo, canturreaba una vieja canción en inglés, *St. Louis Blues March*. Solo en una ocasión, siendo todavía niña, había visto a su hermano mayor en el baño. Había sido sin querer. Al abrir la puerta del cuarto de baño, allí estaba aquel miembro colgando.

«¡Qué cosa más extraña!», pensó, entonces.

Ahora, a los dieciocho años y virgen, vio de nuevo la desnudez de un macho. Encontró diferencias. Esta vez, le gustó. Le subió un calor por las piernas encandiladas y se le instauró en el triángulo ardiente de los muslos. No era una virgen convencida. Pero solo cedería si amase al elegido que la cabalgaría por primera vez. Ella casi no hablaba. Prefería oír y observar. En eso estaban de acuerdo los dos. Aunque estaban juntos, no se oían sus voces. Solo un susurro casi inaudible.

Se habían quedado allí como unos niños que descubrían un mundo nuevo. Un toque aquí, otro allí, un tanteo más allá, a medida que iba aumentando el deseo. A Linda le gustaba Olavo, pero no lo quería. En Olavo solo había la atracción natural del macho por la hembra. Querían realizar todo lo que la naturaleza había programado para dos seres de distinto sexo. El amor para ellos era una cosa que todavía no estaba definida, algo que los confundía. Un misterio más en sus vidas. No había forma de saber, mientras su deseo les iba incendiando los cuerpos, mientras iban descubriendo algo que debería estar en algún lugar, pero que no estaba necesariamente en las partes que ahora tocaban.

En el agua, ambos insistieron en jugar con el fuego del deseo. Olavo notó que Linda se encogía lánguidamente, con todo el cuerpo tembloroso, en el instante en que él, más atrevido, introdujo en el ansiado triángulo el dedo índice. Acto seguido, su falo rebosó de vivo semen. Misterio gozoso. Así se quedaron, absortos en la nada, extenuados, llevados por una languidez jamás sentida. Algo los había unido para siempre, ¿sería amor?

* * *

Eric y Agustín habían desistido. Hans había desaparecido. Después de copiar todo el Códice T, el gitano regresó al campamento, mientras Eric buscaba a Hans, en aquel laberinto sin fin. Al llegar al campamento, Agustín fue saludado por las dos lobas, ávidas por saber cuál de ellas sería la escogida. Agustín se dio cuenta de que algo había pasado entre ellas. Doreen y Maruska estaban abrazadas. Y eso era señal de peligro.

«Cuando dos mujeres rivales confraternizan, es señal de que se unieron contra un hombre. En este caso, contra mí», concluyó. Esperó a que se calmasen. Pensó que estaban ansiosas, a cada cual más bella, en sus atuendos provocativos, con atrevidos escotes y piernas desnudas, «como le gusta al diablo».

—¡Agustín! —gritaron ambas a coro.

—Ya voy..., ¿qué quieren? —preguntó, desconfiado.

—¿A cuál de las dos quieres realmente? —quiso saber Maruska.

—¿A qué viene la pregunta?

—No respondas con otra pregunta, Agustín —aclaró Maruska—. ¿A cuál?

—Se valiente, Agustín. ¿A cuál de las dos? —inquirió Doreen.

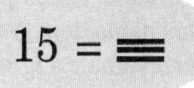

Sou Kin, el Sol

13 de diciembre, nueve horas de la noche.
1, Luna Lagarto Rítmica — kin 184 —
Simiente Lunar Amarilla: «Polarizo con el
fin de discernir. Estabilizando la atención,
sello la entrada del florecimiento. Con el
tono lunar del desafío, soy guiado por el
poder de la inteligencia. Soy un portal ga-
láctico, penétrame».

ESTABAN PREPARADOS para abrir el Códice T. En esta ocasión Agustín sería lector y traductor. Finalmente, Hans había reaparecido. Había desistido de encontrar a *El diablo*. Lo había buscado durante días, sin éxito. Doreen y Maruska, cada vez más amigas, no dejaban en paz al gitano. Como no habían obtenido la respuesta tan esperada, se quedaron agresivas. Solo le dejaron tranquilo cuando lo pidió Hans.

Había muchos misterios en la cultura maya. El mayor de ellos era el Códice O, del cual nadie conocía el paradero. Además, hacía mucho tiempo que esperaban la oportunidad para hablar de la ciudad de Labaatun, en Belice, en donde se había encontrado un cráneo de cristal pulido, que poseía, entre otras propiedades, la de curar. Si los mayas ya conocían el secreto de pulir cristales, entonces también habrían fabricado lentes para telescopios. Esta era la cuestión que los había dejado llenos de ansiedad.

Frans y Günther estaban angustiados. Frans quería volver a su casa, con su mujer y los niños, no soportaba la nostalgia. Günther, igual, a pesar de estar dispuesto a probar los nuevos descubrimientos sobre la astronomía maya. Vivía entre la ciencia y la nostalgia.

Linda estaba exultante. Su primera experiencia amorosa había sido tan natural que se la contó a Camila, entre lágrimas. Camila la envidiaba, pero ahora se ocupaba de Eric, quien, preocupado con el códice, ni siquiera la miraba. También esperaba llevarlo a un baño en la poza. En aquel momento intentaba seducirlo con una falda tan corta que sería imposible reducirla más sin que quedase desnuda. El escote, de tan profundo, exhibía unos senos redondos y firmes, como si fuese un río de carne entre colinas. Eric se desconcertaba. Su mirada ora se fijaba en los dos montes evanescentes de los senos, ora en los muslos firmes de vello dorado, que la luna todavía aclaraba más.

Agustín buscó un lugar adecuado en el que pudiese echarse. Así descansado, iniciaría la lectura del códice, entre arbustos, ya que la luna lo iluminaba todo. Se sentía cansado de la presión de las mujeres. ¿Quién sería la escogida? ¿Doreen o Maruska?

Ensayaba la forma dramática adecuada para el texto. Antes, se aclaró la garganta, como si fuera a cantar el aria de una ópera. Tomó resuello, respiró profundo y empezó:

«Este relato desconocido por mi pueblo, es el de un artesano de *Nachan*. Mi nombre es Kin (*Sol. Nota del traductor*). No estoy versado en la ciencia maya. Quien encuentre esta inscripción en esta piedra, solo podrá ser una persona del futuro. Así que ya le pido disculpas por mi ignorancia.

Estoy haciendo, en este año de 9.10.14.5.10 (647 d. de C. *Nota del T.*) la tapa del sarcófago del Gran Rey—sacerdote de Palenque, Pacal Votan. Me explicó el Rey algunos hechos que sucederán en el planeta Tierra. Entendí unos, otros no, y los escribo aquí tal como los escuché. No forman parte de mis escasos conocimientos. Si aquí hubiera palabras eruditas, no son mías, sino del Divino Maestro.

Me dijo el profeta: el *Tzolkin* de 260 días se refiere a los ciclos magnéticos polar y ecuatorial del Sol. Siendo 1.366.560 el número de días de un ciclo que definimos como *baktun* 13, enigma central de toda nuestra astronomía. Voy a explicar aquí cómo marcamos nuestro tiempo: el sistema numeral maya es vigesimal, o sea, el número veinte es la base del sistema; ya sea porque tenemos veinte dedos, si sumamos las dos manos y los dos pies; sea porque la serpiente, reptil adorado, pierde sus garras cada veinte días. He aquí nuestra matemática del tiempo:

1 *kin (Sol)* = a un día; es la unidad. Si se multiplica por la base veinte, tenemos 20 *kin*, lo que es igual a 1 *uinal*, o sea:

20 × 1 *kin* = *20 kin* = *1 uinal* = 20 días de un mes incompleto; multiplicando 18 *uinal* por 20 *kin*, tendremos 1 *tun*:

18 uinal × 20 *kin* = 1 *tun* (18 × 20) = 360 días (o un año cojo); así:

20 *tun* = 20 × 360 = 1 *katun*= 7.200 días; y
20 *katun* = 20 × 7,200 = 144.000 días o 1 *baktun*.

El número mágico 1.366.560 se puede obtener de la siguiente manera:

20	260	360	7.200	144.000
× 9	× 9	× 9	× 9	× 9
180	+ 2.340	+ 3.240	+ 64.800	+ 1.296.000 = 1.366.560

Este número 1.366.560 es vital para entender la astronomía maya, me dijo el Gran Sacerdote. Es el número del ciclo de días en relación con las manchas del Sol. Por eso, es un número sagrado para las trece tribus y los siete clanes mayas, además de otras razas como los aztecas, zapotecas, toltecas y los olmecas, que fueron, estos últimos, nuestros maestros. Toda la civilización maya se basa en el año cojo o *Haab* de 360 días, que se completa con los cinco días del *uayeh,* y el *Tzolkin* o Calendario Sagrado de 260 días. Los dos calendarios funcionan como ruedas dentadas e interligadas».

20 signos sagrados del *Tzolkin*

Los 19 meses del calendrio solar. El Uayeb era un mes de apenas 5 días

«El *Tzolkin* se vincula a los ciclos magnéticos solares. Si analizáramos los ciclos en que los campos magnéticos polar y ecuatorial del Sol interactúan, vemos que ambos cierran un ciclo completo cada 260 días. Este es el número de días de un *Tzolkin* completo; y a todo artesano le está prohibido escribirlo o inscribirlo en cualquier códice o piedra. El sistema numérico maya está completamente conectado con los ciclos magnéticos del Sol, transmisor y receptor de los mensajes que nos vienen de la galaxia, *Hunabku*. (*Dios es uno solo. N. del T.*)

—¡Vaya! —exclamó Günther, entre asustado y sorprendido. Por eso, yo no lograba entender ciertos problemas del sistema numeral de los mayas...

—Sus cálculos eran correctos, ¿no es cierto, Günther? —preguntó Eric.

—Sí. Y toda la astronomía maya estaba ligada a los fenómenos solares...

—¿Puedo continuar? —preguntó Agustín, molesto por la interrupción.

—Discúlpeme. Agustín —dijo Günther, humilde—. Puede continuar.

—Es mejor que no interrumpamos más el relato —enfatizó Hans.

Agustín continuó: «El mundo maya está dividido en cuatro ciclos solares. Todo comenzó con el nacimiento de Venus, punto de partida de la cronología maya, en el 13.0.0.0.0. (13 de agosto del 3113 a. de C. *N. del T.*). Esta fecha —*baktun* 13— se repetirá de aquí a 5.125 años (21 de diciembre del 2012 d. de C. *N. del T.*). Entre la primera fecha 13.0.0.0.0. y la segunda se sucederán trece ciclos de poco menos de cuatrocientos años cada uno. Estos ciclos de 394 años son los *baktun*».

«Me contó el rey-sacerdote que en la fecha de 13.0.0.0.0., la del nacimiento de la Estrella de la Mañana (Venus), se alineaban en el cielo *Kin* (el Sol) que precedía a Venus, y el grupo de estrellas conocidas por *Tzab* (Pléyades. *N. del T.*), ocupando con exactitud el centro del cielo (meridiano. *N. del T.*) Este cielo marcó el inicio de las fiestas mayas, en relación con las estrellas *Tzab*, cuando siempre se celebra una gran ceremonia, presidida por el Gran Sacerdote, ya que para nosotros es el fin de un *katun*, o 7.200 días, la mitad de un *baktun*, o sea, doscientos años sin corrección. El mundo tendrá un cielo semejante el día 13.0.0.0.0. (21 de diciembre de 2012. *N. del T.*), *baktun* 13, cuando un nuevo portal se abra a la humanidad.»

«Quien esté leyendo este relato, deberá tener paciencia para entendernos: en la escala vigesimal, un *baktun* representa cuatrocientos *tun* (394 años. *N. del T*). Así pues, trece *baktun* equivalen a trece veces cuatrocientos, o sea, cinco mil doscientos *tun* (5.125 años, hechas las correcciones astronómicas. *N. del T.*). He aquí la tabla:

- 13 *kin* (días) mantienen su valor de trece unidades.
- 13 *uinal* = 13 × 20 = 260 días = un Calenario Sagrado o *Tzolkin*.
- 13 *tion* = 13 × (18 × 20) (360) = 4.680 días = 18 *Tzolkin*.
- 13 *katun* = 13 × 20 *tun* (7.200 días) = 260 *tun* = 93.600 días = 360 *Tzolkin*.
- 13 *baktun* 13 × 400 *tun* (144.000 días) = 5.200 *tun* = 1.872.000 días = 7.200 *Tzolkin* o Calendarios Sagrados.

Siempre estuvimos situados en un universo del tiempo, en el cual nuestros profetas y astrónomos precisaron con rigor el contenido y el límite —cinco mil doscientos años— o *baktun* 13.

Me contó el Maestro Pacal que hay otro códice maya, en el cual el fin del mundo está expresado por una serpiente que lanza una tromba de agua sobre la Tierra *(Codex de Dresden. N. del T.).* Me dijo también que los aztecas, pueblo bárbaro que vive al norte, también poseen una Piedra del Sol. La llaman Calendario Azteca, en el cual se ven dos serpientes. Dentro de la Piedra del Sol están esculpidos todos los números, todos los días y todos los meses del ciclo de cincuenta y dos años, que los aztecas consideraban la mitad de una centuria. De modo que la centuria azteca tiene 104 años, y equivale a dos pasajes de las *Tzab* (Pléyades. *N. del T.*) por el centro del cielo (meridiano. *N. del T.*)».

«La serpiente es el símbolo del tiempo, siendo mayor el de la Serpiente Emplumada, a la cual se la llama Quetzalcoatl, por los aztecas, y Kukulcán, por nosotros los mayas, diosa de todas las dimensiones temporales. La decoración de nuestros templos muchas veces está calcada de los dibujos de la piel de la cascabel, no solo por nosotros, sino también por todos nuestros pueblos vecinos.

La Serpiente siempre fue nuestra diosa mayor, por ser un ser solar y símbolo del renacimiento perenne. Por eso, a nuestros sacerdotes notables se les llama *Ahau Kin* o *Ahau Can (*Señor Solar o Señor Serpiente. *N. del T.)* Por eso el nombre real de nuestra ciudad es *Nachan*, «Casa de la Serpiente». La cascabel (*Crotalus durissus durissus. N. del T.)* cambia de piel una vez por año, en el inicio del año maya (julio. *N. del T.),* justo cuando el Sol está en el punto más alto del cielo. Existe una correspondencia natural entre el Sol y la Serpiente, ya que ambos se renuevan juntos y anualmente. La cascabel tiene en la piel un dibujo especial. Por eso se convirtió en la diosa de todos nosotros: son cuadrados cortados por cruces, dos símbolos sagrados. Por eso la serpiente siempre fue adorada por nuestro pueblo.

Los números, para nosotros, tienen cualidades. El 13 es el símbolo del movimiento universal. Además de eso, el cuerpo humano posee trece uniones. El 5, símbolo del centro, ha sido tenido por los sacerdotes como un número peligroso, número de la duda, que ora nos trae cosas buenas, ora malas. Los últimos cinco días del año o *uayeb* (cama del año. *N. del T.)* eran de mala suerte. El 7, símbolo del poder místico; el 9, el de la periodicidad cíclica, y así los demás.

El periodo *uayeb* siempre fue nefasto. Durante su transcurso, todas las gentes permanecían en sus casa, y no se lavaban ni se peinaban. A pesar de eso, el 5 era obligatorio en todos los rituales, ocupando siempre el centro. El *x'men* (sacerdote. *N. del T.)* al homenajear Chac, dios de la lluvia, para que lance sobre la Tierra sus benéficos favores, pone en los cuatro rincones de su altar, representando el mundo, cuatro calabazas de *baalche* reservadas a los cuatro Chac de los puntos cardinales. Coloca igualmente una en el centro; pretendiendo que ella se destine al quinto Chac, del cual no pronuncia el nombre, pero que está presente. Es el menor, el más peligroso, pero también es el más poderoso según me explicó el maestro Pacal. Lo comparan con *thup* (dedo pulgar. *N. del T.*), escondido entre los demás dedos, que también es pequeño, pero esencial.»

«Pacal el Grande me dijo que para realizar con éxito la tapa de su sarcófago sería preciso que yo conociese los cuatro soles anteriores, todos terminados en catástrofe, ya hubiera sido por el agua, por el fuego, por el hambre, etc. He aquí la relación de los mundos anteriores:

Primer Mundo: Duró 4.008 años. Los hombres, todos gigantes, comían maíz silvestre. El Mundo fue destruido por el agua, después de llover sin parar, el diluvio. Los hombres se convirtieron en peces. Solo escapó uno, protegido por un viejo árbol, que vivía en una margen. Algunos sacerdotes dicen que quedaran siete individuos, guarecidos en cavernas, en donde esperaron que las aguas descendieran. La diosa que gobernaba este mundo era *Chac Chel*, diosa del agua, esposa de Chac Mool, el dios de la Lluvia.

Segundo Mundo: Duró 4.010 años. Los seres comían frutas silvestres. El mundo fue destruido por Quetzal, dios del viento. Los hombres se convirtieron en monos, sobreviviendo en los árboles. Un individuo se salvó de la destrucción por haberse protegido detrás de una roca. Llamado la Era Dorada, este mundo estuvo dominado por el viento, o Quetzal.

Tercer Mundo: Duró 4.081 años. Los descendientes del superviviente del segundo mundo comían todo tipo de cocos. El mundo quedó destruido por el fuego, y estuvo dominado por el Chac del fuego.

Cuarto Mundo: Este es nuestro Sol actual. Tuvo su inicio hace 5.026 años y terminará en una fecha que todavía no está precisada. Los hombres morirán de hambre, después de una lluvia de sangre y fuego, según dice el profeta Pacal. Este será el fin de nuestro mundo; después, en el 2012, será el fin de vuestro mundo.»

—Necesito continuar la traducción, falta el quinto mundo —interrumpió Agustín.

—Hay nuevas revelaciones... —dijo Eric.

—Es verdad. Entonces Palenque se llamaba *Nachan,* «Casa de las Serpientes» —continuó Günther, sorprendido.

—Hay una diferencia entre mayas y aztecas, en cuanto a los calendarios —dijo Hans—. La medida del mundo azteca era menor, por eso estaban asustados a finales del siglo IX. Pensaban que el mundo acabaría pronto. La mitad de sus centurias solo tenía cincuenta y dos años, cuando las Pléyades ocupaban el centro del cielo, mientras que cada *baktun* maya tenía 394 años. Los mayas ya sabían que los aztecas terminarían como raza en el siglo XVI, y lo fecharon en el 1519 (11.14.11.0.0.) día 1 Reed, un viernes santo. En este día, Cortés desembarcó en la isla de Cozumel y se encontró con el jefe Naum-Pat. Dos años después caía Tenochtitlan, la capital, con una matanza nunca vista. Los mayas eran grandes navegantes. En su cuarto viaje a América, Colón se encontró con un barco maya, en la bahía de Honduras. Esos mayas eran comerciantes, tal vez itzas del Yucatán...

—El cuarto mundo era el de los mayas clásicos, ¿no, Hans? —preguntó Maruska, interesada.

—Sí. Los mayas supervivientes, mezclados con los invasores toltecas, marcharon hacia el Yucatán, en donde levantaron muchas ciudades. Fue el fin de la ciudad-estado y el inicio de una nueva forma de gobierno centralizado, la Liga de Mayapan, unión de todas las ciudades de Yucatán, bajo un gobierno central. Chichén Itzá había sido abandonada en el 1200 d. de C., víctima de la sequía. Mayapan, sede de la nueva política de los mayas-toltecas, cayó debido a revueltas internas, en 1451. Solo la Isla de las Flores, en el centro del Petén, gobernada por el rey Can-Ek, resistió valientemente. Solo fue dominada por los españoles en 1697.

Todos los habitantes se ahogaron en el mar, en un suicidio colectivo. Era la última ciudad de la civilización maya que caía sin rendirse.

—Espero terminar el final de la traducción del borrador del códice. Habría sido mejor si fuese el propio códice T, y no una versión... —dijo Agustín.

—Ya lo sé, Agustín, pero la versión es auténtica —insistió Hans.

—Vamos a fijarnos en ese número 1.366.560, el *baktun 13,* cuyo final llegará en el 2012, fecha en la que terminará un ciclo y empezará otro —dijo Günther.

—¿No podría irnos leyendo, a medida que traduce? —preguntó Linda.

—Voy a intentarlo, pero ya es tarde. Será mejor mañana —respondió Agustín.

—Vamos a dejarlo para mañana. Vamos a descansar —ordenó Hans.

Aquella noche de luna nueva parecía tranquila, si no fuera por la ansiedad de todos. Agustín se había quedado solo en su tienda. Había pedido ayuda a Günther para hacer los cálculos de astronomía maya. Así se libraba del asedio de Doreen y Maruska. Las dos se pasaron la noche discutiendo el códice, como si el gitano ya no les importara. Hans definió la situación: «Quien desdeña, quiere comprar», había dicho.

Camila consiguió, finalmente, llevarse a Eric a la tienda, obligando a Linda a irse a la de Olavo, en donde se sucederían los preliminares del amor, sin los «finalmente», como ella diría después. Olavo quería, mas Linda esperaba una mejor oportunidad, cuando todo llegara a darse por amor. Por el contrario, en la barraca de Camila, todo sucedía como estaba previsto. Eric se mostró tímido, al principio, pero en la oscuridad de la noche, al lado de una loba salvaje, se convirtió más en víctima que en verdugo.

Al día siguiente, después del café de la mañana, el grupo resolvió que la lectura del restante Códice T se hiciese en la Torre de los Vientos. El Sol había salido pronto y ya anunciaba un día caliente. Todos instalados. Agustín, con la ayuda del astrónomo, inició las explicaciones.

—No haré una lectura, sino un resumen de lo que está contenido en el códice. La astronomía maya seguía un patrón: el número 9 era el principal, como patrón del tiempo. Los demás eran múltiplos de 9, a no ser el 260, ciclo del polo del ecuador del Sol, cada 260 días. El número 360 era la base del sistema numérico en la escala temporal. Los números que hemos leído anteriormente, o sea, 144.000, 7.200, 360, 260 y 20 son ciclos que componen el sistema numeral del tiempo maya. El número 68.328 se refiere a un ciclo de manchas del Sol, obtenido a través de un cálculo, en el que se utilizaba el planeta Venus. El famoso número 1.366.560 equivale a 20 ciclos de manchas solares, o a una colisión magnética del Sol. Se calculó a partir de la multiplicación de todo el sistema numérico maya por el número nueve, y sumados los totales, como ya vimos.

Después, Agustín leyó: «Yo, Kin, artesano de Nachan, tallé en el Templo de la Cruz, en el 9.12.19.14.12. (692 d. de C. *N. del T.*) el número 1.359.540, tras la muerte del Rey, sin saber con certeza su significado. El Maestro solo me dijo que substrayendo del gran número 1.366.560, 1.359.540, obtendríamos la respuesta. Hice la sustracción y dio como resultado 7.020, pero no entendí lo que realmente significaba. Dejo a la posteridad el encargo de la respuesta».

—Es todo —informó Agustín, cerrando el cuaderno de anotaciones.

Todos se quedaron en silencio, menos Günther que comenzó a hacer cálculos. Faltaban 7.020 días para el inicio de un ciclo de colisión magnética del Sol.

—Si dividiésemos entre 360, un año cojo maya, obtendríamos 19,5 años. Por tanto, en menos de veinte años el Sol bombardearía la Tierra, causando daños a los mayas y el declive de su civilización. Sabemos que después de 260 días, el ciclo polar del Sol acusa 9,729729 grados, en cuanto el ecuador solar se queda en cero grados. Los mayas habían calculado que 136.656.000, o cien colisiones de manchas solares equivalían a un periodo catastrófico —finalizó Günther.

—¿Sabe lo que significa eso? —cuestionó Eric—. Que los mayas conocían el sistema decimal, y lo hacían partiendo del número nueve. Como su primer número era siempre cero, el nueve era el décimo número, y de ahí partía el sistema decimal...

—Es verdad, Eric —intervino Günther—. No había pensado en eso. Los *baktun* también son doce, en verdad, pues el primero es cero *baktun*, y el decimotercero es en realidad el doce.

—Si usted divide el número 7.020, la diferencia entre 1.366.560, y el número del Templo de la Cruz 1.359.540, entre 260, o un *Tzolkin*, el cociente será 27. De este modo, los mayas de Palenque se encontraban a apenas 27 *Tzolkin,* o Calendarios Sagrados, del final del ciclo solar que les exterminaría —dijo Olavo, serio.

—¿Y cuándo llegará nuestro turno? —preguntó Maruska.

—El quinto mundo, el del jaguar, vendrá con catástrofes —dijo Hans—. Me gustaría escuchar a Juan y a Pedro sobre el cráneo de cristal encontrado en Lubaantun.

—¿Y qué sucede con el Códice O, el que nos falta para que entendamos la profecía en toda su plenitud? ¿Cómo lograremos encontrarlo? —quiso saber Eric.

—El Códice O trata de una de las formas más antiguas de conciencia, pero todavía no sabemos dónde encontralo —explicó Hans—. Es una prueba de que los mayas fueron una de las culturas más antiguas de la Humanidad. El árbol —expresado por la letra T, cuyo códice acabamos de abrir— es el símbolo de la religión para muchos pueblos del mundo. Existe en las culturas, maya, azteca, inca y aimara. Uno de los más antiguos sacerdotes —Beroso, el caldeo— dice que los mayas habían llegado a su país en forma de pez, llevándoles la cultura. Otra cita es de Manetón, sacerdote, historiador y matemático egipcio: «Los mayas vivieron en la Atlántida durante 13.900 años». El filósofo griego Euclides mostró la influencia maya en la cultura griega. En el 403 a. de C., Euclides hizo la reordenación del alfabeto griego. Para ello fueron utilizados vocablos mayas que, a partir de ahí, integraron el idioma griego. Esa sabiduría pertenecía a una cultura muy antigua llamada *Cara Maya*. Por eso, el uso de las letras G, T y O se encuentra inserto en los idiomas antiguos, como el griego, el latín, el caldeo, el egipcio, etc.

—Antes de nada —interrumpió Juan Portero— me gustaría decir que hay muchos conocimientos encerrados en los veintiún mil centros ceremoniales de las pirámides, que contribuyen al bienestar del ser humano. Europa también tuvo tales enseñanzas, pero las perdió o hizo mal uso de ellas. Los mayas estuvieron allí en varias épocas y en diversos puntos, como *Naga Maya* o *Cara Maya* o, incluso, como *Mayax*. Toda la sabiduría de nuestros ancestros se perdió. Hago hincapié aquí en el símbolo OL, que vendrá en el códice O, si se encuentra. «O» simboliza *conciencia despierta*; L es *vibración*. Cuando están juntas en OL simbolizan *Conciencia Despierta* bajo la forma de *Vibración*. Algunas imágenes mayas se representan por la figura de *Halach Ol Halach*, Gran Señor. *Ol*, conciencia, o sea, *Gran Señor conocedor de la conciencia cósmica despierta*. En la cabeza, o Quetzal, se representa al Espíritu. El *Espíritu* necesita ser llevado a la *Conciencia*, para que se convierta en *OL*. El Espíritu es K'INAN. Cuando se dice TEOL, se está hablando del árbol y de su Conciencia, unida a las leyes del cosmos que, a su vez, transforman la esencia G. para el bienestar humano. La cultura griega, desgraciadamente, relaciona *GEO* con la Tierra y sus leyes, mientras que el sabio maya relaciona la letra G con la Vía Láctea.

—Todavía queda la cuestión de la muerte —dijo Pedro Ortiz—. Se han hecho fotografías de personas que, una vez muertas, desprenden del pecho una energía sutil, como el humo de un cigarrillo. Solo cuando esa energía abandona totalmente el cuerpo, el ser está muerto. Por eso hay estatuas mayas en las cuales se ve el círculo O maya en el pecho de la imagen, indicando que por ahí saldrá la esencia G. De este modo, los conceptos de vida y muerte mayas son diferentes de los europeos. En el Templo de las Inscripciones existe un conducto que, de forma mágica, establece comunicación entre el sepulcro y el templo. Demostrando que la muerte de Pacal Votan no era el final de su vida, y que nos observa desde otra dimensión con su conciencia cósmica de *Halach OL*.

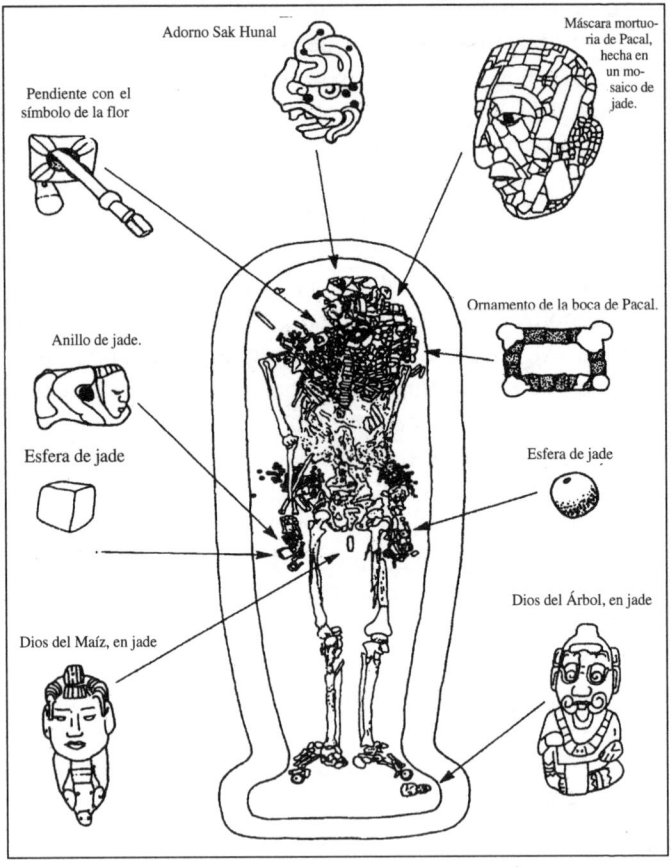

16 = $\overset{\bullet}{\equiv}$

La resurrección de la Serpiente Emplumada

9.12.11.5.18.

Llovía mucho en aquel 31 de agosto de 683. El canto compulsivo de Etznab decía que la muerte se aposentaba sobre la Ciudad Roja. Pacal el grande se había despedido del mundo. De ahí procedía el canto tan lúgubre de Etznab. El pájaro, símbolo del espíritu, habría intuido que el rey de Palenque había dejado el mundo para resurgir en otra dimensión. ¿Quién le iba a prodigar ahora las frutas tan anheladas? Frutas carnosas y jugosas, que Pacal traía siempre en su bolsa, además del agua fresca y límpida que también le ofrecía.

Sobrevolaba nervioso el Templo de las Inscripciones. Sabía que allí estaba la cripta del amo. Se había acostumbrado en sus sobrevuelos a verlo subir los cuatro niveles de la Torre de los Vientos, en donde se producía el encuentro notable del pájaro sagrado y del maestro divino. Y la fusión del quetzal con el coatl, la metamorfosis de Pacal en Serpiente Emplumada.

Cuando Pacal llegó a los diecisiete años, sintió el deber de edificar su tumba, para hacerse inmortal: el último gran proyecto de su vida, el Templo de las Inscripciones. Allí colocaría todas las informaciones sobre su di-

nastía, convirtiéndolo en uno de los más bellos monumentos de Mesoamérica. Erigido en la misma tradición y estilo establecidos en el Templo del Olvido, en el cual había enterrado a sus padres, la espectacular pirámide del Templo de las Inscripciones había sido una labor de imaginación y una compleja obra de ingeniería.

El edificio fue edificado, visiblemente, para nivelarse con el subterráneo del Palacio Real. Situado al pie de la montaña sagrada, el templo-pirámide escalonado daba frente a la gran plaza central, abriéndose al nordeste hacia el horizonte. En el contrafuerte que daba a la cara norte de la montaña se había cavado un foso. Dentro de él, los trabajadores habían colocado un enorme bloque de piedra calcárea, cerrando así el paso a la tumba de Pacal.

Después de haberlo consultado, los artistas diseñaron las figuras que habrían de representar el gran tronco del Árbol del Mundo y, dentro de él, la mandíbula abierta para el Otro Mundo. De este modo habían incorporado el sentido de resurrección a dichas imágenes funestas.

Chan-Bahlum, heredero de Pacal Votan, había amanecido con un gusto amargo en la boca. Las lágrimas le rodaban por las mejillas, y se le habían incrustado como pequeñas perlas en las comisuras de los labios. Sentía que iba adentrándose en el pozo más profundo del universo. Tenía que seguir el ritual de enterrar al rey, y coronarse a sí mismo, después.

Siendo así, descendió por la estrecha escalera que se deslizaba sobre las húmedas rocas de la montaña sagrada de su padre. La cripta había sido instalada en el vientre de la montaña. Al final de la escalera de sesenta y siete peldaños estaba la tumba.

Era necesario que descendiera toda la escalera, en forma abovedada, para llegar al cuerpo del padre, que esperaba los rituales para ser conducido a Xibalba o Xibalbay, el mundo subterráneo.

Chan-Bahlum estaba aturdido por la pérdida de su padre. Apenas sabía dónde poner los pies. Serían tres días de rituales de cuerpo presente, y otros siete de ritos In memoriam. *Después la difícil escalada de vuelta al exterior, al final de todo, lejos ya del útero de la montaña sagrada. Descendiendo, cada vez más profundamente, Chan-Bahlum llegó a la pared blanca de estuco y allí se quedó. La montaña sagrada era tan húmeda y antigua que había estalactitas y estalagmitas, que demostraban su existencia durante millares de años. El carbonato de calcio se había depositado lentamente, gota a gota, hasta formar aquellos cirios naturales.*

Allí, en las profundidades de la oscura montaña, se vio en medio de espesas nubes de humo, que llenaban el estrecho corredor, al final de la escalinata. Mascando el acre y dulce olor de la muerte, el incienso sagrado fluctuaba en torno a las rocas, esferas luminosas que lo iluminaban todo, antes de diluirse, como por encanto, en el pesado y húmedo aire, en medio de una atmósfera fantasmagórica. El vislumbrar a la Serpiente Emplumada, yéndose hacia la profunda oscuridad de la otra vida; y el resurgir, después, iluminada en otra dimensión cósmica, era algo indescriptible. El pecho moreno de Chab-Bahlum sentía la aflicción del instante. Se paró. Necesitaba tomar aliento una vez más. Aliento para proseguir; un poco de aire, ya que se había emparedado allí, al ser prisionero de la muerte de su padre. Sesenta y siete escalones lo separaban del reino de la luz, allá arriba; mientras que abajo solo estaba el portal del Mundo Subterráneo.

Como hijo mayor del rey muerto, ansioso ya de poder, era su deber descender al útero de la montaña sagrada y cumplir el último deseo del padre: enviar su cuerpo al reino distante de los Señores de la Muerte. Los días de sufrimiento quedaron sintetizados en el doblar de las campanas. Chan-Bahlum sintió sobre los hombros el peso de sus cuarenta y ocho años, como las pesadas piedras de la mansarda de su padre.

Recordando sus deberes, el nuevo rey se desprendió del cansancio que le poseía, apretó contra el pecho el pe-

sado collar de jade, símbolo del poder recién adquirido, y prosiguió con la ceremonia. Con la dignidad restaurada, se volvió para mirar bien al fondo, a los ojos negros de su hermano más joven.

A los treinta y ocho años, Kan-Xul tal vez llegase a ser el próximo rey, después de la muerte de Chan-Bahlum. Por un edicto de Pacal, estaba escrito que Kan-Xul sería el último rey de la dinastía de Palenque. El hermano mayor posó su mirada sobre el delicado rostro de su hermano, y vio reflejarse en él la suave faz de su padre, cuando era joven. Así, unidos por el dolor, permanecieron en la tumba.

En pleno esfuerzo, el escultor Kin los vio aproximándose a la humareda del incienso sacral, hurtándose al viento frío de la cripta, y dejando caer lágrimas sobre su última obligación: la talla de la muerte de Pacal Votan, el glifo que había inscrito en el borde sur de la maciza tapa del sarcófago. Terminada la tarea, Kin recogió rápido las herramientas sagradas y las colocó dentro del saco enrollado. Después, cogió el resto de la impedimenta, colocando todo sobre los hombros sudados.

Apartando las lágrimas, los hermanos se quedaron en la estrecha antesala. Después empezaron la triste cantilena de apología a su padre muerto. Acto seguido, comenzaron a dejar la tumba. Kan-Sul sonrió levemente para tranquilizar a su nervioso hermano, ahora rey. A pesar de la prisa, la transformación de la muerte del rey y su renacimiento, mediante tallas y pinturas de imágenes sagradas en el sarcófago, el ritual del entierro seguía la tradición. Chan-Bahlum percibió eso. Se sintió honrado por ser el nuevo patriarca del singular linaje de Pacal, al haberlo enterrado de forma apropiada. De ese modo, tal vez curase la herida que la muerte de Pacal había causado al tejido social del Imperio.

El nuevo rey se estaba comportando adecuadamente, y el ritual debía continuar como había sido programado. Chan-Bahlum dijo algo gentil al hermano y se volvió ha-

cia el pesado portal de piedra, y hacia las tres gradas de la entrada de la cámara mortuoria.

Xoc, el fiel consejero de su padre, miembro respetable de su linaje, los esperaba a la puerta. Con el grupo de chamanes, Xoc estaba allí para ayudar a los hermanos en la forma correcta de enviar al padre al Otro Mundo. Los chamanes le darían al rey muerto el poder de renacer como Sol, cada día. Chan-Bahlum atravesó la abertura triangular y abovedada de la parte superior de la tumba y entró en la sofocante y caliente cámara, llena de chamanes que cantaba mantras para liberar al espíritu del rey. Allí estarían la energías negativas que deberían ser exorcizadas, abriéndole así al rey el paso franco hacia Xibalba.

Parado delante del portal, sobre las cinco gradas que llevaban hacia abajo y hacia el interior de la cámara mortuoria, Chan-Bahlum hizo una pausa para contemplar el cuerpo de Pacal. Abrazó con emoción el bloque de piedra que servía de sarcófago al rey.

Pacal estaba tendido de costado. Las manos descansaban a los costados del cuerpo. Piernas extendidas y pies relajados, como si durmiese. La piel seca y arrugada de aquel hombre de ochenta años se transparentaba a la luz viva de las antorchas de los chamanes. El collar de jade que le cubría el pecho, y las pulseras en los brazos relucían sobre las paredes rojas de la cripta. El vendaje verde, que le cubría la cabeza, mostraba a los Lores de Xibalba que el rey pronto estaría entre ellos.

Chan-Bahlum y el hermano descendieron las gradas acompasadamente, con toda la dignidad; pasando entre los paneles de estuco que retrataban al padre y que estaban situados a ambos lados de la entrada. Los callosos pies de los dos limaban la fría piedra, y sus pasos se dirigieron hacia la plataforma erigida allí para que se quedaran al nivel del cuerpo, y por encima del piso de la cámara mortuoria. Subieron por la plataforma hasta el sarcófago. El nuevo rey caminaba por el lado derecho del *ataúd, que guardaba el cuerpo de su padre; su hermano hacía lo mismo, por el lado izquierdo.*

Simultáneamente, se inclinaron para contemplar mejor el rostro del padre, por última vez. Kan-Xul se acercó a la oreja izquierda del padre, enderezándole el pendiente y arreglándole la pieza rectangular de mica que le enmarcaba la boca.

Los dos hermanos cerraron los ojos del padre, instruidos por los chamanes. Ambos, unidos sobre la estrecha superficie del ataúd; solo de ese modo podrían vencer la depresión. Después vendría la parte final de los ritos.

Xoc caminó hasta ellos y puso en la mano de Chan-Bahlum la delicada máscara, hecha en un mosaico de jade, conchas y obsidiana, con la forma exacta del rostro de Pacal. Con cuidado, sopesándola para sentirla mejor, Chan-Bahlum dio un paso adelante y se acercó al rostro del padre, para ponerle la máscara. Ahora, los ojos de obsidiana de Pacal fulguraban como una estrella-guía, bajo el brillo verde del jade de su frente. Satisfechos con la colocación de la máscara, los dos hermanos rodearon el cuerpo del padre y se arrodillaron ante el rey muerto.

Un chamán le dio a Chan-Balhum un cubo de jade. Él lo puso reverentemente en la palma de la mano derecha del padre, adornada ya con cinco anillos del más verde jade. Otro chamán le dio a Kan-Xul una esfera de jade para que la colocase en el anillo de la mano izquierda, equilibrando así el poder del cubo de la derecha.

Inclinándose hacia delante, Chan-Bahlum puso una pequeña estatua de jade en las ricas vestiduras del padre, que le cubrían las partes genitales, y que contenía semen y sangre de los mayores de toda la elite del Imperio. Juntos cogieron los pies del padre, y cada cual colocó una esfera de jade en la planta de cada pie.

Finalmente, Chan-Bahlum cogió la gran piedra de jade. En ella había sido tallada, con respeto y habilidad, el icono del dios patrón del mes, Pax. En el icono se leía la palabra Te, el árbol de la vida, también inscrita en la ta-

pa del sarcófago. El rey la había incorporado a su ser, cuando todavía estaba vivo. Las oraciones altisonantes de los chamanes resonaban bajo las bóvedas de la cámara mortuoria. Canto místico, mezcla de música y letanía, acompañaba al alma del rey, en la última jornada. Felices por haber encomendado de forma apropiada el cuerpo de Pacal, con honras de gran rey, Chan-Bahlum y Kan-Xul se levantaron, dejando el lugar del sarcófago y retornando a la plataforma que daba a la salida sur.

Chan-Bahlum llamó la atención de Kan-Xul, el cual había desaparecido por la puerta para subir las escaleras. La cantilena de los chamanes hacía contrapunto y se enredaba en los pasos de los que pisaban las altas gradas subiendo hacia el templo, encima.

El rostro asustado de un mozuelo surgió en la puerta: Chac-Zutz', descendiente de clan honorable, que había estado sirviendo al gran rey durante muchas generaciones. El mozuelo tomó gentilmente el brazo de Chaacal, que lo abrazó. Este, el más joven del linaje de Pacal, sería rey si tanto Chan-Bahlum como Kan-Xal no tenían en el futuro herederos que viviesen lo suficiente como para heredar el trono. Chaacal, de hecho, habría sido rey antes de Kan-Xul, pero había estado prisionero en Tonina, una ciudad próxima.

Chan-Bahlum exhibió toda su potestad ante los dos, mirándolos con su intensa y negra mirada; les dio órdenes, instruyéndolos para que fueran a ver al divino rey que había trasformado el imperio, engrandeciéndolo.

Chan-Bahlum y Kan-Xul lo veían todo con resignada y paciente dignidad, mientras que los más fieles e importantes representantes del clan hacían cola, detrás de ellos, aprovechando la singular oportunidad de poder contemplar todavía, aunque de manera rápida, al gran Pacal, antes de que fuera sellado en su sarcófago para siempre e inciase su viaje hacia el Otro Mundo, el mundo de sus antepasados.

Cuando todo hubo terminado, el nuevo rey hizo una señal a los hombres de linaje real, escogidos para ayu-

darle en el asentamiento del sarcófago. Después de una consulta silenciosa, dos de ellos saltaron hacia la parte baja de la cámara mortuoria y cogieron el pesado ataúd, recortando los bordes para que se ajustaran a los huecos excavados, y pudiera encajarse; en cuanto a los otros, estaban de pie esperando el suave descenso del ataúd que había de encajarse en el hueco del sarcófago. Esos hombres habían hecho una especie de sostén con cuerdas que pasaron por los orificios de los bordes del ataúd. Después, con cuidado, lo fueron bajando hasta que se incrustó a la perfección en el hueco excavado. Una vez allí, se encajó con suavidad el monolito de la tapa. El cuerpo ya estaba encerrado. La apertura que se había hecho en la parte sudoeste de la tapa se conectaba, mediante una escalera, desde la cámara mortuoria, en donde reposaba el cuerpo del rey, hasta el mundo de sus descendientes, allá arriba. Era el instante de colocar, finalmente, la enorme y bella cubierta tallada sobre el sarcófago. Con este acto finalizaría el proceso, y colocaría al rey muerto ante los símbolos claros del suceso acaecido, en su batalla con los Señores de la Muerte.

Chan-Bahlum y su séquito abandonaron la tumba para permitir que los operarios realizaran las últimas tareas. Se habían escogido los hombres más fuertes para ejecutar las operaciones más precisas y peligrosas, bajo la dirección del jefe de palacio, que había tenido la responsabilidad de construir la tumba. El rezo cacofónico de los chamanes resonaba, como una melopea, en medio de aquel pandemónium.

Los hombres, con voces roncas, se susurraban unos a otros, mientras entraban sus equipos en la tumba. Colocaron un cepo con poleas en la parte superior de la caja de piedra, que ahora contenía el cuerpo del rey, adecuándola lo mejor que pudieron, a lo largo de los dos lados de la losa tallada. Gruñidos cadenciosos marcaban el esfuerzo muscular de los hombres, al comprobar que resultaba casi imposible levantar una tapa tan pesada.

Unos pasos más arriba, Chan-Bahlum observaba cómo, finalmente, la tapa se deslizaba mediante las poleas. Con sudor y esfuerzo, los trabajadores, en el cerrado hueco de la cámara, insistieron en colocar la tapa en su sitio justo, hasta que lo consiguieron. Después se coordinaron para retirar las poleas y asentar, de una vez, la tapa, ayudándose con fuertes cuerdas para que la gran piedra se ajustase por completo a la abovedada tumba. Cosa que, finalmente, consiguieron.

Un joven sacó las poleas fuera de la cámara hacia las escaleras y el túnel que servía de respiradero, que ladeaba la montaña sagrada. Después, más deprisa de lo que Chan-Bahlum juzgara posible, se fueron llevando todo el equipo, pero dejando la sujeción como prueba de sus esfuerzos. El pandemonium disminuyó hasta que, de repente, solo reverberó en la tumba la cantinela de los chamanes.

Los hermanos atravesaron el portal. Caminaban por debajo de la plataforma, para contemplar la imagen del padre grabada sobre la cubierta. Lo vieron tranquilo, en su primer momento de descenso del Árbol del Mundo, entrando en el maxilar de Xibalba, el rostro absorbido por el humo de los hachones de incienso, que marcaba la reencarnación del último renacer del hijo de la Primera Madre.

Mudo, el hermano más joven descendió hacia el piso de la cámara mortuoria, para quedarse allí en el hueco sudoeste del gran sarcófago. Sus ojos se encontraban al mismo nivel de los retratos de las tallas de los antepasados, a ambos lados de la tumba. Chan-Bahlum, que había saltado al mismo lado, se empinó hacia lo alto cogiendo de las manos de Xoc la cabeza esculpida del padre, que estaba en la plataforma superior. El nuevo rey esperó hasta que Xoc dio una nueva cabeza esculpida a su hermano. Después los dos se arrodillaron.

Como mayor de los dos hermanos, le tocaba al nuevo rey la prerrogativa de la actuación. Echado de bruces,

Chan-Bahlum se arrastró hacia delante, entre las columnas de piedra que sustentaban la plataforma del sarcófago de su padre. A pesar de lo apretado de la postura, rodeó los obstáculos hasta que alcanzó la parte inferior de la piedra maciza del sarcófago del padre, sobre la que se encontraban seis pequeños bloques de piedra. Con un ruego silencioso a los antepasados, estiró los brazos lo más posible y depositó suavemente la cabeza fúnebre del padre esculpida en yeso. Lloró sobre la escultura, una máscara que reproducía a su padre cuando era joven, en aquel acto de ofrenda para ayudar al alma del rey en su viaje.

Mientras tanto, Kan-Xul se arrastró como una cobra, por debajo del enorme sarcófago. Depositó su escultura en la columna más próxima. Su talla representaba a Pacal cuando tenía doce años, fecha de su coronación. Transpirando en aquel calor, ambos cogieron con dificultad la taza y el plato ceremoniales que Xoc les dio. Los hermanos, arrodillados uno junto al otro, sopesaron cuidadosamente la caja que contenía la comida y la bebida, que se suministraría al rey en su viaje. La pusieron en el suelo, bajo el lado sur de la plataforma, mientras los chamanes cantaban y rezaban, pidiendo que el viaje de Pacal fuera suave, y que la derrota de los Señores de la Muerte estuviera asegurada.

Terminado el ritual, los hermanos aceptaron la ayuda de la mano extendida de Xoc que, de ese modo, los hacía subir otra vez a la plataforma. Chan-Bahlum miró la tapa roja del sarcófago una vez más, examinando cada detalle del ritual. La luz de las antorchas dibujaba en las paredes de la cámara mortuoria la imagen de Pacal, modelada en yeso. Al frente, en la parte norte de la tapa del sarcófago, estaba tallada la imagen del padre de Pacal. Parecía como si el muerto estuviera allí presente, sentado en posición de piernas cruzadas sobre la plataforma que sustentaba la tapa, cual si hubiera sido arrebatado de la parte superior del sarcófago.

Chan-Bahlum se quedó allí de pie, perdido en los recuerdos del padre, e intuyendo su propia transformación en gran rey. Tenía tres katun, era un gran señor, a sus cuarenta y ocho años de vida. Para su pueblo, ya era un hombre viejo. Él solo quería, si los dioses le concedían tiempo suficiente de vida, llegar a realizar grandes hechos históricos, como hiciera su padre.

A sus pies trabajaba un cantero, instalando el tubo espiritual en el amplio vientre de la montaña, a través de la plataforma y por encima de las cinco gradas, uniendo el tubo hueco, que corría a lo largo de la escalinata abovedada, con el suelo del templo, allá arriba.

Los reyes de Palenque eran hombres prácticos y gente de fe. Para ayudar a sus antepasados a ascender al mundo de los humanos, habían creado un pasadizo para poder seguir a Kukulcan, cuando el rey muerto quisiera hablar con sus descendientes.

Cuando quedó listo el tubo del espíritu, solo restaba por hacer un ritual. El nuevo rey —Chan-Bahlum— se volvió hacia su hermano, el cual le entregó el gran cinturón de jade de su padre, que simbolizaba el rango de Divino Ahau, o Divino Senhor. Pendientes de jade bailaban bajo la cabeza del nuevo Ahau, Chan-Bahlum. Reverentemente subió hasta la tapa superior del sarcófago y se arrodilló sobre la imagen de su padre. Curvándose respetuosamente, puso el cinturón dentro de la tapa, extendiéndola sobre la imagen del dios que simbolizaba en ella el Árbol de la Vida.

El cinturón del rey quedó encima del punto central de su cuerpo, escondido ahora bajo la pesada tapa. Finalmente, su alma podría iniciar un largo viaje, liberándose de su carne mundana, preparada para descender hacia el Otro Mundo con comida, imágenes de su forma humana, y el cinturón que simbolizaba divinidad y linaje, a la hora de encontrarse con los Señores de la Muerte.

Las canciones de los chamanes habían cambiado, cuando Chan-Bahlum y el hermano iniciaron el adiós fi-

nal, pidiendo al padre que los ayudase, cuando saliese de Xibalba. Llenos de dolor, ascendieron los cinco pequeños escalones que los llevaban fuera de la cámara, e inciaron ellos mismos la preparación de la siguiente fase del ritual. Siguiendo por dentro del corredor externo, vieron cómo los chamanes empujaban el enorme portal triangular, sellando por completo la cámara mortuoria.

Los canteros se precipitaron hacia los pasadizos ventilados, con sus cestos de cemento húmedo, que lanzaron a las junturas de la puerta, con ruidosas aplicaciones. Usando espátulas de madera y las propias manos, fueron recubriendo suavemente la superficie hasta que hicieron desaparecer la puerta, sin dejar la menor evidencia. Uno de ellos gritó una orden. Los demás echaron a correr hacia la larga escalinata, cubriéndola con cemento y con piedras. Rápidos y eficaces, construyeron una caja de piedra, al final del corredor, sobreponiéndola a la puerta escondida.

En el repentino silencio que se produjo tras la partida de los trabajadores, el nuevo rey —Chan-Bahlum— pudo escuchar el rumor de los pasos de más gentes. Esta vez, el ruido venía del templo de arriba. Se dio la vuelta y vio a cinco prisioneros, arrastrados hacia la parte inferior de la escalinata por la honorable guardia del rey muerto. Una mujer y cuatro hombres. Todos irían hacia Xibalba en aquel día, acompañando a Pacal en su último viaje.

Uno de ellos gemía de pavor, pero el más joven marchaba al frente, queriendo enfrentarse a su destino con insolente orgullo. Era un Ahau hecho prisionero en la batalla y escogido para seguir a Pacal, porque, debido a su arrogante coraje, había sido considerado un valiente.

Chan-Bahlum cogió al joven Ahau por el cabello y le levantó la cabeza para verle mejor los ojos. Cerró las manos sobre el puño del cuchillo de obsidiana, que había traído justamente para ese acto sacrificial; y, silenciosamente, enterró el cuchillo en el pecho del prisionero, perforándole el corazón. Era la señal. Los guardas del rey, voceando cacofonías, escuchadas hasta entonces arriba, en el templo, cayeron sobre las víctimas con furiosas estocadas, desangrándolos con sus cuchillos, ya de por sí ensangrentados. Los cuerpos fueron dejados a su propia suerte dentro de una caja.

Terminado el sacrificio, Chan Bahlun abandonó el ensangrentado corredor y subió la escalinata con solemnidad, manteniendo el porte erguido, preparándose para el rito final, que solo el nuevo rey podría efectuar, allá arriba, en el templo. Los músculos de las piernas le quemaban por el agotamiento, al darse la vuelta en la plataforma para subir el segundo tramo de escaleras. Los ensangrentados guardias del rey lo siguieron con reverente silencio, solo roto por la fuerte respiración, a medida que iban venciendo la dura subida. Todos estaban emocionados por el ritual del sacrificio realizado.

Chan-Bahlum surgió del suelo del piso del templo, en donde el tubo de comunicación del espíritu de su padre terminaba en la cabeza de la Visión de la Serpiente Emplumada. Al rehacer cuidadosamente el camino alrededor de la plataforma, al lado de la escalera, los chamanes lo tomaron por los brazos y le quitaron sus vestiduras. Uno de ellos le dio una fría lámina de obsidiana.

Chan-Bahlum se cogió el pene, apretándolo y perforándolo por tres veces, con la punta de la brillante y negra lámina. La devolvió, recogió la sangre que derramaban las heridas en una larga tira de papel, observándola a medida que el papel enrojecía por la sagrada sangre del sacrificio. Era su primer acto de sacrificio como patriarca del clan real, acto simbólico de renacer en medio de la muerte.

Su hermano ya había efectuado su propio acto sacrificial, cuando ayudó a sacrificar a los prisioneros. Manchado por el flujo que corría de su propio cuerpo y por la sangre ritual de los cautivos, Chan-Bahlum siguió hacia la cámara posterior, pasando por los paneles del katun histórico que su padre ayudara a construir, apareciendo entonces entre la columna central y la pared externa.

Surgió un sentido rumor de la multitud reunida en la plaza, allá abajo, cuando el pueblo vio llegar al rey con las vestiduras ensangrentadas, claramente visibles por la oblicua luz solar. El papel entre las piernas se había empapado con su sangre, que continuaba cayendo, manchando el suelo por donde caminaba.

17 = ≡

La Atlántida
y el Cráneo de Cristal

24 de diciembre, diez horas de la mañana.
12, Luna Lagarto Rítmica — kin 195 — Águila Cósmica Azul. «Perduro a fin de crear. Universalizando la receptividad, sello la salida de la atemporalidad; con el tono cósmico de la presencia, soy guiado por el poder de la autogénesis.»

LOS DÍAS CORRÍAN veloces en Palenque. Había llegado la Navidad, pero todos estaban más interesados en la historia de Juan y de Pedro sobre el Cráneo de Cristal. Ambos parecían haber desistido ya de *El diablo*. Todo había vuelto entonces a la rutina. Juan, a los brazos de Rosita; Pedro, a dirigir el restaurante, en la misma pequeña aldea en la que vivían. Antes de partir, los dos reunieron al grupo. Le habían contado todo acerca del enigma del Cráneo de Cristal, o Cráneo del Destino, que había sido encontrado en Lubaantum, «La Ciudad de las Piedras Caídas».

Después de la lectura de los dos códices, el grupo ansiaba encontrar el último, el Códice O. Pero ni siquiera tenían una pista. El Códice O encerraría los vaticinios que Pacal Votan había profetizado para el quinto mundo, aquel para el cual se abriría el portal de la Nueva Era, próximo a la Navidad del 2012.

Todo comenzó cuando una joven de dieciséis años, Anna Le Guillon Mitchel-Hedges —dijo Juan—, vio el Cráneo de Cristal por primera vez. Eso fue en 1923. Pasaron semanas antes de que supiese realmente lo que encontrara. El antiguo lugar de Lubaantum, en las Honduras Británicas, hoy Belice, había sido descubierto por su padre adoptivo, Mike Mitchell-Hedges, en 1919».

«Mike, arqueólogo inglés, la había adoptado seis años antes. Sammy, sobrenombre dado por el padre, vio un objeto brillante bajo las paredes de un antiguo templo maya en ruinas. Se encontraba casi al alcance de la mano y brillaba con intensidad, pero su acceso era difícil. En aquel momento, el dinero de la expedición se había terminado.

Mike dejó a la joven bajo la protección de una familia de mayas kekchi y fue en busca de víveres y dinero para seguir con los trabajos. El gobierno de las Honduras Británicas le había dado solo siete años para sus excavaciones arqueológicas. En aquel tiempo, Lubaantum era la mayor área descubierta hasta entonces en América. Antes de partir, el padre le dijo a la hija que no moviese las piedras, hasta que él viniese y las numerase.

A su vuelta, Mike removió cada una de las grandes rocas. Simultáneamente, el equipo buscaba extraer el objeto brillante, debajo de los escombros. Solo en el primero de enero de 1924, día del decimo-séptimo aniversario de Anna, consiguieron mover la última roca, recuperando la parte superior del Cráneo de Cristal.

Mike alzó bien alto el cráneo para que todos lo viesen: de repente, los maya-kechi enloquecieron de alegría. Lloraban, reían, se abrazaban y besaban el suelo. Obraban como si una memoria ancestral, de súbito, hubiese sido traída a la luz. Intuían que el cráneo era parte importante de su pasado. Después de siglos, el deífico Cráneo de Cristal había vuelto a sus vidas. Erigieron un altar improvisado y, al mismo tiempo en que el ídolo era entronizado, flautas y tambores enviaban a los clanes mensajes de alegría, llamando a todos los nativos de la región para que vinieran a ver la reliquia, símbolo de un misterioso y distante pasado.

Hicieron fiesta durante días, interrumpiendo los trabajos de las excavaciones. Al comprobar que la fiesta no tenía fin, Mike hizo un trato con el cacique: les daría el Cráneo de Cristal, si volvían al trabajo. Negocio hecho: al día siguiente, los mayas-kekchi retornaron a las excavaciones.

Tres meses más tarde encontraron el maxilar inferior, una maravilla artesanal que deslumbró a Mike. El Cráneo de Cristal era la obra maestra de un artesanado, pieza de las más raras encontradas por la arqueología, de una sustancia tan dura, o casi, como el diamante. Entre tanto, una pregunta quedó en el aire: ¿Quién tendría un conocimiento y una habilidad semejantes para hacer un artefacto tan perfecto en Mesoamérica?»

—Tal vez la pieza perteneciese a una civilización aún más antigua que la de los mayas —fue la conclusión de Mike.

«Cuando terminó el plazo de siete años para excavar el sitio, el cacique decidió entregar el cráneo a Mike, por todo lo que había hecho por la comunidad. La joven Anna tenía ahora veinte años y nunca salió de la aldea, desde los doce años de edad. La despedida fue difícil, unida a una dificultad aún mayor de readaptarse a la civilización, tras haber vivido tantos años en la selva con sus amigos indios.»

—Escuche esto, Juan. Esta historia no se detiene aquí, ¿verdad? —preguntó Eric.

—No, la verdad. La joven Anna creó una Fundación de Búsqueda con el nombre del padre —Mitchell-Hedges—, convirtiéndose en la protectora del Cráneo de Cristal.

—¿Solo eso? —preguntó Maruska, decepcionada.

—Hicieron sesiones de espiritismo con el Cráneo de Cristal —explicó Pedro—. Todo induce a pensar que poseía el don de la sanación. Lo importante era saber qué pueblo lo había fabricado.

—Leí en *The Illustrated London News* —interrumpió Gunther— un artículo de Thomas Gann sobre el descubrimiento de esa antigua ciudad maya, en las márgenes del Río Grande, no muy lejos de la frontera con Guatemala. El sitio tenía edificaciones con grandes fachadas de piedra, pirámides escalonadas con amplios y largos escalones. La construcción principal estaba dominada por arbustos y humus. Era una pirámide truncada de cerca de 243 metros de extensión por 202 de ancho y 81 metros de alto. La pirámide estaba totalmente revestida de bellos bloques de arenisca y detritus marinos, cortados de forma que mostraban una total adherencia, ajustada y perfecta, a pesar de que no tenían argamasa para unir los bloques. Antes de dejar la ciudad, la bautizaron con el nombre de *Lubaantun* o «el lugar de las piedras caídas», en maya. La ciudad era distinta de tantas otras ciudades mayas conocidas. No había palacios de piedra, ni templos piramidales de grandes dimensiones, además de una falta total de esculturas en piedra; ni siquiera un gran monolito, en los que los mayas acostumbraban a grabar la fecha de la fundación de la ciudad....

—¿Y nada sobre el Cráneo de Cristal? —preguntó Olavo.

—Leí algunas cosas más. Estoy intentando recordar —dijo Günther—. Por lo que parece, Lubaantun es una de las ciudades mayas más antiguas, de un periodo anterior a las otras de la América Central. Está situada en una zona inaccesible, incluso hoy en día. Los estudiosos creen que pertenece a una civilización muy anterior a la de los mayas, a los cuales les habían pasado la tecnología y la habilidad de realizar piezas en obsidiana, o en cristal volcánico. Armas, herramientas, artefactos diversos en obsidiana, incluso instrumentos utilizados en los ritos han sido encontrados por todo México, y dentro de localizaciones mayas. Sin embargo, el Cráneo de Cristal es diferente...

—Diferente, ¿por qué? —quiso saber Doreen, con ojos curiosos.

—Porque fue fabricado en una roca de cristal duro como diamante, además de ser una obra de artesanía tan perfecta, que la mandíbula se mueve igual que la nuestra. Lo que nos deja perplejos es que ha sido realizada antes de descubrir las herramientas de hierro. Se cree que quien la hizo debería haber estado trabajando intensamente durante ciento cincuenta años para alisar aquel cristal sólido, casi diamante, usando la arena como abrasivo.

—¡Vaya! ¡Ciento cincuenta años! —exclamó Eric.

—¡Una locura! —intervino Agustín.

—El hecho es que el cráneo existe. Debe haber sido realizado antes de la fundación de Lubaatum, lo que tiene que haber sucedido antes de todas las otras ciudades mayas.

—¿Y cuál es la conclusión de todo eso? —preguntó Frans.

—La conclusión es sencilla: si los antepasados de los mayas tenían la tecnología para pulir cristales de roca, redondeando sus formas, los mayas también deberían tenerla. Por consiguiente, serían capaces de fabricar lentes convexas, las cuales nos son otra cosa que piezas resultantes de la combustión de los cristales. Me acuerdo de un texto que dice: «El cráneo del Destino fue fabricado en el cristal más puro. Fueron necesarios más de 150 años, generación tras generación, trabajando durante todos los días de su vida, raspando con arena, pacientemente, el inmenso bloque de cristal de roca hasta que, finalmente, surgió el cráneo perfecto —comentó Juan— ante un público atónito».

—¡Eso es notable! —exclamó Linda, abrazada a Olavo.

—Esperen —interrumpió Pedro— El cráneo tiene como mínimo 3.600 años. De acuerdo con la leyenda, era usado por un alto sacerdote maya en ritos esotéricos. El sacerdote decía que, con ayuda del cráneo, bastaba desear la muerte de alguien para que se produjese esa muerte, invariablemente. Él lo describía como la incorporación del mal.

—Pero ¿no realiza ahora curaciones el Cráneo de Cristal? —quiso saber Eric.

—Sí, es verdad —dijo Juan— Mucha gente estudia el cráneo. Es un misterio...

—La verdad es que todo el misterio se halla en la Atlántida —cortó Hans, enfático.
—¿Cómo es eso? —preguntó Camila, acariciando a Eric.
—Todo se vincula a la Atlántida, y al cataclismo que la hizo sumergir para siempre en el fondo del mar. Platón atribuyó la fundación de la civilización de la Atlántida al dios griego del mar Poseidón. Atlas, el hijo mayor de Poseidón, y Cleto, una humana, dio su nombre a un conjunto de islas, la Atlántida, de las cuales fue su primer gobernante. De ahí procede el nombre de océano Atlántico y de las montañas Atlas. Todo eso está en los Diálogos de Platón (*Critias*). Si aceptamos la existencia de una poderosa civilización que vivía en un collar de islas en el oceáno Atlántico, entonces resultará razonable suponer la localización de la Atlántida en las hoy Indias Occidentales. Edgar Cayce dijo que la isla principal, a la que denominó Poseidia, existió en la zona en la que hoy se encuentran las Bahamas. Ese collar de islas se encuentra frente al estrecho de Florida, en Miami, al noroeste del gran Banco de las Bahamas.

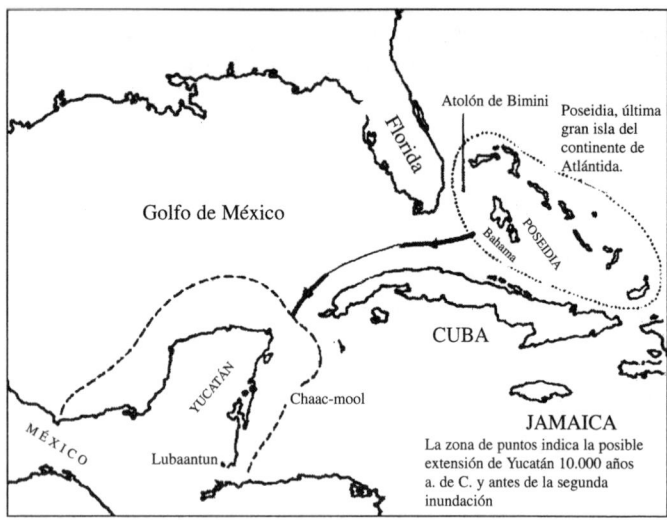

Fuga de Iltar hacia Yucatán.

—¿Estaría ahí la legendaria Atlántida? —quiso saber Günther.

—Es lo más probable. Allí se encontró la muralla sumergida de la que hablaba Cayce.

—¿Cómo fue eso?— quiso saber Linda.

—La destrucción de Poseidia —dijo Hans— sucedió 10.500 años a. de C. Y la causa debió ser la elevación del nivel del mar, al descongelarse el casco polar, a finales de la Edad del Hielo, sumergiendo las islas costeras de nivel más bajo...

—¿Y hubo supervivientes? —preguntó Agustín.

—Sí. Como se encontraban frente a Yucatán, deben haber llegado a esta región mexicana. Los supervivientes, según Cayce, pertenecían a la Casa Real de la Atlántida, y estaban dirigidos por un sacerdote llamado Iltar. Este caudillo y sus seguidores, en barcos de vela, no siguieron directamente hacia Yucatán. En su viaje, debieron de haber llegado a

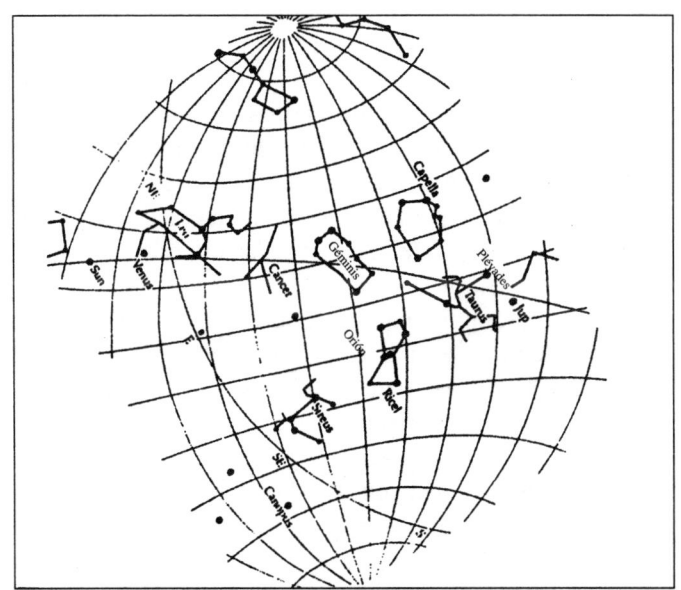

13 de agosto de 3113 ——— 21 de diciembre de 2112.

Cuba. El viento los llevó hacia el oeste, hacia el interior de la bahía de Campeche; o hacia el sur, a lo largo de la costa este, llegando a Labaatun o a Chac Mool, una ciudad próxima, todavía no descubierta. Toda la historia de la inundación de la Atlántida se encuentra en el *Codex de Dresden*, ilustrando cómo el Primer Mundo o Primer Sol, fue destruido por la Diosa del Agua —Chac Chel— en el primer diluvio.

—¿Y qué se ve en esa ilustración? —preguntó Maruska.

—Podemos ver a Chac Chel, la Diosa del Agua, echando un jarro de agua sobre Ek Chuah, el dios de la Guerra, sosteniendo la Cabeza de Moâ, el pájaro de la muerte. El dios se encuentra arrodillado y tiene dos azagayas en la mano derecha, y un bastón de mando en la izquierda. Encima de ella, el yacaré cósmico viste los símbolos mayas de los planetas Venus, Marte, Mercurio y Júpiter. El yacaré representa la Vía Láctea, y abre la boca para arrojar el aguacero. De tal modo, el mundo fue destruido por un diluvio enviado por la diosa del Agua. La inundación tiene todavía un significado astrológico: el adecuamiento de los planetas citados, que completan un gran ciclo.

En el *Popol Vuh* —cortó Pedro— el libro maya-quiché, también hay referencia al diluvio. En este libro clásico de los mayas consta que los primeros seres habían sido hechos de barro, y perdieron rápidamente sus formas disueltas en agua. Así que, a pesar de las diferencias de texto entre el *Codex de Dresden* y el *Popol Vuh*, una cosa es cierta: el primer mundo quedó destruido por el diluvio.

—Eso también está en la Biblia... —añadió Doreen.

—Es verdad —conconcordó Hans— Hemos de considerar que tales códices estaban escritos en lenguaje mitológico. Hemos de adaptarlos a la realidad. En el *Codex Vaticanus* todo eso está confuso. Los seres se convirtieron en peces. Un individuo se protegió en un árbol, siete más se escondieron en una caverna, etc. Todo eso tiene que ver con la Atlántida y con sus supervivientes. Es evidente que no se convirtieron en peces, pero sí que atravesaban el océano en barcos. Los atlantes sobrevivieron en cavernas hasta que el agua bajó, y pudieron marchar hacia su nuevo hogar, la península de Yucatán. Podemos decir que esos atlantes no solo traían la memoria de la catástrofe que les había ocurrido en Poseidia, sino también, y de manera principal, sus conocimientos de astronomía, matemáticas, agricultura, medicina y arquitectura, trasmitiendo su sabiduría al pueblo proto-maya.

—Eso tiene sentido, Hans —interrumpió Eric—. En toda la historia de los pueblos antiguos está el diluvio. La existencia de la Atlántida está hoy comprobada. Ninguna catástrofe lo destruye todo, siempre hay supervivientes. Además de eso, los atlantes deben haber sido grandes navegantes...

—Para el pueblo primitivo que los acogió —dijo Hans—, los atlantes eran dioses. El sacerdote Iltar podría haberse convertido en el dios Zamná, el dios de los dioses de la mitología maya. Y, de la misma manera, los aztecas creyeron que Cortés era el enviado de Quetzalcoatl, un dios, que había prometido volver el mismo día en que el capitán español entró en Ciudad de México...

—¿Y cómo terminó el segundo mundo? —preguntó Camila.

—El Segundo Sol, que siguió a la destrucción de la Atlántida, duró más de cuatro mil años y se le denominó la Era Dorada. Tenía como patrono a Quetzal, dios del Viento. Existe una conexión entre Iltar-Zamná y Quetzalcoatl-Kukulcán, como grandes dioses de las civilizaciones mexicanas. Pero todas las cosas tienen un final. Y la Era Dorada también pereció. Cómo sucedió eso, es algo que no está muy claro. Según Cayce, la ciudad de Iltar, en el Yucatán, fue destruida tiempo después de la destrucción de Poseidia. Si damos fe a las leyendas, el segundo mundo acabó debido a los vientos. Tanto es así, que la palabra *huracán* se deriva del dios azteca de la tempestad. Es probable que unos 7.000 años a. de C. hubiera otra época de inundaciones y vendavales en el Yucatán. Las leyendas hablan de que los hombres se convirtieron en monos y estaban obligados a vivir en los árboles para poder sobrevivir. Es un misterio cómo fue destruido el tercer mundo, entre el 7000 y el 3100 a. de C., que debió haber sido precedido por el nacimiento de los *mayax*, o mayas preclásicos. Los seres del Tercer Sol dejarían la protección de los bosques, supervivientes de la segunda destrucción, reconstruyéndolo todo. De este modo fueron cultivadas las primeras plantaciones, cerca de Oaxaca, hacia el 7000 a. de C., en el valle del Teohuacan. Y el maíz fue lo que se ajustó mejor al clima. Antes comían una pasta de frutas. La ciudad de Lubaantum se construyó en esta época. Cayce dice que para erigirla, pidieron ayuda a los emigrantes peruanos. Por eso la ciudad no se parece a ninguna otra urbe maya, ya que no se utilizó ningún tipo de cemento, sino un ajuste perfecto entre los bloques de piedra, la tecnología de los incas.

—¿Y cómo entra el Cráneo de Cristal en esta historia? —quiso saber Olavo.

—El hecho de que el tercer mundo hubiera sido dominado por el dios del Fuego explica la presencia del Cráneo de Cristal entre las ruinas de la ciudad; ya que el cráneo, al ser de cristal, producía fuego con facilidad, una novedad para aquel pueblo inculto, no habituado a los fenómenos físicos. Para ese pueblo, el cráneo era la propia personificación del dios del Fuego. Las ceremonias mayas del fuego más antiguas estaban ligadas a la idea de regeneración. La propia naturaleza del fuego está dentro de ese proceso, ya que retorna a la materia orgánica los primeros elementos, al expelir luz y calor en el proceso. Así, los antiguos pueblos de América miraban al fuego de una manera distinta a la nuestra, considerándolo como una regeneración del sol. Consecuentemente, al final de ese periodo, ya fuese un año, o fuesen los cincuenta y dos de la media centuria azteca, o, incluso el *baktun* de 144.000 días, sintieron la necesidad de realizar una ceremonia para exorcizar el pasado, abriendo un camino para la renovación, para el futuro. En esa dirección, habrían pensado que alimentaban al Sol, para que este restaurase el don de la vida contra las añagazas de la muerte.

—¿Era esta ceremonia al dios del Fuego común a toda la América india? —indagó Günther.

—Lo era, sí. Acontecía en función de la conjunción celeste de planetas, cuando las Pléyades quedaban en el centro del meridiano del hemisferio norte. La sensación que sentían aquellos pueblos era la del fin del mundo. Esperaban. Como no sucedía nada, hacían la ceremonia al dios del Fuego. Este alineamiento de los planetas y las Pléyades se daba, según el calendario azteca, cada media centuria, o sea cada 52 años; mientras que para los mayas tenía lugar en el periodo de un *katun* o 7.200 días, cerca de veinte años. A pesar de las diferencias de calendarios, la ceremonia se hizo común a las dos razas. Según parece, la ceremonia comenzó en la tercera era, la del fuego. Con la llegada del cuarto mundo o era, cerca de 3.100 años a. de C., los mayas comenzaron a cultivar el maíz, la base de su alimentación. Fue también entonces cuando se inició el ciclo de la Cuenta Grande, de 5.125 años, que terminará en el 2012. Tiene su origen en el nacimiento de Venus, en el 3113 a. de C. El acontecimiento más importante relacionado con tal tiempo fue la fundación de la ciudad de Tula o Tulan. Dice la leyenda que era tan bella como santa. Fue fundada por Quetzalcóatl o Kukulcán. Su localización es confusa. En los «Anales de Cakchiquels», un texto maya tardío, se hace referencia a Tula o Tulan como una especie de Tierra Prometida. Dice el libro: «Del otro lado del mar llegamos para el lugar llamado Tulan, en donde fuimos engendrados por nuestras madres y por nuestros padres». Y más adelante: «Las personas vinieron a Tulan desde cuatro regiones. Al este hay una Tulan; otra en Xibalba, o mundo subterráneo; otra al oeste, de donde venimos; y todavía hay otra en donde está el Dios en el cielo. Por tanto había cuatro Tulan».

—Pero, finalmente, ¿en dónde estaba Tula o Tulan? —quiso saber Frans.

—Existe una gran confusión, incluso entre los estudiosos. Se utiliza el nombre para las ruinas de Tula, en Hidalgo, una pequeña capital tolteca que, sin embargo, debió haber sido erigida en el siglo IX de nuestra era. Pero eso no es toda la historia...

—Diga, entonces, Hans —cortó Doreen, curiosa.

—El meollo de la confusión es el nombre de Quetzalcóatl o Kukulcán, dado por los mayas y aztecas. Era tanto un título nobiliario para los grandes líderes religiosos, como para un dios misterioso. Así que nunca podremos saber con certeza cuándo se refiere al dios y cuándo al hombre.

18 ≡

En donde los dioses tocaron la Tierra

31 de diciembre, cinco horas de la tarde.
19, Luna Lagarto Rítmica — kin 202 —
viento resonante blanco: «Canalizo con el
fin de comunicar. Inspirando el aliento, se-
llo la entrada del espíritu. Con el tono re-
sonante de la armonización, soy guiado por
el poder de la atemporalidad».

EN AQUELLA TARDE de luna nueva, que ya se veía en el cielo, Agustín tenía el príapo erecto y duro. Ni Maruska ni Doreen se encontraban allí para darle la necesaria satisfacción. Las dos lobas habían cumplido la palabra dada. No se haría nada, mientras el gitano no se decidiese por una de ellas. Era la huelga. Agustín no sabía qué hacer. Elegir a una era lo mismo que perder a la otra. Las dos eran perfectas, pero jamás había pensado en una boda. Una elección en aquel instante llevaría implícito un compromiso no deseado. Soñaba con las dos. Si la comparación sexual se inclinaba más hacia Maruska, Doreen era más cariñosa fuera de la cama. ¿Qué hacer? Una difícil elección. Amaba a las dos con igual intensidad. Necesitaba una salida.

Se acordó del *Banquete* de Platón. Allí constaba que había diferentes estadios del mismo impulso erótico. Si se aplicaba a su caso, resultaba primitivo y caótico en Maruska, sensual en Doreen y espiritual en Mirtha, su primera novia. Eros, como deseo de inmortalidad, se elevaba, gradualmente, del cuerpo al alma, de lo sensible a lo inteligible, de la carne al espíritu, en un perenne esfuerzo de sublimación. Tal vez la elección acertada fuese la de Maruska. Partiría del grado más bajo para llegar al más alto, sin eliminar los estadios inferiores de que se serviría. O tal vez fuese Doreen la elección acertada, si partía del grado más elevado para llegar a los más bajos. Solo desde esos niveles podría llegar a lo superior. ¿Doreen o Maruska?.

Después de Navidad, Juan y Pedro se fueron para sus casas. Como descendientes de mayas, el códice representaba mucho, pero tenían que cuidar de sus familias. Sabían que las correcciones de la profecía dependían de los humanos; siempre que tuvieran juicio, modificando su conciencia predadora por el amor al planeta. Antes de marcharse a casa, pasarían por una aldea de nombre secreto. Tal vez por allí estuviese *El diablo*. Escuchaban eso por sierras y páramos. Sería la última tentativa.

En el cambio de año según el calendario gregoriano, todos estaba de acuerdo en que el Códice O constituía un complemento importante de la profecía. Lo esencial era el alineamiento planetario y estelar del 2012. En el 13 de agosto del 3113, a. de C., hubo un alineamiento o conjunción semejante y se produjeron catástrofes. ¿Qué sucedería en el 2012?

Las investigaciones seguirían en Palenque, mientras no se descubriese el códice. Maruska y Doreen hacían las investigaciones siempre juntas. Solo así podía la una vigilar a la otra. Incluso era posible que hubiese nacido la amistad entre aquellas dos lobas. Nadie podría decirlo. Las lobas eran expertas y disimulaban.

Camila y Eric ya vivían en la misma cabaña. Daban satisfación a su deseo sin el menor pudor. Linda y Olavo también compartían el mismo techo, pero todavía se encontraban en el prólogo amoroso, sin los «finalmente».

Todo era cuestión de tiempo, una ilusión como bien sabían ellos. Se pasaban horas tocándose, en busca del amor que se encontraba en cada parte, en cada lugar de sus cuerpos. Descubriéndose a partir del otro. «Alteridad sexual», decían.

Günther y Frans pasaban el tiempo conversando, noche tras noche, sobre Historia y Astronomía. A veces, amansaban la soledad con una baraja. Los gritos del juego se escuchaban bien lejos. Hasta en la montaña, en la que meditaba Hans. El viejo se reía al oír los gritos, que subían en ecos por la colina, en el lugar milenario de Chiapas, territorio que en otro tiempo había pertenecido a *El diablo*.

Había caído la noche. Hans, en su descenso de la sierra de Chiapas, caminaba animado, como si de repente hubiese dejado de sufrir por el códice robado, peso que arrastraba como un lastre pertinaz. Pensaba que debía exponerles sus sospechas: Teotihuacán, la ciudad enigmática, cuyo origen se volvía un misterio. Nunca se había sabido ni siquiera el pueblo que la había habitado.

Había sido una metrópoli, en su apogeo. Así pues, al caer la noche, hizo una gran fogata en el centro del campamento para hablarles de Teotihuacán. La ciudad mítica y mística de todos los ritos de Mesoamérica; La Meca, o la Roma de América. Todos iban a la mítica Teotihuacán para cumplir con ritos específicos, ya que había creencias comunes entre aztecas, toltecas, olmecas y mayas. Una de ellas, la de la Serpiente Emplumada. Además de la religión de las trece dimensiones celestes y de los nueve infiernos astrales.

Teotihuacán tenía trece templos, dos pirámides —la del Sol y la de la Luna— y el bello templo de la Serpiente Emplumada. En este estaba esculpida en un tablero ornamentado, además de la cabeza de la Serpiente de Plumas, la de un saurio de ojos bien redondos, como la letra O del códice. Hans creía que el códice estaba en el templo. Los secretos y las creencias de Mesoamérica concluían en Teotihuacán, «ciudad en la que los dioses tocaron la tierra».

—¿Cree usted, Hans, que el códice se encuentra allí? —quiso saber Agustín.

—Sí, puesto que todo comenzó allí. Ni siquiera se ha descubierto el pueblo que la erigió. Era el centro de todas las religiones y razas mesoamericanas. Allí está el templo de la Serpiente Emplumada, en la Ciudadela, sitio prohibido, especie de ciudad dentro de otra ciudad, y cuyo acceso solo estaba permitido a unos pocos elegidos...

—¿Y es grande? —indagó Olavo.

—Cuatrocientos metros cuadrados de área...

—¡Vaya! ¿Tando, padre? —dudó Frans.

—Es una pequeña fortaleza. Después de erigir las pirámides del Sol y de la Luna, y la gran avenida Norte-Sur, conocida por *Calle de los Muertos*, el pueblo comenzó a erigir, entre los años 100 y 200, d. de C., una enorme zona de clausura de cuatrocientos metros cuadrados, al sur de la urbe, más allá del río San Juan, al lado derecho de la Gran Avenida Norte-Sur, o Avenida de la Muerte.

—¿Por qué se llama así? —preguntó Linda, abrazada a Olavo.

—Era un lugar de sacrificios humanos...

—¿Para qué construyeron todo eso? —indagó Maruska, mirando al gitano.

—Esa es la cuestión —reflexionó Hans— La Ciudadela tiene una muralla de más de siete metros de altura en los cuatro lados, de ahí su difícil acceso. En el centro, el Templo de la Serpiente Emplumada. Su plaza es tan grande que en ella cabía toda su población adulta. Y la ciudad tenía cerca de doscientos mil habitantes...

—¡Caramba! ¡Tanto! —exclamó Eric.

—¿Igual que la Ciudad Prohibida de Pekín, en China? —preguntó Doreen.

—Sí, igual. La Ciudadela tenía como propósito la seguridad de la elite real y de los sacerdotes, en sus rituales en homenaje a Quetzalcóatl. Además, al frente había un complejo que estaba vacío, y cuya función no sabemos. Las dimensiones también son enormes. Es probable que la Ciudadela fuese un palacio, una especie de urbe prohibida. El acceso a la fortaleza se hacía mediante una escalinata, en el lado oeste, muy bien vigilada. Era la única entrada disponible. La propia visión de la Ciudadela era muy limitada, debido a la alta muralla.

—¿Y qué se ve, allá adentro? —indagó Doreen.

—Hay dos grandes habitaciones construidas, ladeando el Templo de la Serpiente Emplumada, que sugieren haber sido una combinación de palacio, centro administrativo y templo religioso para todo el complejo arquitectónico. Su localización está en oposición a las dos pirámides del Sol y de la Luna, pero parece que fuera una zona restringida, vacía y sin el menor acceso a las pirámides. Y eso no tiene sentido...

—¿Por qué? —quiso saber Olavo.

—Es extraño. Muy extraño. Las dos pirámides son majestuosas y debían ser un centro ritual. Por tanto, muy visitadas. Allí deberían tener lugar ritos públicos. Por el contrario, la Ciudadela nos da idea de que sus habitantes vivían encerrados, enclausurados, lejos de los dos monumentos más importantes de la ciudad, como si fuesen monjes...

—Tal vez lo fuesen —concedió Maruska.

—Entonces tal vez hubiera una sociedad secreta de la Serpiente Emplumada, cuyos adeptos tenían que vivir en clausura, con votos de recogimiento total.

—No lo creo, Hans —cortó Günther, mientras se despedía, mochila a cuestas.

—Entonces diga lo que está pensando, Günther.

—Usted dice que la ciudad tenía doscientos mil habitantes. Si llegó hasta ese punto, el gobernante debería haber erigido la Ciudadela para su seguridad, llevando a su interior la diosa mayor, la Serpiente Emplumada, entronizándola en una capilla particular. Cuando una ciudad crece demasiado, pierde su seguridad. El gobernante tenía miedo de atentados contra su vida y la de su familia...

—Usted debe tener razón. El Templo de la Serpiente Emplumada es pequeño, pero bonito, todo decorado con esculturas de piedra, una arquitectura rara...

—Llama la atención —dijo Agustín— que los pueblos mesoamericanos tengan tanto en común. Religión, calendarios, códices de la Serpiente Emplumada como diosa. Se encontraron restos de todas las razas en Teotihuacán, ¿no es cierto?

—Así es. Se desconfía de que una raza muy inteligente haya dominado la Mesoamérica, dándole la misma estructura religiosa, mitológica y cronológica...

—¿Los atlantes? —quiso saber Olavo.

—Quizá. Los atlantes deben haber tenido información de los extraterrestres...

—Pero si nos vamos a Teotihuacán, ¿cómo quedarán nuestras investigaciones, aquí en Palenque? —preguntó Maruska.

—Después concluiremos. En este momento, necesitamos del códice —dijo Hans.

—Vamos a por las mochilas —exclamó Eric, ansioso de aventuras.

Todos se dirigieron a las tiendas y comenzaron a arreglar las maletas. Günther y Frans tomarían un avión a Ciudad de México. Se iban despidiendo del grupo. Tenían que estar temprano en el aerodromo. Los otros también tenían que ir a la Ciudad de México, si querían ir a Teotihuacán, pero saldrían la semana siguiente. Frans y Günther habían comprado sus pasajes, antes incluso de saber en dónde estaba el códice. La nostalgia de la familia les llamaba.

* * *

Juan y Pedro se apostaron delante de la puerta de la casa indicada. Bajo un sol tórrido, ambos se quedaron estáticos ante el portal intranspasable. La casa parecía una fortaleza. La ansiedad les estrujaba el estómago. Malestar anticipado. Allí estaba la última esperanza. Si no encontraban a *El diablo,* abandonarían la búsqueda.

«¿Sería esa vez?» —se preguntaban.

Un jorobado les abrió la puerta. Parecía salido de un filme de terror. La boca torcida, los pies zambos, el andar torpe, la mirada cruzada divergiendo de un foco, un ojo estrábico. Las palabras salían de su boca, más escupidas que habladas. Ropas arrugadas como si acabase de abandonar la cama. La mirada era la de un ausente. La voz de contralto subía con cadencias, una octava por encima de lo normal, como si fuera a cantar un aria de ópera bufa:

—¿En qué puedo servirles? —cantó la voz de *castratti*.

—¿Está el comandante? —preguntó ansioso Juan, ya sin esperanza.

—Pueden entrar —dijo el jorobado, sin responder a la pregunta.

Entraron en la sala oscura. Sus ojos se fueron acostumbrando, poco a poco, a aquella lobreguez. Parecía como si no hubiera nada en aquella sala penumbrosa. Ni muebles, ni personas. Ya iban a desistir, cuando una voz habló algo ininteligible y sin conexión. Juan apretó el brazo de Pedro con fuerza. Intentaba ganar confianza, mientras el amigo sentía un fuerte dolor. En ese instante, ni Pedro gritó, ni Juan le soltó el brazo.

El jorobado hizo una señal extraña y salió, abandonándolos en aquella sala patética. Parecía un velatorio sin asistentes y en la que el muerto, por miedo, se hubiese ausentado. Desde el fondo de la casa llegaban los chillidos de un cerdo al que estaban matando. Gruñidos agudos, seguidos de otros más graves. Los dos se miraron angustiados.

La única poltrona que había en la sala sombría tenía el tejido desgastado en algunos puntos, y en otros los rasguños exhibían la estructura de madera y alambres. La tenue luz en penumbra, que se filtraba por la única ventana, caía sobre una tela de Frida Khalo: *Autorretrato con monos*, réplica de otra famosa que ya fuera subastada. La retratada, con el cuerpo deformado por el accidente, con su bigote visible y el rostro cuadrado, casaba a la perfección con el insólito escenario.

Los dos amigos miraban la tela, protegiéndose mutuamente. Les parecía que lo único que faltaba era que los monos saltaran del cuadro, convirtiendo el ambiente en algo todavía más fantasmagórico e inusitado.

Sentada al lado de la poltrona una niña exhibía sus caninos. Le faltaba el labio superior y parecía empalada, ya que no se movía. Pedro y Juan ya se iban, cuando regresó el jorobado con una botella de tequila, sal y limón. Los dos se estremecieron. El homúnculo les traía copas de cristal, en contradición con la pobreza del ambiente. La niña se movió, asustándolos. Solo entonces vieron que se trataba de una enana.

A pesar de la nítida visión de la enana de caninos expuestos, no lo podían creer. Estaban en una película equivocada, como diría más tarde Pedro, el cual se sentía ya en la puerta como participante de un filme de Fellini que jamás hubiera sido rodado.

—¿Hace mucho que esperan? —preguntó una voz gutural, pero amiga.

—¡Comandante! —exclamó Pedro.

—¡*El diablo!* —gritó Juan.

—Sí, amigos. Aquí estoy bien vivo —dijo el comandante, riéndose a carcajadas.

—¿Pero qué diablo hace usted en un antro como este? —quiso saber Juan.

—El diablo, eso mismo, el diablo —se carcajeó.

—¿En dónde pudo encontrar personas así... tan simpáticas —indagó Pedro.

—Son mis nuevos amigos. No son lo que parecen ser...

—¿Y qué son? —ironizó Pedro.

—Amigos. Eso es lo que son. Me cuidan...

—Hemos estado buscándolo durante mucho tiempo, comandante. Pensamos que...

—Que estuviese muerto. He muerto muchas veces. Tal vez ya esté muerto y esto sea el infierno...

—¿Y adónde fue a parar el Códice T? —preguntó Pedro, mirando a la enana.

—Códice, códice, códice —repetía la enana, manchando de saliva el vestido.
—Está conmigo. Ustedes tradujeron el borrador de Kin, ¿no es cierto?
—No sabemos si era una copia fiable... —añadió Juan.
—Quizá —dijo *El diablo*
—¿Cómo lo sabremos? —inquirió Pedro, nervioso.
—No lo sabrán.
—Códice, códice, códice —remedaba la enana, con su voz de clarinete.

Los dos habían percibido que *El diablo* estaba fuera de sí. Hablaba sin nexo, reía sin sentido. Si no lo hubieran conocido antes, dirían que estaba loco. Insistieron en el códice.

—No sé —dijo el comandante— para qué quiere saber la humanidad su destino, si nunca pensó en ello. Nadie cree en nada. Ya no hay fe. El códice es bonito. Habla del árbol de la vida, pero los seres humanos ya murieron...
—Queremos alertar a... —intentó decir Pedro.
—Ya sé. El Códice T es importante, pero de nada servirá. El futuro será el mismo con o sin códice. La humanidad ya no tiene más forma...
—Aun así queremos el Códice T, será posible? —insistió Pedro.

El diablo hizo una señal al jorobado que dejó la sala, refunfuñando algo inaudible. Caminaba con dificultad, como si tuviese un peso sobre cada pierna. Tal vez sufriese de gota, pues se arrastraba como si tuviera patines en los pies.

Los amigos se quedaron a gusto, para poder saborear, entonces, el tequila. Chupaban el limón y se lamían el borde de la mano, donde quedaba la sal. Echaban otro trago de la bebida, y repetían el ritual. Los dos visitantes creían estar viviendo una pesadilla con los ojos abiertos. El autorretrato de Frida Khalo los miraba de soslayo, desconfiando, con el bigote que le crecía por las comisuras de la boca; en cuanto a la enana, chupaba su sorbete, manchando el vestido. Los simios de la tela se reían de la enana, que también tenía una joroba, y tal vez fuese hija del jorobado. El descompensado, al tiempo que abandonaba la sala, miró con cariño a la enana. Se cerraban sus pequeños ojos miopes. La cueva deforme de la boca se quedaba a medio sonreír, exhibiendo su interior, mientras que la mirada hacia fuera se volvía hacia dentro, como si estuviera mirando la punta de la nariz. Después, sus ojos se torcieron en el gesto habitual del estrábico.

Minutos después, regresó el homúnculo, balanceando el cuerpo deforme. Traía algo envuelto en hojas de palmera. *El diablo* abrió el paquete y allí estaba el códice. El comandante Nuno lo exhibió triunfante.

—*Gracias** Cagliosto. Aquí está. Debía dárselo a Hans, pues me salvó la vida. Si ustedes pueden, lleven el códice y entréguenselo a Hans.

No será preciso nada más. Él ya lo sabe. Nuestra comunicación no falla, es mejor que un teléfono móvil, pura telepatía.

—Está bien, comandante. Hans debes estar viajando hacia Teotihuacán...

—Ese viejo conoce las cosas. Está tras el Códice O, ¿no es cierto?

—Es cierto, comandante.

—Códice, códice... —repetía la enana, babeando el vestido verde.

Pedro y Juan se levantaron, tras haber bebido el último sorbo de tequila. Cagliosto sonreía exhibiendo sus encías desdentadas. Los dos querían salir deprisa de la buhardilla. *El diablo* se había vuelto loco. Le hubiera sido mejor haber muerto. Sin embargo, *El diablo* parecía feliz de verlos, y animaba la conversación. Pedro se sintió más envalentonado y preguntó qué eran aquellos gruñidos que venían del fondo de la casa.

---

* En español, en el original.

—Es Cagliosto. Le encanta matar lechones para dar de comer a Boneca.
—¿Quién es Boneca?
—Es esta pequeña criatura que toma el sorbete —indicó *El diablo.*
—Esa niña... aquella... —señaló Juan, desmañadamente.
—Esa misma, pero no es una niña. Tiene cuarenta años...
—¡Cuarenta! —exclamó Pedro—. Pero si parece...
—¿Una pobre niña? Apareció un día, aquí, en la puerta...
—¿Y ustedes la recogieron? —inquirió Juan.
—Fue Cagliosto. La acogió como si fuera una hija. Es muy cariñoso...
—Ha sido un placer verte, comandante, pero tenemos que irnos. *¡Hasta pronto!*
—*¡Hasta pronto*, Juan. *Hasta pronto,* Pedro.
Cagliosto los acompañó y con voz de soprano dijo un *¡adiós, amigos!*
—*¡Adiós!** —dijeron al unísono.
La buhardilla volvió a la normalidad, si eso fuera posible. A medida de que el sol se iba poniendo sobre el tejado, en la misma proporción iba decreciendo el alarido que venía del barrio noble, de la villa secreta. Se iba desvaneciendo el pregón de los vendedores ambulantes. Si hubiesen visto las expresiones de los dos mexicanos al dejar la buhardilla, verían que se trataba del mismo miedo que la mirada de la serpiente infunde en sus víctimas.
Tras la muerte de Alfonso, Nuno decidió cambiar de vida. Entonces encontró a Cagliosto tirado en la calle, enfermo. Nadie le echaba siquiera una mirada de compasión. Por pena, *El diablo* decidió ayudarle. Lo llevó a su casa y lo cuidó como si estuviese purgando un terrible castigo. Después de dos años, Cagliosto se puso bien. O, mejor dicho, se convirtió en aquello que ambos habían visto al

---

* En español, en el original.

abrir la puerta: un bizco con la espalda torcida. A pesar de eso, Cagliosto era buena persona. Después vino el turno de Boneca, encontrada en total abandono, comiendo los restos de las latas de basura. El comandante la recuperó. El nombre de la villa era secreto. Ni Juan ni Pedro fueron capaces de pronunciarlo jamás. Y nunca se supo por qué.

Por un mecanismo mental que quizá algún día pueda ser revelado, Nuno, el famoso *El diablo,* para purgar la muerte de su hermano, había decidido ayudar a todos los infelices abandonados en la calle. Se había refugiado en la villa secreta. Bien lejos de los lugares en los que sería reconocido, para iniciar una nueva vida. Si es que se podía llamar vida a lo que le sucedía. El Nuno de las guerrillas de Chiapas se había vuelto un ermitaño.

Después de la salida de Juan y Pedro, Cagliosto volvió a ocuparse del cerdo, arrancándole las vísceras, la parte que más le gustaba a Boneca, después del corazón. Nuno los miraba sin sentir nada. Había criado para sí un manicomio particular, en donde pudiesen vivir más locuras de las que ya habitaban en su mente. Pasaba por una catarsis concebida por él mismo. Nada podría hacer regresar al hemano querido. Esta era su loca amargura.

* * *

—En contra de lo que decía Sartre, hay personas que son su propio infierno —afirmaba Juan, al salir de la buhardilla—. Así que la frase debería ser «el infierno soy yo» o *L'enfer c'est moi* —como diría Sartre—, comentó.

—Es muy extraño ese jorobado —dijo Pedro— Resulta increíble cómo tenemos prejuicios. Si fuese un ser normal, tal vez ni hubiésemos reparado en él.

—Lo llamas por su anomalía, a pesar de que ya sabes su nombre, Cagliosto...

—Es verdad, Juan. ¡Qué nombre! Sin embargo, parece que estuviera hecho para él...

—También me lo parece a mí. ¿Y Boneca? ¡Qué matrimonio más perfecto!...
—¿Habrá querido impresionarnos *El diablo?*
—Seguramente. Para mí, *El diablo* murió allá, en Chichén Itzá...
—La gente no debía haberlo encontrado, habría sido mejor...
—Bueno, vámonos para casa. Si alguien nos pregunta, *El diablo* murió, ¿no es cierto?
—Cierto.

Los dos se pusieron en camino, llevando en sus mentes la certeza de que el comandante Nuno había muerto en lucha contra las fuerzas ocultas, allá en Chichén Itzá. Así demostraban su amistad al comandante. No estaban seguros de si *El diablo* se había burlado o no. Si lo supiesen, tal vez podrían suscitarse otras ideas.

* * *

En la buhardilla, *El diablo* se reía de la impresión que había causado a sus amigos. La vida, para Nuno, ya no tenía el menor sentido. La convivencia con los dos descompensados había traído más angustia por la pérdida del hermano; a medida que iba pasando el tiempo, crecía en la misma proporción su veneración y su martirio. Reflexionaba así:

«Los seres humanos moldean sus vidas en la lucha por la supervivencia. El ideal muere al primer obstáculo. Todavía somos animales. Si no comemos, perdemos la moral y nos quedamos sin fe, sin ética, sin nada.»

Cagliosto intentaba acordarse de su pasado. Su memoria era débil. A veces le venían atisbos, como si cayesen rayos sobre su cabeza deforme. En esas ocasiones, veía una catástrofe ferroviaria con muchos muertos. Una escena siempre recurrente. También había un rostro femenino bondadoso, que siempre le recordaba que debía hacer sus oraciones, al dormirse y al levantarse.

La otra cara que se le aparecía era severa y de hombre. Siempre le apuntaba con el dedo índice, condenándolo con rigor. Tales rostros eran nebulosos. Vistos como a través de un cristal ahumado. A pesar de eso, Cagliosto sonreía con el rostro bondadoso y sentía un gran temor hacia el rostro severo.

El diablo había intentado algunas veces arrancarle el pasado, con juegos de memoria. Pero Cagliosto nunca había conseguido acordarse muy bien de nada. Solo de los rostros que, de vez en cuando, comparecían también en sus devaneos. La faz bondadosa, en los sueños suaves; la faz severa, en sus pesadillas. Algo grave debió suceder en el pasado. Sin embargo, el jorobado no sabía precisar el qué. Y el comandante había desistido.

Cagliosto se sentía muy solo. La llegada de Boneca, con sus dientes desnudos, cambió su vida. El jorobado cuidaba de Boneca como si fuera su hija. Le limpiaba las manos y el vestido después de comer, y le había enseñado a rezar, como recomendaba el rostro bondadoso, que le advenía en los sueños dulces. *El diablo* había advertido grandes cambios en el homúnculo, después de la llegada de Boneca.

Los nombres de los dos descompensados habían sido puestos por el comandante. No había sabido cómo llamarlos, y ninguno de ellos conocía su propio nombre. A Boneca le gustaba el cerdo y el sorbete, por eso Nuno siempre iba al mercado a buscarle tales viandas. Ella, agradecida, se le colgaba del cuello y le daba dulces besos, mostrando sus caninos. En esas ocasiones, Cagliosto se moría de celos.

Todo había comenzado con el códice. *El diablo* había decidido dejar la región de Chiapas, en donde era demasiado conocido. Quería un sitio para esconderse del mundo y, tal vez, de la vida. Una herida había irrumpido en su pecho, tras la muerte de su hermano. Este hecho le había modificado la personalidad. Había abandonado la guerrilla, que había hecho de él una figura romántica, abrazando una vida monástica. No tenía la pretensión de crear un infierno en vida; pero, poco a poco, la vida se fue convirtiendo en un infierno. Así es cómo pensaba escapar de la vida.

Entonces se metió en aquella buhardilla, casi una fortaleza, de muros altos y portal grande que daba a la calle. El mismo delante del cual Juan y Pedro estuvieran estáticos, esperando que *El diablo* lo abriese; pero fue Cagliosto quien lo abrió para aquel mundo insólito. Nuno no quería ser encontrado. Hacía mucho tiempo que dejó de ser el gran *El diablo*. Ahora se convirtió en Nuno, el dueño de un mundo loco y sin norte.

Cuando ambos llamaron a la puerta, Nuno había decidido darles un susto. Sabía que se impresionarían con Cagliosto y Boneca. Así que dejó que la sala quedase a oscuras y preparó todo para que se sintiesen en un filme de terror. La tela de Frida Kahlo hizo el resto. No había sido intencionado. Los autorretratos de Frida Khalo siempre producían una magia aterradora en sus aficionados. Miraba ahora al cuadro. Frida era un ser curioso. Y sus bigotes crecían, a medida que los miraba.

Al final, el códice se había ido. El robo del *Codex T* lo dejó amargado. Quería a Hans, pero ahora una mente escéptica dominaba su ser. Se exilaba en el propio ser y cerraba el corazón. Hans sabía ahora el mal que le hizo cuando lo habían dejado vivo, superviviente al hermano amado. La vida se había transformado en un infierno mayor del que significaba la pérdida de Alfonso. Hasta la muerte sería un regalo. Acabarían las lágrimas. La única diversión que le había quedado eran los dos torpes seres que, si nada sabían de la vida, aún menos sabían de la muerte.

El misterio de los dioses americanos

8 de enero, siete horas de la mañana.
27, Luna de la Igualdad — kin 210 — Cachorro Lunar Blanco: «Polarizo con el fin de amar, estabilizando la lealtad, sello el proceso del corazón. Con el tono lunar del desafío, soy guiado por el poder del espíritu. Soy un portal galáctico, penétrame».

HANS MEDITABA mientras el omnibus seguía hacia Teotihuacán. La Ciudad de México la dejaba agotado. Allí había un nivel de ruido incomparable, además de una polución anormal, incluso para los patrones urbanos, como los de él.

«El códice O era importante», reflexionaba. «En él se encontraba el alineamiento estelar y planetario para el 2012. La profecía de Pacal Votan solo se iniciaría en ese año. Era el cero de una escalada dimensional y galáctica. Muchas cosas sucederían después.»

Le resultaba evidente: en el 2012 los hechos se darían a conocer, poco a poco. No había cómo poder huir de eso. No se trataba de una profecía fundamentada solamente en el esoterismo, ya que tenía base científica. El Sol cumpliría su ciclo, y a partir de aquella fecha bombardearía la Tierra.

Además, se cambiaría el eje del globo terrestre, cosa que siempre que había sucedido, en el remoto pasado, había producido cataclismos.

    El grupo viajaba alegre, a pesar de que sentían la falta de los que habían partido. Nadie se había enterado del encuentro de los mexicanos con Nuno, *El diablo* estaba vivo, en el caso de que estuviese vivo el ser que habitaba en la buhardilla con Cagliosto y Boneca. Nadie lo sabía, con excepción de Hans. El augur había captado el mensaje de Nuno. Lo sabía vivo, pero no tenía el menor deseo de verlo. La soledad lo había dejado amargado y anonadado. Hans lo tenía muy claro, por la forma como se enfrentaba a la vida. No quería que fuese, como sucedía ahora, un masoquista que empujaba la vida como si fuera un trasto. Eso lo entristecía. Amaba a Nuno como a un hijo. Era el hijo heroico que no había tenido. Frans era un buen hijo, pero muy conformista.

    El microbús se agitaba, lanzando a los pasajeros de un lado para otro, como si fueran fardos. Agustín se sentó al lado de Hans, sintiendo curiosidad por los nuevos enigmas de Teotihuacán. El gitano quería conocer principalmente los mitos de aquel pueblo, del cual se sabía muy poco hasta el presente. Animó, pues, la conversación con el augur que, pensando y dormitando, ansiaba llegar.

    —Hans, cuénteme cómo era el panteón teotihuacano.

    —Un panteón complicado. Un conjunto de dioses: el dios de la Tempestad, de la Lluvia, de la Astrología, del Cielo, de la Ciencia, del Comercio, de las relaciones externas y de los valores dinásticos; y una diosa sin nombre: la diosa de las Aguas, de la Geomancia, de la Tierra, de la Naturaleza, de la Agricultura, de las relaciones internas, de los valores colectivos. Luchaban entre sí y parecían un grupo de dioses que competían entre ellos.

    —¿Quiere decir que el panteón se dividía en algo así como el *yang* y el *yin* chino?

    —Sí, Agustín, pero observándolo bien, el dios masculino se relacionaba solo con el Cielo, al tiempo que la diosa solo con la Tierra. El dios es elitista, mientras que la diosa dirige los valores colectivos del pueblo.

—¿Dónde vamos a acampar, Hans? —cortó la conversación Eric, preocupado.

—Si es posible, dentro de la Ciudadela. Allí hay mucho sitio.

Maruska y Doreen miraban amorosamente a Agustín, pero él no se animaba a hacer una elección. Presionado por las lobas, pensaba en una forma de escabullirse. El amor le daba trabajo. Estaba prefiriendo el Eros platónico de la *Divina Comedia*. En la obra maestra de Dante Alighieri, el Eros platónico se alzaba, por intermedio de la Gracia, al plano de la redención y de la vida sobrenatural, y se transformaba en Ágape. Ahí el amor espiritual solamente nacía después de que moría el amor carnal, sin que uno se mantuviese en el otro. En Agustín, al contrario, el amor carnal por Maruska, por ejemplo, generaba el espiritual. Era una herejía, pero a él le gustaba.

Con Doreen se daba lo contrario: había una fusión de amor carnal y de amor espiritual, sin que se produjera una modificación del uno sobre el otro, o del uno en el otro. Ahí radicaba todo su problema. No se liberaba de la herejía centrada en el amor por la rusa, ni siquiera en el equilibrio inadecuado del amor sentido por Doreen, que se perdiera en Ágape. Sentía envidia del amor de los demás. En ellos no había toda esa confusión filosófica entre platonismo y cristianismo. Se amaban. Y eso les bastaba.

El autobús corcoveaba en dirección a Teotihuacán, en donde debería estar el códice. Eric y Camila dormían abrazados, al fondo del autobús. Linda y Olavo discutían sobre el pueblo que hubiera podido vivir en aquella ciudad. Sabían que las proporciones de su arquitectura no tenían dimensiones humanas. Eso debería aterrorizar a sus moradores. Deberían sentirse enpequeñecidos por la altura de las dos pirámides, y también por la enorme dimensión de la Avenida Norte-Sur, o Avenida de la Muerte.

Para los mexicanos, la avenida era la *Calle de los Muertos*. El nombre ya lo decía todo. Allí, los rituales de los sacrificios humanos llenaban las escalinatas de cadáveres y de sangre. No se sabía si el pueblo anónimo que la habitara había realizado, en su tiempo, sacrificos humanos. Los aztecas los habían hecho, con seguridad, al igual que los toltecas. Este, en especial, era un pueblo de ritos sanguinarios.

—Siempre hubo mucha confusión al respecto. La misma televisión mexicana, al mostrar escenas de las antiguas ciudades aztecas, se centra equivocadamente en Teotihuacán, que nunca fue azteca, sino perteneciente a una civilización mucho más antigua —explicaba Hans.

—¿Cómo es eso? —indagó el gitano.

—Lo que la televisión mexicana viene haciendo, es lo mismo que si mostrara al Imperio Romano con escenas de la Acrópolis griega. Eso solo sirve para confundir. Por eso muchos creen que Teotihuacán es azteca, pero existió millares de años antes...

—¿Y el dios de la Lluvia no es Tlaloc, el dios masculino del que hablaba usted...?

—Esa es otra confusión. Los antropólogos de principios del siglo XIX también se confundieron. Tlaloc es el dios de la Lluvia de los aztecas. Nada tiene que ver con el dios de las Tempestades de que hablábamos. De ese dios no se sabe el nombre. No se conoce la lengua de los teotihuacanos, ni siquiera el pueblo que vivió allí.

—¡Cuanta confusión! —exclamó Agustín.

—Todo porque los aztecas utilizaron los templos de Teotihuacán para sus rituales. Para tener una idea de esa ocupación, baste decir que el último rey azteca, Motecuhzoma Xocootzin venía a Teotihuacán cada veinte días para los rituales. Se encontraron esculturas aztecas cerca de la pirámide del Sol, dándonos la falsa idea de que se trataba de un relicario azteca.

El autobús entró en el estacionamiento de Teotihuacán. En el lugar solo se entraba a pie. Los integrantes del grupo comenzaron a retirar sus equipajes, sorprendidos por la dimensión de la Pirámide del Sol, que ya habían divisado de lejos. La ciudad, sin duda, era impresionante. Nadie quedaba indiferente ante ella. Tenía las dimensiones de una urbe planificada para gigantes. Delante de ella, todos empequeñecían, disminuidos ante sus dimensiones inconmensurables. Era bien diferente de Palenque, una ciudad sutil y sensible, hecha para que en ella se viviera en paz. Teotihuacán, muy al contrario, agobiaba al visitante, lo dejaba abatido y humillado. Este había sido el sentimiento del grupo, al verse delante de las pirámides del Sol y de la Luna.

Magistrales, pero apabullantes. ¿Qué pueblo habría vivido allí? ¿Qué tipo de gente había querido empequeñecer a sus propios ciudadanos con aquella abrumadora arquitectura. Este hecho ya los dejó angustiados, y hubieran abandonado la ciudad de inmediato si no hubiera sido por el códice.

Acampar allí, otro problema. Sería muy difícil salir de la tienda por la mañana, todavía desperezándose, y mirar toda aquella monumentalidad, sin llegar a sentirse abatido. Por eso resolvieron quedarse lo más lejos posible de las pirámides. La opción recayó sobre los llamados apartamentos compuestos, localizados en frente de la Ciudadela, en donde pensaban que se encontraría el códice.

Estos apartamentos eran otro enigma para los estudiosos de Teotihuacán. Desde que fueran encontrados, en el siglo XIX, hasta la década de 1950, tales estancias habían sido consideradas palacios. Por lo que se sabía de las cortes mayas, los apartamentos no parecían palacios. Aun cuando tuviesen grandes patios centrales con altares en el medio, templos situados en el zona central, orillados por portales, los alojamientos sugerían mucho más haber sido habitaciones de huéspedes para los invitados a los rituales o festejos.

Los murales pintados en la mayor parte de las paredes recordaban ciertos monumentos que todavía quedaban en todo el mundo, como los de las islas griegas de Cnosos y Minos, o de la Ciudad Prohibida de China. O, incluso, las ruinas romanas de Pompeya, en donde la rutina diaria de los romanos aún se encuentra vívida para ser presenciada por cualquier visitante.

Hasta mediados del siglo XX el término *palacios* fue utilizado para los apartamentos. Las excavaciones de Laurette Séjourné y de Sigvald Linné habían traído a la luz muchos elementos enterrados junto a los muertos, bajo el suelo, como vasos de cerámica, figurillas e incensarios. A pesar de ello, ambos siguieron considerando aquellas edificaciones como palacios, si bien no se encontró allí ninguna pieza de material noble.

La ausencia de piezas de lujo mostró así la incoherencia. Desde el siglo XIX se sabía que tal vez centenas o millares de máscaras de diversos tamaños y tipos diferentes de piedras habían sido cogidas de allí. Habían sido acreditas como piezas funerarias. Con la excepción de un fragmento frágil de una pequeña máscara encontrada por Linné, los palacios no contenían máscaras ni otros elementos de lujo.

—Además de eso —explicó Hans—, tales apartamentos eran los hogares de muchos residentes de Teotihuacan, que tenían familias de sesenta o cien miembros. Por eso, René Millon, un especialista, los redenominó como apartamentos compuestos...

—Muy bien, Hans, pero vamos a entrar en los apartamentos, puesto que parecen ser la mejor elección para acampar —dijo Maruska, guiñándole un ojo al gitano.

—Yo también los escojo —dijo Doreen, empujando a Agustín hacia la entrada.

Los demás se habían reído de la actitud de ambas. Parecían colegialas disputándose un novio. Camila y Linda todavía se acordaban de tales disputas en la universidad, cuando se enfrentaban por el mismo muchacho. Después de conseguirlo, lo despachaban. Solo valía la pena la pugna. El muchacho no entendía nada. Y las dos se reían de él, y de sí mismas.

La entrada de los apartamentos daba a un gran patio. Después, se entraba en un laberinto de estancias de diferentes dimensiones. La arquitectura, notable, mostraba diversas aberturas en el techo para la entrada de la luz. Los especialistas llamaban a los apartamentos, en los que había acampado el grupo, Zacuala. Había tantos apartamentos de aquel tipo que había sido preciso darles nombre a cada uno para identificarlos mejor. El grupo tenía ahora a su disposición una zona enorme. Y cada cual se agenció el espacio que mejor le convino.

Hans sentía la falta de Frans que, además de cargar con su mochila, le hacía los recados. Se dio cuenta de que Agustín había ocupado su lugar tan pronto habían partido. Le gustaba el gitano. Aunque, evidente, de una forma distinta a la de las dos lobas, que lo querían como un bocado, como un Ágape del *Banquete* de Platón. Advertía que el gitano había crecido mucho espiritualmente, después de que se aproximara a él. Admiraba su inteligencia y su perspicacia al traducir los códices. Agustín le devolvía la amistad con muchas gentilezas. El viejo augur amaba esos pequeños gestos. Lo que le amargaba era no saber con certeza en dónde se encontraba el Códice O.

Se sentía así por primera vez. Sabía que estaba en la ciudad, pero desconocía el paradero. Necesitaba de la ayuda de los brujos mayas, tal vez de un *Ahau Kin*, un Señor Solar, que le enviase al lugar preciso, en el que se hubiera escondido el códice. Por tanto, empezó a ayunar y a meditar profundamente. Quién sabe si, abriendo los chakras, se revelase su propia intuición. Lo mismo había sucedido en la quinta dimensión, cuando curó las heridas de *El diablo*.

En aquella ocasión había tenido contacto por primera vez con un *Ahau Kin*, de la Quinta Dimensión. No era necesario hablar. El Señor Solar lo sabía todo y le había adivinado el pensamiento, incluso antes de tenerlo. Necesitaba con urgencia un ser así, para que le orientara y pudiera descubrir el códice.

Los apartamentos compuestos eran un laberinto de salas, salitas, patios y portales. La entrada quedaba a la izquierda de quien mirase la estructura de frente. Después, al entrar, el visitante penetraba en una sala con una abertura en el techo. Por ella se obtenía fácilmente, tanto la luz solar como el agua de la lluvia, como en el *pluvium* de Pompeya, aquella pequeña piscina que recogía el agua de la lluvia. En Teotihuacán no había piscina, pero se podía recoger el agua de la lluvia si se colocaran vasijas allí. Todos los patios estaban al aire libre, y la ciudad, con una población calculada en doscientos mil habitantes, debía tener problemas de abastecimiento de agua.

Hans lo admiraba todo. Los teotihuacanos habían sido inteligentes. Habían vivido allí hacía millares de años. ¿Qué habría sido de ellos? ¿Adónde se habrían marchado cuando concluyó la civilización? ¿Por qué no habían dejado siquiera un idioma, una escritura?

El augur se complacía en desvelar misterios, pero allí no había quedado nada, a no ser los bellos murales, que demostraban su influencia sobre todos los antiguos pueblos de América. Teotihuacán, «El lugar en donde los dioses tocaron la Tierra», era, además de todo, un nombre poético para una ciudad.

—Si estableciésemos la dimensión de este pueblo por la escalera urbana de Teotihuacán, se podría decir que fueron gigantes...

—¿Qué sucede, Hans? ¿Está soñando? —preguntó Agustín.

—Estaba pensando en voz alta.

—¿Qué le está atormentando?

—El códice. No consigo intuir en dónde está, a pesar de sentirlo con casi total certeza en la Ciudadela. Mañana pediré permiso para que podamos ir a visitarla.

—Nosotros lo descubriremos, Hans. Es solo una cuestión de paciencia...

—Estoy percibiendo que esta noche vamos a saber algo, Agustín.

—¿Solo por la noche? ¿Por qué?

—Con certeza, no lo sé. Algo me dice que esta noche tendremos la respuesta...

—Si así fuera, no tardaremos mucho, porque ya son las cuatro de la tarde...

—Será mejor que nos demos una vuelta por las pirámides.

—Me gustaría subir a la pirámide del Sol, debe haber una hermosa vista desde allí...

Ya se iban los dos, cuando se aproximaron las dos lobas. Maruska con un vestido sensual, con un escote que exhibía la fresca exuberancia de sus pechos, y una falda que solo le cubría la parte superior de los gruesos muslos. Una sonrisa perversa le iluminaba el rostro. Encarnaba a su abuela Alióvna, en sus mejores días de la Mansión del Placer. Agustín recordó aquella noche iluminada por la luna. Había sido algo inolvidable. En aquella noche, solo ahora se daba cuenta, fue el ágape de un banquete pleno, preparado adrede por Maruska, con tintes salvajes. La rusa había sido primitiva, lo había cabalgado como una amazona en plena batalla.

Doreen se reservaba. Se había hecho la ingenua, con un vestido sencillo, sin escote, y falda hasta las rodillas. Parecía una colegiala recién salida del colegio, en el mismo instante en que su mirada se cruzaba con la del gitano. Había dejado de ser loba. Tenía el aire tímido de las mocitas púdicas, trenzas que le caían sobre el pecho, escondiendo los senos, de los cuales solo se vislumbraba el perfil. Agustín se había quedado indeciso, una vez más, entre el amor carnal y el amor espiritual. ¿Sería el amor un rito de paso? Pensaba en el amor femenino. ¿Sería que en el amor de las hembras que amaban y se hacían amar, el fuego de la pasión se conservaba sin apagarse jamás del todo? ¿Y si se apagaba? Sería que desaparecía la belleza física, en cuanto el corazón se enfriaba y cesaba la fuerza del espíritu?¿O es que todo no pasaba de ser una ilusión, un simulacro?

Se acordó de D. H. Lawrence: *Love is not a goal; it is only a travelling* (El amor no es una meta, solo es un viaje). ¿Sería que todavía seguía pensando en el sexo como algo sagrado, nacido de fuerzas primarias, como sucediera con Maruska? Si fuese así, la púdica Doreen, de trenzas ingenuas, no pasaba del simulacro de las mismas energías primarias, cuyo sexo era fuego que atraía, refulgía y quemaba como llama en la belleza de los cuerpos. No comprendiera el amor por las lobas, porque jamás había pensado en el amor como un rito de paso, como un tránsito, que tenía su origen en aquellas energías primarias del sexo.

—*La mujer que no es hembra en los fuegos del cuerpo, no le florece el alma en los ojos, y está seca en el corazón* —parafraseó a Rosalina, en *Cuerpo de baile*, de Guimara es Rosa.

La frase, dicha en voz alta, sorprendió a las dos lobas, e hizo reír al viejo Hans. Las rivales se habían dado cuenta de que Agustín, a pesar de sentirse confundido, ya pensaba en definir su ambigua situación de amar a las dos mujeres al mismo tiempo.

Hans lo dejó en esa entrega a cuestiones amorosas, y salió hacia la Avenida de la Muerte, la arteria central de la ciudad, que lo llevaría directamente a las pirámides.

Agustín tenía que pagar tributos: a Maruska por su sensualidad latente, pero que siempre le había llevado en dirección a Doreen, de quien rememoraba el encanto suprasensible, oriundo de otra forma de belleza, más elevada y más pura. De cierta manera, las cabalgadas sensuales de Maruska lo conducían en dirección a la pureza de Doreen. Por eso, cuando pensaba en una de ellas, enseguida llegaba el recuerdo de la otra, como si fueran xipófagas en el sexo y en la espiritualidad.

—¿Qué sucede, gitano? Ya escogiste a tu preferida? —presionó Doreen, tímida.

—Todavía, no. Es muy difícil. Vosotras dos sois como una sola para mí...

—No creo que nos veas como una sola, somos diferentes —comentó Maruska, pasándose la lengua sensual por los labios secos.

—Tal vez tengamos que resolver eso esta noche, cuando se sepa también en dónde está el códice —dijo Agustín, intentando cambiar de asunto.

—Esta noche, ¿cuándo? Ya anochece... casi —insistió Doreen.

—¿Quién dice que el códice será...?

—Hans, que acaba de salir para buscar inspiración...

—Estás bromeando, Agustín, ¿no es así? —indagó Maruska, sensual.

—No, no lo estoy. Espero resolver todo esta noche. Se abrió un portal y...

—¿Te estás refiriendo a nosotras o al códice? —preguntó Doreen.

—De todo un poco —admitió el gitano, dubitativo.

—De aquí a cuatro días habrá luna llena... —suspiró Maruska, enigmática.

—Tal vez debiéramos esperar hasta entonces... —dijo cínico, el gitano.

—¿Estás pensando en lo que estoy pensando, Agustín? —quiso saber Doreen.

—No sé. ¿En qué piensas tú?

—Exactamente en aquello... —enfatizó Maruska, lúbrica.

—No creo que quieras eliminar tus dudas en la... en la... cama...

—¿Por qué no? ¿No fue allí donde empezó todo? Quien mejor cabalgue que se lleve la prenda... —propuso Maruska.

—¡No lo puedo creer! —se rebeló Doreen—. ¡Qué cinismo! No sé si me voy a prestar...

—¡Claro que te prestarás! —cortó Maruska

¡Cómo! Yo no me presto a ese papel de... de... concubina.

—¿Por qué no? Si desistes...

—Escucha, Maruska, nosotras acordamos que...

—Pero ya es agua pasada, Doreen. Estamos en un torneo. ¿Vas a dejarlo?

—No. Quiero decir que no sé... este juego está yendo demasiado lejos...

—Bien, cuando os pongáis de acuerdo, estaré en el apartamento, al lado del patio principal, frente al templo. Si tuvierais alguna duda, podéis buscarme...

Las dos lobas se quedaron divididas. Doreen había ensayado tanto el papel de púdica que se acabó revistiendo de una falsa ingenuidad; mientras que Maruska había asumido su lado más primitivo, más salvaje. Agustín había conseguido dividirlas. Ya no eran las hermanas xipófagas del deseo. Se habían convertido en rivales en plena lucha. Al mismo tiempo, había conseguido invertir su situación, pasando de ser presa a ser cazador.

Las lobas se encontraban a merced de un torneo, en el cual serían escogidas por el macho, según la mejor actuación. Por eso habían discutido durante unos instantes, en cuanto el gitano dejó la escena, ganándose los aplausos de Eric y de Olavo que lo habían visto y oído todo desde detrás de una columna. Los tres se habían reído de la situación, y se fueron tras Hans, que ya estaba lejos. Los tres apretaron el paso para alcanzarlo.

De repente, como si se tratase de una ilusión óptica, Hans había desaparecido. En ese instante, los tres escucharon el canto agudo de *Etznab*. Lo buscaron, pero no había señal de él en el cielo azul. El sol moría entre las colinas, a lo lejos, tiñendo las nubes de un rojo vívido, el mismo color que tenía el quetzal en su pequeño pecho. Agustín consideraba a *Etznab* como el espíritu de Pacal Votan, que había regresado a la Tierra para que se cumpliera su profecía para el 2012.

20 ≡

El Cráneo de Cristal de Shatritra

12 de enero, seis horas de la tarde.
3. Luna Mono Resonante — kin 214 —
Mago Rítmico Blanco: «Organizo con el fin de encantar; equilibrando la receptividad, sello la salida de la atemporalidad; con el tono rítmico de la igualdad, soy guiado por mi propio poder duplicado».

Hacía cuatro días que había desaparecido Hans. Desapareció por encanto. Nadie había vuelto a saber de él. Los demás hombres del grupo habían decidido conocer mejor la ciudad. Ya habían subido a la pirámide del Sol y de la Luna un sinnúmero de veces, cuando Agustín comenzó a pensar sobre aquellos templos antiguos.

—Los nombres son aztecas. Hans me dijo que nadie sabe con certeza cómo se llamaban las pirámides del Sol y de la Luna, ni cuáles eran las divinidades que se adoraban en ellas. Por todas partes hay glifos aztecas. Leí que los restauradores descubrieron, en 1968, una caverna y un túnel debajo de la pirámide...

—Espere. ¿Podemos ver esa caverna? —preguntó Eric, en trance.

—¿Por qué no? Vamos hasta allí —dijo Agustín, percibiendo el *insight* de Eric.

—No sé. Tengo malos presentimientos —enfatizó Olavo.

Los tres se dirigieron a la entrada de la cueva, mientras Agustín iba contando la historia de Teotihuacán.

—La caverna había sido cerrada hacia el 200 o el 400 a. de C., tal vez por miedo de un colapso o de un terremoto, o de una erupción volcánica, seguida de temblor de tierra. Nada había de interés dentro de ella. Solo pedazos de espejos, en el llamado estilo Veracruz, evidencias de hogueras y un manantial de agua. La simple existencia de la caverna, sin embargo, demostraba que la Pirámide del Sol había sido construida encima de un sitio sagrado para aquella civilización desconocida, fuese la que fuese.

—¿Existirá solo esta caverna? —preguntó Eric, ante la puerta de entrada.

—Muchas. Hay muchas cavernas, ahora me acuerdo. Los libros dicen que toda la zona de Teotihuacán está llena de cuevas y túneles. Creo que fue Linda Manzanilla la exploradora de esta zona. Estaba equipada con sensores a distancia, y descubrió muchas cavernas. Eso fue en la década de 1980...

—Si Hans entró en una de estas cavernas, no lo encontraremos jamás —exclamó Olavo, indeciso

—No sea pesimista, Olavo —dijo Eric.

—Esta caverna, debajo de la Pirámide del Sol, tiene bifurcaciones, vamos a entrar. ¿Tiene alguien una linterna? —preguntó el gitano.

—Yo tengo una, pero es pequeña —informó Eric.

—Muy bien. Ya es algo. Voy a ver si puedo hacer un hachón con ramas...

Los tres se adentraron en la caverna. Habían caminado cerca de un kilómetro y solo se detuvieron cuando vieron glifos, probablemente aztecas. Agustín, los iluminó con la antorcha. Eran tres figuras: dos de ellas eran dibujos de pirámides escalonadas, la otra era muy extraña: un rostro humano, dibujado claramente en la parte inferior, pero que en la superior mostraba forma de ameba.

—Los símbolos nos indican que este túnel nos debe llevar a dos templos y a otra caverna, más adelante. ¿Qué hacemos? Sugiero que cada uno sigamos por una vía...
—Es peligroso que nos separemos... —aconsejó Olavo, reticente.
—Vamos a votar —propuso Eric.
Olavo perdió. A sí que cada uno siguió uno de los senderos. Sus relojes tenían buena hora: eran las siete en punto. Después de la exploración, el encuentro se produciría en la puerta de la Pirámide del Sol, a las nueve, como máximo. Si llegaban a un punto sin salida, deberían dar la vuelta rápido hacia el punto establecido, la puerta principal de la pirámide.

* * *

En la buhardilla, *El diablo* decidió llevar a pasear a Boneca y a Cagliosto. Siempre que sucedía eso, había discusión. A Nuno no le gustaba amonestar a los descompensados. Cagliosto se mostraba extraño. La discusión era a causa de un lechón. Cagliosto quería llevarlo en la excursión, y porfiaba en subirlo a la camioneta.
—No se llevan cerdos en viaje de recreo... ¡aparta ese cerdo!
—*Yes, sir* —respondía el jorobado, con acento francés.
—¡Ahora te da por hablar inglés! ¡Maldita televisión! —decía *El diablo*, irritado.
—*Yes, sir, just a moment...* —continuaba Cagliosto, como si no hubiese oído.
—¡No hables inglés, Cagliosto! Di señor, cuando hables conmigo.
—*Yes, sir* —insistía Cagliosto, como un mayordomo inglés.
Incluso a Boneca no le gustaba aquella versión inglesa de Cagliosto. Era *miss Doll* por aquí y *miss Doll* por allí. El jorobado se pasaba horas delante de la televisión,

viendo películas norteamericanas e inglesas. De estos últimos había copiado el aire pedante de los antiguos mayordomos; de los estadounidenses, el aire *blasé* de Humphrey Bogart en *Casablanca*, su película predilecta. Mientras tanto, hacía exhibiciones de acento francés a lo Claude Rains en el filme. Por eso arrastraba las erres, como hacen los frances cuando hablan inglés.

Caso extraño era la reacción de Boneca. En cuanto se manchaba de babas el vestido verde con el sorbete, miraba de soslayo a Cagliosto. Jamás había escuchado aquella lengua, ya que no veía televisión, viviendo ensimismada en un mundo solo de ella. A veces, para agradar a Cagliosto, le repetía las últimas frases:

—*Yes, Sir... just a moment...*

El comandante Nuno, airado, había decidido subir al camión, en cuanto el falso mayordomo inglés puso las maletas en el pescante, incluyendo al lechón que, asustado, no paraba de gruñir. No sabían adonde irían a parar. Nuno no había dicho nada. Si lo hubiese dicho, tal vez iniciasen otra pendencia. Así pues, había mantenido en secreto el rumbo que tomarían. Cagliosto, consciente de la gran responsabilidad de un criado inglés, había dado las últimas órdenes de la expedición, imitando a un jefe de estación de cine norteamericano:

—*¡On board!*

—*¡On board!* —repitió Boneca, con pésimo acento.

* * *

En los apartamentos compuestos solo quedaban las mujeres. Maruska y Doreen amohinadas, silenciosas, arreglando su ropa, intentaban olvidar la insatisfacción que emanaba de ellas. Doreen, mustia por el torneo, mascullaba algo oscuro entre dientes, y dirigido a Maruska.

La rusa no decía nada. Sonreía por la situación creada por Agustín. Era una ocasión de tenerlo solo para ella, en definitiva. El torneo era su gran oportunidad. Eran lobas, mujeres que mantenían un *self* salvaje. Guardianas de la fertilidad y de la naturaleza primordial. Además del secreto del arquetipo de la hembra salvaje, que en Teotihuacán había surgido más intensamente.

Agustín no comprendiera nada. Ante estos tipos salvajes, como eran ambas, era como estar delante de seres distintos: uno exterior y otro interior. Uno habitando un mundo terrenal, y el otro viviendo en un mundo invisible. El ser exterior podía ser visto con facilidad. La criatura interior, al llegar a la superficie, procedía de un lugar lejano y profundo. Con frecuencia aparecía y desaparecía con mucha rapidez, a pesar de dejar rastros: la sagacidad y la originalidad de sus actos.

—Platón no entendía a las mujeres —dijo Doreen, citando *El Banquete*.

—¿Quién? —preguntó Maruska, perpleja.

—Platón. Nosotras somos dos bobas, eso es lo que somos...

—¿Por qué?

—Porque Platón no sabía de la dualidad femenina, de las mujeres-lobas...

—No entiendo.

—Agustín está pensando en nosotras solo como una cosa, cuando somos duales y, por consiguiente, sumamos cuatro...

—¿De qué estás hablando, Doreen?

—De lo que nos estamos conteniendo para coger al gitano...

—No te entiendo.... ¿Por qué Platón y mujeres-lobas?

—El amor, Maruska... el amor... *El Banquete* de Platón... las lobas...

—¡Entiendo! ¿Quieres decir que caímos en la trampa?

—¡Exactamente!

—¿Estás hablando de la paradoja de la naturaleza gemela de las mujeres?

—Sí. Él nos sitúa en el medio. No se da cuenta del lado oscuro de la feminidad...

En aquel momento, una luz fuerte se apoderó de los apartamentos. Todo se iluminó de repente. No se distinguía de dónde venía tanta luz. Todas las mujeres corrieron al patio, incluyendo a Camila y Linda. La claridad era un resplandor fulgente, de brillo jamás visto. Tenía un poder de atracción hipnótica. El fulgor clareó el patio más que la luna llena, que allá en lo alto ya reinaba. Dentro de la intensa luz, surgió la figura de una mujer de cabellos negros y de blanca piel. Era alta y delgada. Las manos se elevaban en una oración silenciosa.

—Mi nombre es *Shatritra* —dijo la voz embrujada—. En tiempos remotos fui gran sacerdotisa en la Atlántida. No tengáis miedo, aproximaos. Os traigo la paz y los vaticinios para el nuevo milenio. Vengo en nombre de los Seres de Oro y de los Nueve Señores del Tiempo, y del Consejo de los Veintiséis. No temáis...

Las cuatro perplejas mujeres no sabían si soñaban o si lo que veían era una alucinación colectiva. Maruska y Doreen se abrazaron, mudas. Linda y Camila se apretaron las manos, sin saber cómo había surgido aquella mujer bella y delicada, de voz aterciopelada, sensual, profunda y suave. Los gestos se deslizaban en el aire, apaciguando y dibujando gentilezas en hipotéticos trazos invisibles, pero blandos.

—¿*Shatritra*? —preguntaron las dos lobas, casi al unísono.

—Sí, traigo un cráneo de cristal maya para que descifréis el códice O, el Códice de la Conciencia Despierta. ¿Queréis saber dónde se encuentra el doctor Hans?

—Sí, Sha-tri-tra... —tartamudeó Maruska, sin saber cómo dirigirse a ella.

—Hans está en la Quinta Dimensión, con los Seres de Oro...

—¿Seres de Oro? ¿Quiénes son? —quiso saber Doreen.

—Hans os lo dirá. Quiero hablar con vosotras, antes de que lleguen los hombres...

—Puedes hablarnos, *Shatritra* —enfatizó Maruska, tomándose confianzas.

La Tierra sigue en dirección al Espectro de la Luz Azul, femenina, y se aparta cada vez más de la antigua energía solar masculina de los espectros Rojo y Amarillo; después, la Tierra se transformará en una Población del Sistema II y, por consiguiente, estará rodeada por la frecuencia ultravioleta más alta, un tipo femenino de energía. Así pues, las mujeres aquí presentes son de importancia vital para que la Tierra se eleve a la Nueva Conciencia y al Nuevo Tiempo...

En ese preciso momento los hombres se acercaban cansados, después de horas perdidas en busca de Hans. *Shatritra* los miró al fondo de sus ojos. Quería saber si estaban preparados para los acontecimientos futuros. Agustín, en noche de luna llena, le admiraba sus formas femeninas. Era linda. A su lado, Maruska, le pellizcó. *Shatritra* esperó a que se calmasen.

—Sé que todos estáis deseando ver un códice escrito, pero no todas las profecías dejadas por los mayas fueron escritas. Muchas solo serán reveladas por el Cráneo de Cristal, que les fue dado a los mayas por mi civilización —la Atlántida—, después del cataclismo. Apenas soy un holograma proyectado por el Cráneo de Cristal. Hans tiene el cráneo. Antes de irme, dejaré este mensaje de paz y armonía **Om Mani Pad-Me Hum.** Pronto estarán en la Tierra los Nueve Señores del Tiempo, para ayudaros en la etapa final del paso del mundo oscuro y de la tercera dimensión, en donde os encontráis, hacia otro más luminoso, en la Cuarta Dimensión. El doctor Hans ya está en camino, debo irme. Mi función era la de introduciros en las dimensiones más altas. Os dejo la luz que viene de la Fuente...

El viejo augur surgió de la nada, tal como había desaparecido. Ya iban los tres a pedirle una explicación por su desaparición, pero Hans había llegado tan iluminado que se habían calmado. Surgieron preguntas a montones. Querían saber cuál era la participación de la sacerdotisa *Shatritra* y de la Atlántida en la civilización maya. Su aparición se había producido a plena luz y era de paz; además nada sabían de la bella mujer, fuese un holograma o no. Solo entonces repararon en que Hans traía el cráneo de Cristal.

—*To be or not to be, that is the question* —susurró Agustín, bromeando.

—No se ría, Agustín. Estamos delante de un ordenador de los más sensibles que se hayan construido por seres galácticos. Este no es ninguno de los cráneos ya descubiertos; es el de *Shatritra,* la sacerdotisa que acaba de saludarles.

—Discúlpeme, Hans, pero usted parecía Hamlet, en el famoso monólogo de Shakespeare...

—¿Cómo? ¿El cráneo de cristal de una persona muerta? —preguntó Eric.

—Es difícil creerlo. Este cráneo de Shatritra fue morfocristalizado por siete sacerdotes de la Atlántida. El proceso es la transformación morfocristalina. Ella murió durante uno de los últimos terremotos de la Atlántida. Este cráneo ya estuvo en uno de los Trece Templos de Curación de la Atlántida.

—¿Había trece templos como en Teotihuacán? —preguntó Agustín.

—Sí. Este es el secreto de todas las religiones de las civilizaciones de América y de Mesoamérica: las trece dimensiones superiores, y las nueve del centro de la Tierra, que los mayas llamaban Xibalba.

—¿Y qué son esos cráneos de cristal? ¿Hay muchos? —preguntó Linda.

—Hay trece cráneos. Originalmente estuvieron en trece templos de curación de la Atlántida. Actualmente se encuentran en cuevas de Potala, en Lhasa, en el Tíbet. Los cráneos son ordenadores activos para ayudar en la curación planetaria, trabajando en conjunto como una central de frecuencia, que también se encuentra en aquel lugar, en comunión con los Doce Campos Cristalinos de luz que rodean la Tierra. Fueron traídos por diversas razas galácticas, como las de los habitantes de las Pléyades, que los dejaran en la Atlántida. Este cráneo, por ejemplo, fue traído al templo atlante de curación de Muror, en la región de Bimini. La noche ya está avanzada y necesitamos descansar. Mañana iremos a consultar el cráneo de *Shatritra*. Hay nuevas revelaciones, y la profecía, a lo que se ve, se cumplirá a partir del 2012. Hay mucha gente trabajando para que no nos suceda un apocalipsis.

Todos se fueron a dormir. Las dos lobas cercaron a Agustín, que en noche de luna llena se hacía imposible, especialmente cuando la rotunda imagen de *Selene* ya estaba alta y plena. Las lobas conocían bien la transformación que se daba en él. Y se encontraban dominadas por una sensación insólita, después de que la bella sacerdotisa atlante les diera aquel mensaje de paz todavía no traducido. Todos miraron al gitano, el traductor, pero Agustín tampoco lo había entendido.

La zona de los apartamentos era tan grande que se podía vivir en la parte este sin saber quién vivía en la del oeste. Por eso mismo, las lobas se habían cambiado, de común acuerdo, hacia un apartamento más próximo al del gitano. Querían estar cerca del objeto de sus deseos. La crisis platónica había pasado tan pronto como Hans concluyera la noche, y la luna apareciera en toda su plenitud.

El amor, para las dos mujeres lobas, tenía muchas facetas y tantas fases como tenía la Luna. Habían decidido seguir en el torneo, pero con reglas propias. Ya no más esclavas de aquel deseo no común que les rompiera el corazón en pedazos, como hicieran en su tiempo los índigenas en sus sacrificios humanos.

Noche avanzada, las dos lobas, penetraron en el cuarto de Agustín, que leía algo en sánscrito, intentando traducir la frase de *Shatritra*. Se le había quedado grabada en la mente como un tatuaje, la frase: *On mani pad-me hum*. Sabía que tenía una gran fuerza, un poder energético paranormal. El sánscrito era un idioma sacral, desarrollado a partir de la instauración del sonido, en el cual las palabras se escribían de acuerdo con la vibración provocada por el sonido en el cuerpo humano y, en consecuencia, en el espíritu.

Las lobas, con ropas mínimas, se metieron debajo de las colchas, en donde el gitano leía a la luz de una linterna. Allí no había la menor comodidad urbana. La sorpresa había suscitado embarazo en él, pues tenía el príapo erecto y no podía dejar la cama sin que sintiese una gran constricción. Así que se había quedado estático y en un estado de conmoción.

Las lobas gozosas lo tomaron por asalto y disfrutaron de él como si tan solo fuera un oscuro objeto del deseo. ¡Que se fastidiase Platón! ¡Viva el amor total!, gritaban.

Como amazonas en plena batalla, ambas disfrutaban de la única montería que estaba dispuesta allí, en sistema alternativo. Durante toda la noche usaron y abusaron de aquel falo erecto, alargado y duro, hasta que se hartaron; mientras tanto, el miembro se movía en breves contracciones, dejándolas todavía más ardientes y deseosas, y cayendo ambas, después del acto, al lado de la montura, exhaustas por el esfuerzo de amar hasta la última gota.

La pretensión de ambas era eludir el reino del macho, transfiriendo para ellas mismas el gozo de toda su potestad. Después, lánguidas y satisfechas, se reían del obelisco del gitano, que todavía permanecía en pie después de tantas cabalgadas. Y susurraban, en medio de los aullidos de lobas, que su príapo oblongo era la mayor atracción de toda aquella zona de ocio en que se había convertido.

Extenuadas, pero todavía en éxtasis, doblaron sus cabezas, cada una en un hombro de Agustín, sin decir palabra, tal como habían planeado. Solo quedaba una pregunta: ¿cuál sería la escogida?

* * *

21 = ≡

El códice de la conciencia cósmica

13 de enero, 7 horas de la mañana.
4. Luna Mono Resonante — kin 215 —
Águila Resonante Azul: «Canalizo con el
fin de crear. Inspirando la mente, sello la
salida de la visión. Con el tono resonante
de la armonización, soy guiado por el po-
der de la realización».

ANTES DE DORMIR, el día anterior, Hans había avisado a todos que la reunión, después del desayuno, sería en el Templo de la Serpiente Emplumada. El augur se dirigió al altar improvisado y allí depositó el Cráneo de Cristal, explicando cómo sería revelado el Códice O de la Conciencia Cósmica.

—El cráneo está codificado con energías femeninas, funciones específicas de la Luz y del Saber de los Miembros de la Evolución Superior. Los Trece Cráneos de Cristal simbolizan los Trece Templos de Curación de la Atlántida, las Trece Tribus del interior de la Tierra, y los trece números y los veinte símbolos del Calendario Sagrado maya, el *Tzolkin* de 260 días...

—Este Cráneo de Cristal es el que fue encontrado en Lubaantun —dijo una potente voz.

—¡Comandante Nuno! —exclamó Hans, desconcertado.
—He venido a ayudar en el descifrado del Códice de la Conciencia Cósmica.

Atónitos por la interrupción, nadie conocía allí las locuras de Nuno. Hans nunca les había hablado del caos mental en que había encontrado al héroe de las guerrillas de Chiapas. No era hora de presentaciones. El códice estaba preparado para ser revelado.

Hans se había quedado feliz al ver a Nuno. Este había cambiado de opinión. Había venido en su auxilio para descodificar el códice y conocer el futuro de la Humanidad, a partir del 2012, cuando terminara el ciclo de 5.125 años de los mayas, y se anunciara un nuevo ciclo.

—¿El cráneo de *Shatritra* es el mismo hallado en Lubaantun? —preguntó Olavo.

—Exactamente. El mismo descubierto por la niña Anna entre las ruinas de un templo de la ciudad. Los atlantes lo habían traído al Yucatán, después de haber estado algún tiempo sumergido, cuando el cataclismo. Este cráneo no es de los fundamentales para equilibrar el planeta, por eso no está en el Tíbet...

—¿Por qué no es fundamental? —quiso saber Doreen, mirando al gitano.

—Había tres procesos de cristalización de los cráneos. Los atlantes utilizaban las tecnologías de la Luz, del Cristal y del Pensamiento. Las tecnologías del Pensamiento estaban unidas a las del Cristal mediante el método de producción llamado Morfocristalino. Las ciencias morfocristalinas poseían tres métodos. El primero se llamaba Generación Morfocristalina, en el que el sacerdote visualizaba la matriz molecular del mineral, y proyectaba en él, holográficamente, sus energías mentales para producir un cristal, llamado Cristal-Pensamiento. Es el proceso auténtico de las ciencias morfocristalinas. Los trece Cráneos de Cristal del Tíbet fueron hechos así. El otro método —la transformación morfocristalina— era una proyección holográfica de energías mentales hacia el interior de una matriz orgánica o estructura viva (o anteriormente viva), utilizando una matriz orgánica como bloque de construcción para realizar la transformación, como es el caso de ese cráneo que tenemos en nuestra frente. Los atlantes disponían de tecnología para cristalizar cráneos de personas, árboles, plantas y cualquier materia orgánica. Finalmente, el método de la Licuefacción Morfocristalina consistía en que los cristales eran transformados en líquido, proceso que los alquimistas también realizaron en la Edad Media...

Hans se había quedado sorprendido con los conocimientos de *El diablo*. Silencio total. A lo lejos, *Etznab* cantó, saludando a Nuno. El maya del tiempo nuevo sabía muy bien lo que quería decir aquel canto. Su salud mental se había normalizado. A su lado, Cagliosto y Boneca se torcían las manos, nerviosos al ver tanta gente en derredor; ambos estaban hipnotizados por el cráneo, que en aquel instante vibraba más fuerte y reflejaba la luz de la linterna de Hans. De repente, la imagen de la Serpiente Emplumada surgió de la cabeza del cráneo.

—¿Cómo vamos a activar el cráneo de *Shatritra*? —preguntó Maruska.

—Calma —pidió Hans—. Comandante, ¿le gustaría participar del ritual? Veo que se convirtió en un augur... venga, por favor, al altar...

—Estoy poseído por el espíritu de mis antepasados... tal vez Pacal Votan esté muy próximo. ¿Oyeron el canto del quetzal?

Casi nadie lo había oído, a no ser Hans, Agustín y Eric, además del propio *El diablo*. Los demás se quedaron sin saber qué decir. Hans los consoló:

—Es pronto para oír algo de la otra dimensión. Estamos haciendo nuestro aprendizaje. Hay que tener paciencia...

—Recuerdo que para que activemos el cráneo es necesario que tengamos nociones de yoga. Por el movimiento de las manos —mudras— conseguiremos la vibración necesaria, pero será necesaria la presencia de una de

las señoritas para activarlo. La luz que emana de él tiene los colores azul y ultravioleta, y su vibración mantiene las frecuencias del ADN de *Shatritra*, por consiguiente...
—esperó, reticente, *El diablo*.

Las mujeres rodearon el cráneo. Las imágenes vistas diferían mucho. Camila vio moverse en el espacio un Arca de Luz. Maruska, las ruinas de la Atlántida en Bimini. Doreen, la arquitectura del templo de Muror. Linda, la Serpiente Emplumada.

Linda fue la escogida. Las otras fueron invitadas a acercarse al cráneo, y de este modo formaron una corriente. Linda había sido la única y la mayor de las diosas del panteón de Mesoamérica, la Serpiente Emplumada. Por eso había sido la elegida.

Hans le enseñó las posturas de las manos. Si quería recibir informaciones, tendría que colocar la palma de la mano hacia abajo, sobre los temporales del cráneo; si pretendía pasar información, debería poner la palma de la mano vuelta hacia arriba, sobre la parte superior del cráneo.

—¿Qué hago ahora? —preguntó Linda, ansiosa.

—No tenga miedo —dijo *El diablo*—. Diga las palabras del mantra de *Shatritra*.

—¿Cómo eran?

—*Om Mani Pad-Me Hum* —informó Agustín.

—¿Y qué quieren decir?

—*Gloria a la Joya que existe en el Loto* —tradujo Agustín.

—*Om Mani Pad-Me Hum* —dijo Linda, asustada.

El cráneo vibró fuertemente. El aroma del incienso impregnó el espacio. Fusión de aromas y profusión de colores y sonidos de campanas llenaron el templo. Todos confusos, menos Boneca y Cagliosto. Este revivía *El año pasado en Marienbad*, de Alan Resnais, en la cual había fusión de tiempos, como sucedía en su confusa memoria.

Boneca continuaba ensimismada en su mundo propio. Cagliosto había escuchado al quetzal, pero no le había prestado la menor atención. Pensó que se trataba de un pájaro vulgar. En el momento había mirado al cielo, en busca del ave. No había visto nada, a no ser unas nubes negras, evidente señal de lluvia.

El Cráneo de Cristal vibraba en una frecuencia cada vez más alta, asombrando a los que estaban más cerca. Hans le había pedido a Linda que preguntase sobre el futuro.

—¿Cuándo tendremos las transformaciones planetarias para el próximo ciclo?

El cráneo de Shatritra vibró más fuerte y, telepáticamente, respondió:

Dependen de las transformaciones de la conciencia. El Codex O que aquí me fue inscrito habla del baktun 13, la medida maya para el final de ese ciclo, el cual se dará, en el calendario que usan, en el 21 de diciembre de 2012. Este será el inicio de un cambio en este planeta oscuro en la superficie, pero de mucha luz en su interior, en donde está el cristal de la Tierra. Dependerá de cómo los seres de la Tierra vayan a subir por el Kuxam Suum. Los mayas lo llamaban Camino hacia el Cielo que lleva al Cordón Umbilical del Universo. Esta es la red de energía en espiral que conecta la Tierra con las dimensiones de Luz en la constelación de Orión.

—¿Cómo vineron a parar los Cráneos aquí, a la Tierra?

Fueron traídos por razas galácticas, como los seres de las Pléyades, en el tiempo de la Atlántida. Estos son los verdaderos Cráneos de Cristal, llevados al Tíbet por los atlantes. Pueden viajar a través de varias dimensiones, pues son etéreos. Este, a través del cual hablo, es una copia hecha para sustituir a aquellos, cuando se produjo el cataclismo atlante. El Tíbet e India son las principales zonas de educación espiritual para el Hemisferio Oriental. Un reino subterráneo se encuentra localizado bajo el Tíbet, en un valle secreto llamado Coda. En este momento los cráneos del Tíbet se están yendo hacia América del Norte, en donde hay una mayor convergencia armónica.

—¿Cómo se dará la evolución hacia la Cuarta y la Quinta dimensiones?

La Evolución Planetaria y la Inteligencia de la Tierra escalarán el Kuxam Suum, mediante la introducción de tecnologías del Cristal y de la Luz, pues la Tierra se mueve cada vez más hacia el corazón de la Galaxia o Hunabku. Los Doce Campos Cristalinos que rodean la Tierra se encuentran ahora en el proceso de cambio hacia la Cuarta y la Quinta Frecuencias dimensionales. Todo el Sistema Solar se desvía en dirección hacia los espectros de Luz Azul y Ultravioleta. Se puede decir que la Tierra estará pasando de un Sistema I hacia un Sistema II.

—¿Somos también nosotros capaces de cristalizar un cráneo?

Todo está creado por la Forma-Pensamiento. Una persona produce millares de Formas-Pensamiento cada día, pero apenas puede verlas. Las Formas-Pensamiento se apegan a las personas y pueden causar problemas, si no se tiene cuidado. Siete sacerdotes proyectaron sus energías mentales hacia el interior de este Cráneo de Cristal, cuando la sacerdotisa Shatritra ya había muerto, utilizando, de ese modo, la matriz orgánica existente en él.

La sacerdotisa tenía un cráneo normal; lo que hicieron fue transformar la estructura molecular que ya estaba allí. Este cráneo sustituyó a uno de los trece enviados al Tíbet. Es un cráneo hecho por la Transformación Morfocristalina.

Los trece cráneos del Tíbet fueron creados por el método genuino, o de la Generación Morfocristalina. Se trata de una mutación directa: las energías mentales son proyectadas hacia el éter, produciendo la formación de un Cristal-Pensamiento. De este modo, la persona puede visualizar la Forma-Pensamiento en su conciencia, y proyectar sus energías mentales hacia un cristal de cuarzo, transmutándolo.

Este cráneo poseerá siempre la frecuencia vibratoria de Shatritra. Fueron conservados informes de ADN de los huesos de la sacerdotisa, cuando su cuerpo fue transus-

tanciado en cristal. En su Cráneo de Cristal se colocaron los informes de los sacerdotes atlantes.

El Códice O fue mentalizado por Pacal Votan mediante el mismo proceso, poco antes de morir. Los mayas tenían aparatos de cristal, como este cráneo. Tanto en Lubaantun como en Palenque, Copan y Tikal. El rey sacerdote Pacal Votan tenía tales saberes. Era un enviado de las Pléyades, y se comunicaba con las otras razas galácticas más desarrolladas, como las de Orión. Los aztecas también tenían un Cráneo y un espejo de obsidiana, usados en sus vaticinios.

—Díganos cómo vinieron a parar los Cráneos de Cristal al Yucatán.

Los Atlantes lo habían registrado todo en cristales, en tres regiones de la Tierra: una cerca de la pirámide de Giza, otra en la pirámide de Bimini, sumergida, y la otra en una pirámide de Yucatán, también sumergida. En esas tres regiones hay archivos que contienen las Escrituras de la Luz, responsables de la educación de la especie humana. En los Trece Templos de la Curación de la Atlántida se hacía la educación planetaria.

Durante la existencia de la Atlántida y de Lemuria, todos los maestros espirituales eran mujeres. Las sacerdotisas poseían cierta frecuencia vibracional superior a la de los hombres, pudiendo comunicarse mucho mejor con las dimensiones superiores. Una gran parte de los archivos atlantes llevados al Yucatán se encuentran sumergidos. Otros todavía se descubrirán cuando llegue su tiempo. El Yucatán también sufrió con el cataclismo que sumergió a la Atlántida. Por eso tales registros están a salvo. Hay muchos templos sumergidos en el Caribe, que fueron detectados por arqueólogos y submarinistas a gran profundidad.

—¿Qué es realmente un Cráneo de Cristal?

Un cráneo de cristal es un ordenador holográfico biocristalino vivo, capaz de proyectar imágenes de diferentes funciones y energías de luz hacia la conciencia de una persona. Si esta se sintoniza, podrá ver las Letras de Fuego y los hologramas emitidos. Si no se sintoniza, no sabrá nada. La persona despierta verá imágenes, del pasado o del futuro. Este cráneo proyecta también una imagen holográfica de las pirámides a las cuales estuvo vinculado; o del observatorio astronómico maya el Caracol, en Chichén Itzá, imágenes de Lubaantum, de la Atlántida, de templos de Tikal, Copan y Palenque.

Cuando llegue la hora, diferentes energías espirituales, llamadas Funciones de Luz, penetrarán en este cráneo y lo activarán. Las funciones de Luz, proceden de muchas dimensiones superiores, de los Pueblos del Espacio. El Caracol, usado por los mayas para mediciones del sistema estelar de las Pléyades, se comunicaba con este cráneo. La tecnología de las Pléyades fue la responsable de las ciencias morfocristalinas. La raza más avanzada en el uso de los cristales fueron los atlantes, si excluimos los pueblos del interior de la Tierra...

—¿Existen pueblos en el interior de la Tierra?

Hay trece tribus en el interior de la tierra. Cada tribu representa un linaje genético de las razas que llegaron a este planeta. La decimotercera es una gran familia que unifica a las otras doce. Tiene que ver con los trece Cráneos de Cristal y con los trece planetas originales del sistema solar, incluyendo a Maldek, ya destruido. Ese es el número clave: el trece.

En el interior de la Tierra, el trece representa los linajes genéticos de las primeras razas originales, y de las diferentes culturas. Predominan los incas, los mayas y los indios norteamericanos, mezclados con veinticuatro Razas Galácticas que, originalmente, fueron traídas a la Tierra en forma de trece tribus.

La existencia de razas en el interior de la Tierra sorprendió y dividió al grupo. Dudas. No entendían como nadie hubiera tenido nunca contacto con tales seres. Dónde estaban y cuál era la misión de esos pueblos, fueron las preguntas más oídas. El vocerío llenó el templo. La Serpiente Emplumada, en forma de un holograma nítido, hizo su aparición. Hans intentaba calmarlos. *El diablo*, más acostumbrado a las voces de mando, puso fin a aquella barahúnda.

—¡Silencio! —gritó el comandante. (Todos enmudecieron.) Vamos a continuar.

El Códice O es un códice maya-atlante. Los mayas vivieron en la Atlántida durante 13.900 años. Es el Códice de la Conciencia Despierta. Como saben «O» representa la Conciencia Despierta; la L es el símbolo de la Vibración. En aquel tiempo, el Códice se llamaba OL, o de la Conciencia Despierta, bajo la forma de Vibración. Todo ser debe convertirse en un Halach OL, el Gran Señor de la Conciencia Despierta.

En el tiempo en que los mayas vivían en la Atlántida había un Templo Central de Curación, el mayor de todos, en donde se utilizaban pirámides de cristal. Entonces, los maestros se sentaban enfrente de un mandala y se comunicaban con sus superiores, de la misma forma que ahora sucede en Lhasa, en el Tíbet.

La Gran Luz, bajo el Potala, tiene una disposición semejante a los Trece Templos Atlantes. Hay doce cráneos de Cristal alrededor de un decimotercero, en el centro. Cada uno representa a una de las razas originarias, que viven en el interior de la Tierra. El decimotercer cráneo representa el conjunto integrado de todas las razas. El Potala transmite las trece frecuencias del Generador Cósmico a los Trece Campos Cristalinos de Luz que rodean la Tierra. La Gran Luz es la generadora de la frecuencia más alta, en el plano físico, de la superficie de la Tierra.

Los Cráneos de Cristal giran en mandalas que son formaciones geométricas de Luz, Color y Cristal. En el interior del Templo de Cristal, en el Tíbet, se encuentran dispuestos cristales y metales en patrones geométricos. Un mandala hace el alineamiento de las formas geométricas con los Trece Cráneos de Cristal. Los cráneos están dis-

puestos sobre el mandala, diseñado en la plataforma de cristal. Y giran en esa plataforma central de cristal, y en aeronaves usadas por los seres de las Pléyades y de Orión. El Mandala es el que forma el holograma dimensional.

Los Cráneos de Cristal son capaces de crear una cantidad infinita de programas de Luz y de hologramas. Es el símbolo más importante y poderoso con el cual actúan, y el dibujo de una Estrella de David doble, el escudo de Pacal Votan. Este escudo simboliza las doce razas y la raza síntesis. Al igual que la Estrella de David, el escudo de Pacal Votan tiene doce puntas, recordando todas las triangulaciones de la Luz, y los Mandamientos de Luz.

El patrón básico es el Escudo de Pacal Votan, las dos estrellas de David superpuestas, que tienen un círculo en el centro. Partiendo de ahí, la Serpiente Emplumada viaja por las Trece Dimensiones del Espacio Cósmico y por las Nueve Dimensiones del interior de la Tierra. Focos de luz, emanados de los Doce cráneos de Cristal, como láser, actúan sobre el Cráneo Central, dando toda la armonía a este pobre y oscuro planeta. Al girar, los cráneos de cristal forman un vértice de energía cósmica, el Kuxan Suum.

—¿Está hecho cada cráneo de un solo tipo de cristal?

No. Cada uno es de una estructura cristalina diferente: cuarzo, turquesa, aguamarina, lapislázuli, obsidiana, cuarzo rosa, y otros así. Las máscaras también forman parte de esa unificación planetaria de energía, como la máscara de jade de Pacal Votan. Lo importante es que la Tierra se está moviendo más y más en dirección a una frecuencia más alta de Luz, encaminándose hacia la Cuarta y la Quinta dimensión.

Toda la red de Luz de la Tierra se está transformando. La estructura de la tierra es un cristal vivo que se mueve hacia dimensiones más elevadas. No se olviden: si no fuera por la asistencia dada por las naves de Luz y por los Cráneos de Cristal, el planeta Tierra haría mucho tiempo que se habría fragmentado.

—¿Cómo se da armonía a la Tierra?

Existen muchos elementos de comunicación dispuestos alrededor de la Tierra, y en subterráneos colocados por los pueblos del interior de la Tierra. Estos pusieron diversos tipos de mecanismos en cámaras del tiempo, con el objeto de estabilizar a la Tierra. Existen diversas Pirámides de Luz en puntos estratégicos, que son transductores de energía que captan las emisiones de energías procedentes del Mandala del Cráneo de Cristal del Tíbet, y las descomponen y distribuyen hacia otros puntos de la Tierra.

Existe una pirámide de cristal en el lago Titicaca, en el Perú, otra en Arizona, en Estados Unidos, ambas sintonizadas con el Mandala del Tíbet. Hay otras diseminadas por la Tierra, pero no estoy autorizado a revelarlas. En el lago Titicaca hay una raza que hace mucho tiempo que dice ser extraterrestre, pero nadie les cree. La mente materialista de los terrráqueos es sumamente escéptica.

Está todavía un Arca de la Alianza, localizada en otra dimensión, en espera de un nuevo avatar. Cuando llegue ese avatar, el Arca de la Alianza se integrará en la frecuencia 13:20, necesaria para que la Tierra llegue a la Cuarta Dimensión, o a 13:260, necesaria para llegar a la Quinta Dimensión. Los cráneos de cristal actúan ya como grandes generadores de frecuencia, sirviendo de subestaciones retransmisoras de todos los campos de Luz y Energía llegados de todas las Fuentes.

Los cráneos de cristal transmiten la Palabra Cósmica o Mandamientos de Luz. Los Mandamientos fueron llevados a Faustia, una estación de la constelación de Orión, cuando se produjo la Caída de la Humanidad, pero ahora se encuentran en el mandala de cráneos de cristal del Tíbet. La Tierra recibió una gran sabiduría de Orión, a través de Faustia, y todavía recibirá más. Cuando los Mandamientos de Luz llegaron a la Tierra por primera vez, quedaron instalados en la pirámide de Giza, en Egipto. Después estuvieron en América del Sur, y ahora están en el Tíbet.

Las energías de Hunabku proceden de Orión. Están transformadas por las Pléyades, por Arturo y Sirio, y son distribuidas entre los templos antiguos, como este, en esta Teotihuacán extraterrestre, y por los Cráneos de Cristal. La Tierra no está preparada para recibir las radiaciones procedentes de Orión, por eso son necesarias las subestaciones de las Pléyades, Sirio y Arturo, Sería una catástrofe que las radiaciones llegasen directamente de Orión.

Todo esto ayuda a realinear los Doce Campos Cristalinos de la Tierra. En este instante, las radiaciones emitidas por el mandala de cristal del Tíbet tienen una frecuencia alta, basadas en los Mandamientos de Luz. El mandala de Cráneos de Cristal del Tíbet está gobernada por sacerdotes egipcio-maya-tíbetanos, responsables de las leyes y de la armonía celestial del sistema solar. Son descendientes directos de los Solares y de las Madres Azules, razas originales que llegaron a la Tierra, procedentes de Orión.

Ellos mantienen la Programación y el Código Genético de la Luz y el Banco de Memoria de la Tierra, además de encargarse de mantener el Generador de Frecuencia Cósmica. Orión es la zona principal de programación para la Tierra. De allí proceden las energías más altas, a través de Kuxan Suum. Las Pléyades se responsabilizan del aspecto físico de la evolución de la Tierra. Ambas —Orión y las Pléyades— combinan sus energías para la completa civilización planetaria de la Tierra.

—¿Hay algún indicio de que sean verdaderos esos hechos de los cristales?

Sí. En 1970, el doctor Brown, de Arizona, encontró una pirámide sumergida, al bucear en el archipiélago de Bimini. Al penetrar en ella llegó a una sala secreta, en donde encontró una escultura de bronce, en cuyas manos reposaba una bola de cristal. El doctor Brown la cogió y se la llevó. Más tarde, y a su regreso, se produjeron extraños fenómenos en ella, como la aparición de luces, de voces y repique de campanas, como sucede en cualquier Cráneo de Cristal. La actividad de estos cráneos es apenas la punta del iceberg de lo que está por venir. La evo-

lución planetaria de la Tierra y del sistema solar se aproxima a las zonas centrales de la galaxia, o Hunabku. De este modo, todos los campos armónicos de luz están viviendo transformaciones.

En el pasado la Tierra ya vivió un estado de decadencia mayor que el actual. Tras el final de la Atlántida, la Tierra pasó por frecuencias más bajas. Por eso se mantuvieron muchos secretos en cofres de cristal. A medida de que la Tierra y los terráqueos crezcan espiritualmente, aparecerán esos secretos. Cada cosa a su tiempo: el Cráneo de Cristal de Mitchell-Hedges apareció en 1924, la bola de cristal del doctor Brown, en 1970; muchos otros artefactos aparecerán cuando llegue el momento oportuno.

—Háblenos más del pueblo del interior de la Tierra —se atrevió Maruska.

Los pueblos del interior de la Tierra viven en comunión con la naturaleza. Son las Doce Tribus, divididas entre Madres y Solares. Usan Naves de Luz parecidas a las naves de las Pléyades. También hay habitantes de las Pléyades en el interior de la Tierra. Todavía hay razas de Orión, de la Atlántida y de Lemuria. No todo puede ser revelado. Ni todos están preparados para recibir ciertas noticias. Lo que se puede decir es: hay una civilización más adelantada en el interior de este planeta. Las regiones son más extensas allí; hay montañas, pero no tantas como las que existen en la superficie de la Tierra.

Muchos de los mitos de la superficie se toman de los mitos galácticos, como el de las madres Azules, seres evolucionados que motivaran la sangre azul de las casas reales. Los seres del interior de la Tierra son más evolucionados y más altos que los de la superficie. Están más preocupados en conservar los lugares culturales del mundo, y los artefactos producidos en Lemuria y la Atlántida. Muchos de esos objetos fueron teletransportados al interior de la Tierra, cuando se produjo la destrucción de la Atlántida. Lo que resulta importante en este momento es el hecho de que se están llevando Cráneos de Cristal des-

de el Tíbet a América. Se transportaron Pirámides de Luz a San Antonio, a la región de Salt Lake City y a las Montañas Wasatch, en donde comenzó todo, cuando los seres de Orión, hace milenios, fundaron una ciudad en esas montañas.

—¿Podría decirnos de dónde vinieron los mayas?

Los mayas son un pueblo prehistórico, aquí en la Tierra; pero como aprendieron de los olmecas los secretos interdimensionales, evolucionaron mucho. Los olmecas, a su vez, aprendieron la tecnología de los cristales con los atlantes, y la traspasaron a los mayas. Los olmecas, mayas, incas y egipcios estaban ligados directamente a la Fraternidad Suprema, a las inteligencias cósmicas supremas, por eso lograron tantas realizaciones. Los toltecas, al contrario, practicaban la magia negra y eran muy agresivos. Sojuzgaron a los aztecas y a los mayas. Con estos fundaron otra civilización maya-tolteca en Yucatán, en donde hay lugares de energía negativa, puesta allí por los rituales de magia negra de los toltecas.

Los toltecas fueron notables chamanes, pero no siempre actuaban para el bien. El Cráneo de Cristal maya se encontró en Copan, que forma con Palenque y Tikal un triángulo recto de mucha luz. El Cráneo de Cristal maya fue descubierto en Copan por sacerdotes mayas que estaban allí, ayudando en las excavaciones. Ellos lo retiraron sin que los arqueólogos lo supiesen. Lo llevaron a su aldea, en donde había una gran epidemia y, de este modo, todos se curaron. Los sacerdotes estuvieron ayudados por la Fraternidad Cósmica Suprema. Eso sucedió en 1910 ó 1912, según el tiempo de la Tierra. En tierras olmecas todo es luz. Principalmente en Oaxaca y Tabasco.

Caía la noche. La penumbra penetraba en el templo de la Serpiente Emplumada, en la Ciudadela, creando fantasmagorías en las paredes. A pesar de estar oscuro, el cráneo brillaba como si un foco de luz irradiase sobre su estructura. Todavía nadie había comido y estaban exhaustos, pero algo los había alimentado, aunque fuera frugalmente.

Nadie se quejaba, los ojos fijos en el cráneo, hipnotizados por su aura ultravioleta, que emanaba del tercer ojo, sin que hubiese ninguna luz sobre él. Por cierto, nadie dormiría aquella noche. La respiración sofocante, el latir desacompasado del corazón, mostraban el cansancio y el sufrimiento que se habían apoderado de ellos. Había una sensación de malogro y un dolor sordo en todos, al pensar en las enormes dificultades y obstáculos que habrían de sobrevenir.

Se habían olvidado de los problemas particulares inmediatos, maravillados y condolidos por las revelaciones del cráneo de Shatritra. El templo vibraba. Todos temblaban por las energías espacidas allí por el cráneo. A cada pausa, la Serpiente Emplumada aparecía, soberana y llena de amor. Había una cuestión que se había quedado atascada en la garganta: ¿Y el alineamiento planetario del 2012? ¿Sería el mismo que el acaecido en 3113 a. de C., cuando naciera Venus?

Se había hecho la pregunta, pero el cráneo no había respondido inmediatamente. La pausa se debía a la falta de preparación del grupo. Linda estaba exhausta. Sin darse cuenta, había traducido el maya en que hablaba el cráneo, a pesar de que no sabía una palabra de aquella lengua. El cráneo había utilizado el lenguaje críptico de *Zuvuya*, idioma usado solamente por los sacerdotes, dejando a Agustín bastante impresionado. Ella misma, cuando se dio cuenta, no había entendido nada. El cráneo tenía poderes no percibidos en su plenitud.

Eran las siete de la tarde. Nadie había movido un pie del templo. Los ojos fijos en el cráneo de Shatritra que hablaba, directamente, de manera suave, a los corazones de todos. El hambre no era intensa, apenas un eco en el estómago.

Mientras tanto, los pulmones se iban llenando del fuerte aroma del incienso y de la mirra, que exhalaba el cráneo, aunque ninguna de esas sustancias estuviera allí. Todo ocurría como si la sacralidad del lugar recordase los innúmeros rituales antiguos que allí mismo se habían llevado a cabo. Rescate de un templo de la tercera dimensión para estimular la presencia holística de seres cósmicos, que vivían en otras dimensiones.

Hans y Nuno tal vez vieran seres de otras dimensiones, pero no decían nada. La postura de los dos era la de los sacerdotes. El ritual se había iniciado de forma natural, como si el grupo lo hubiese realizado toda la vida. Poco a poco, debido a la pausa, cada uno volvió a pensar en su vida, retornando nuevamente a la realidad física. El cráneo había parado su información, por telepatía, como si alguien hubiese dado una orden; pero su brillo había quedado, junto con los aromas y los colores que habían emanado de él. El silencio, total. Casi se podía oír el batir del corazón del grupo, en compás rítmico y fuerte. Un tambor grave y sordo, en contraste con la voz meliflua de Shatritra.

22 = ☰

La Serpiente Emplumada y el alineamiento estelar

14 de enero, siete horas de la mañana. 5. Luna Mono Resonante — kin 216 — Guerrero Galáctico Amarillo: «Armonizo con el fin de cuestionar. Modelando la intrepidez, sello la salida de la inteligencia con el tono galáctico de la integridad. Estoy guiado por el poder del fuego universal».

La VÍSPERA, todos se habían ido a dormir cansados. Después, temprano, habían ido al Templo de la Serpiente Emplumada para activar nuevamente el Cráneo de Cristal. En silencio, como si alguien lo hubiese apagado, yacía quieto en el mismo lugar en el que había sido dejado. Después de ser activado por Linda con las palabras *Om mani pad-me hum*, el cráneo comenzó a mostrar nítidamente la imagen de la Serpiente Emplumada.

La figura de la Serpiente Emplumada-Kukulcan parecía querer decir algo. El grupo se aproximó, como si fuera llevado por una mano invisible. En ese instante, el quetzal cantó en las profundidades de cada uno. Un canto breve y fuerte, que desgarraba las entrañas, marcándolas como si fuese una cicatriz indeleble en el alma.

Un canto que despertaba todos los chakras, limpiándolos y poniéndolos en alerta de conciencia. La envoltura del Kukulcán de los mayas, o de la Quetzalcóatl de los aztecas en los sacrificios, en Teotihuacán, había sido siempre un enigma. La imagen de la Serpiente Emplumada, entonces, inició su relato, telepáticamente:

Soy un dios celestial, dios cósmico. Soy una de las divinidades cósmicas que los atlantes traspasaron a los olmecas, a los mayas, aztecas y toltecas de México; a los incas, del Perú; a los egipcios. Las formas animales de que me sirvo son diversas, y no importa mi apariencia. Siempre seré Kukulcán, dios o diosa que los mayas llamaban Estrella Matutina o Estrella Vespertina, nombres poéticos y brillo impar, al vibrar en el horizonte de esa Humanidad oscura.

Soy como el mítico Fénix, que en autoinmolación renace de las cenizas. En los Anales de Cuauhtitlan me inmolo en la Tierra Negra y Roja, y mi corazón incandescente se quema, cuando me transformo en la Divina Venus.

Se dice en los Anales que al llegar al lugar prometido, lloré y sufrí. En el año 1 Reed, al alcanzar la playa, me detuve en la orilla de las ondas celestes, lloré, me desprendí de la ropa y puse sobre mis plumas una bella máscara.

Todavía me hallaba vestido cuando, por mi propia voluntad, me incendié con el fuego interior de mi pasión. Así, el lugar en donde me autoinmolé se llamó el Lugar de la Incineración.

Después de incinerado, mis cenizas se elevaron al cielo, y surgieron extraños pájaros. Pude verlos a todos, volando en el azul celeste.

Mis cenizas se fundieron con el quetzal, y el corazón del pájaro también se alzó a los cielos. Los ancianos afirmaban que me volví Venus: y cuando surgía Venus; moría Quetzalcoatl. Por eso me llaman Señor del Amanecer y de la Madrugada

Hay una conexión entre el ceremonial del fuego y el renacer, cuando se inicia una Nueva Era. Hay una conexión entre el nacer de Venus de los mayas, y la llamada Cuenta Larga del Tzolkin de los mayas, en 3113 a. de C.

Para los aztecas, aquella Era había acabado a partir de la destrucción de Teotihuacán y la fundación de Tula, en el 750 d. de C. Soy un arquetipo, como dicen los humanos. Ser al mismo tiempo pájaro y serpiente representa mi naturaleza dual, femenina, aunque mayas y aztecas me concibieran como si fuera un macho.

Asumo las dos naturalezas: mis plumas simbolizan el aire, mi aliento, mi naturaleza espiritual de Padre; en cuanto a la parte de serpiente, está en unión con la creación física del útero de la tierra, la Madre.

El Aire es macho; la Tierra es hembra. Soy la Coatlicue, la Madre-Tierra de los aztecas, y la Chac Chel, la Madre-Tierra de los mayas. Soy lo que todos precisan para alcanzar otra dimensión; soy la comunión entre espíritu y materia. Soy la esencia del símbolo necesario de la iluminación, para que todos se alcen a las dimensiones profundas del Universo.

Nueva pausa. La Serpiente Emplumada esperaba que toda la cosmogonía allí descrita se sedimentase en la mente de cada uno. Los chakras todavía estaban opacos. El cráneo de Shatritra vibró más fuerte. Olores y colores se extendían por todo el templo, haciendo que los chakras vibrasen armónica y suavemente, trayéndoles una paz interior jamás experimentada.

El aroma del incienso y de la mirra impregnaba nuevamente las narices de todos los que, antes alegres, estaban ahora paralizados, inertes, como si aguardasen algo que iba a suceder. El cráneo vibraba fuertemente. Reapareció la bella Shatritra. Esta vez su holograma fue proyectado por el cráneo en las paredes sacras del templo de la Serpiente Emplumada.

En la tradición espiritual de Occidente —dijo Shatritra— *la serpiente, a veces reconocida como dragón, simboliza el paso del Sol por el cielo. De acuerdo con la tradición gnóstica, cada ser nace como una serpiente y se ve compelido a una vida de servidumbre en el polvo de la Tierra. Como la serpiente, el ser se renueva por la pérdi-*

da de su piel, y un nuevo ser pasa a habitar el alma de de cada uno.

Así pues, cada ser vive la nueva vida, después de sobrevivir a la anterior, muriendo y renaciendo, pero todavía incapaz de alcanzar, por medio de las fuerzas propias, el reino de la Tierra. En ese estado de inconsciencia cada cual pierde contacto con los reinos más altos del espíritu, permaneciendo ansioso y sin ayuda de la gran Serpiente Solar.

Como hijos caídos, herederos de Adán y Eva, cada ser es prisionero de su capacidad de renovar la piel, y se ve compelido a vivir la vida, tras sobrevivir, experimentando la muerte después de la muerte en este vuestro mundo materialista.

La Diosa de la Tierra de los aztecas —Coatlicue—, como su equivalente en la India, Kali, posee un collar de cráneos y manos desmembradas, pues la Madre-Tierra igual da la vida que la quita.

La tradición gnóstica también habla del Destino Cósmico, de la posibilidad inherente a los humanos, como almas capaces de llevar físicamente la Tierra para su viaje al verdadero hogar, a los altos planos inmateriales. Esta es la esencia del saber espiritual ofrecido por los avatares, tales como el Buda, Jesús, Mahoma y la Serpiente Emplumada o Quetzalcoatl-Kukulcán.

A pesar de todo lo que los maestros enseñaron, se ha de ver que el ganar la libertad requiere una profunda transformación del Ser. Cada ser es una oruga envuelta en su propio capullo. Será preciso vivir y morir muchas veces para que el Ser renueve su Espíritu.

Como la oruga, que se transformará en una hermosa mariposa, cada ser tiene un potencial para metamorfosearse en Raza Cósmica de la más alta y pura espiritualidad. Nadie necesita permanecer para siempre en el estado de oruga. Podrá volverse un ángel, aunque siga manteniendo vivo el cuerpo físico que lo envuelve.

Una de las aplicaciones prácticas de las filosofías esotéricas es el Yoga, que se centra en la técnica de ele-

var la Energía de la Serpiente hacia lo alto de las espina dorsal, uniéndola con la fuerza espiritual del Águila, en la cabeza. Para realizar esta práctica es preciso mucho esfuerzo y autodisciplina, además de voluntad individual, pues la Serpiente emergerá de la voluntad de Dios manifestada por el Águila.

Al Ser le es preciso morir para que renazca otro Ser; este nuevo Ser estará unido ahora a la Gran Conciencia Cósmica. Para mantenerse como iniciado, e ir en busca de su gran destino, es preciso «matar» la ilusión de la identidad, anular los excesos del Ego y el miedo a la muerte.

Como todos pueden percibir, el proceso del yoga trae de la India las mismas enseñanzas de los mayas —la Serpiente y el Águila—, que son la fusión entre el quetzal y la serpiente, entre el cielo y la tierra, La transustanciación en Serpiente Emplumada, el Dragón de América.

El cráneo volvió a oscilar, y allá a lo lejos, *Etznab* cantó. La imagen de Shatritra había dejado el cráneo. En el rostro joven floreció su suave sonrisa de adiós. Ahora, el Cráneo de Cristal mostraba la Serpiente Emplumada, bajo la protección de Pacal Votan. El gran Pacal Votan o Escudo Solar/Serpiente Emplumada, que tenía en su tocado el quetzal. Pacal aparecía en el Cráneo de Cristal, como había vivido en los años 600 d. de C.

Traía en la mano derecha el cetro real, y se vestía con plumas y con el Cinturón de Jaguar, símbolo de Balam, el sacerdote conocedor de las Cosas Ocultas. El fuerte aroma del *baalché*, el árbol sagrado de los mayas, mezclado con miel, impregnó el templo con su aroma fuerte y dulzón.

Pacal Votan olía a frutas. Entre los olores se podían distinguir los del cacao y el zapote, tan codiciados por *Etznab*, que el amo prodigaba al ave, además del agua fresca, que también recibía el pájaro.

Pacal miraba con intensa mirada, mientras un halo de luz ultravioleta llenaba el espacio con su llegada. Todos sintieron dentro de su corazón esta mirada, como si Bahlam o Bahlum hablase directamente al alma de cada uno de ellos:

Los mayas de Palenque entendieron, mejor que los aztecas y los toltecas, que para una transformación personal no es necesario hacer sacrificios humanos. Mi hijo Chan Bahlum hizo algunos de estos sacrificios, cuando mi paso a la otra dimensión, pero sin mi consentimiento. Todos deben estar preparados para el viaje que la Tierra hará hacia la Cuarta Dimensión, ocupando de nuevo su lugar de otrora, cuando la existencia de la Atlántida.

Los toltecas, raza que nos dominó, cuando los mayas terminaron su misión de adecuar el Sistema Solar con el Nuevo Tiempo, desgarraban los corazones aún vivos y calientes para honrar a sus dioses, porque eran bárbaros. No sabían que la serpiente Kukulcán-Quetzalcóatl solo quería sacríficos de la Voluntad, no la mutilación de los cuerpos.

Los códices mayas y aztecas cuentan muchas historias de esos sacrificios inútiles. Antes de darles el alineamiento del 2012, les quiero contar una historia que se refiere a la Serpiente Sagrada y a los aztecas, antes de que este pueblo se ofuscase con los sacrificios humanos, impuestos como actos de fe por los toltecas.

Tenochtitlán —la actual Ciudad de México— lleva el nombre del cudillo —Tenoch— que condujo a los aztecas al Valle de México. Tenoch tuvo una premonición mientras soñaba. Uno de sus sueños le mostró la dualidad Serpiente/Águila, unión plena de símbolos místicos. En el sueño, Tenoch vio que un águila apresaba una serpiente, en el Valle de México. Era el indicio de que allí debería edificarse una ciudad. De ese modo nació Tenochtitlán.

En el Palenque gobernado por mí, la Serpiente Emplumada siempre estuvo presente en nuestros rituales, como símbolo de unión entre las cosas del cielo y las cosas de la Tierra. Los habitantes de Palenque sabían que mi transformación en Kukulcán se debía a un simple simbolismo: al crecer espiritualmente, cualquiera se puede convertir en Serpiente Emplumada.

Este es el secreto de las religiones de América. Quetzalcóatl o Kukulcán es el grado más elevado para un sa-

cerdote vidente. El que ve el Otro Lado, el que ve todas las otras dimensiones del Espíritu. El que ve la tercera ribera del río de la vida.

Pacal Votan interrumpió su charla para consultar algunos mapas antiguos, de su tiempo. Después se sentó en el trono del Jaguar de las dos cabezas, desde el cual reinara. Miró fijamente a los presentes, con las facciones cerradas. Miró alrededor, y dijo claramente:

A partir del día 21 de diciembre de 2012 se acabará un ciclo y se iniciará otro para la Humanidad, conforme hemos profetizado siglos atrás. Para algunos será el fin total; para otros el renacer de una Nueva Era.

Existe una gran aprensión por el futuro de la Tierra, por parte de toda la Comunidad Galáctica. Cualquier desequilibrio en la Tierra traerá como consecuencia discordancia en otras regiones del Universo.

El inicio del ciclo de 5125 años, iniciado el 13 de agosto de 3113 a. de C., y que está terminando ahora, marcó el nacimiento de Venus, la Estrella Kukulcán o Serpiente Emplumada.

El día 21 de diciembre de 2012, el último del ciclo, el baktun 13, la Conexión Cósmica entre Venus, Sol, Orión y las Pléyades será bien visible en el cielo, como ya ocurrió 5125 años antes.

En aquel tiempo nació Venus, y con Venus la Serpiente Emplumada. Venus se originó en 3113 a. de C. Su nacimiento había sido anunciado en su alborear por las Tzab/Pléyades, que ocupaban el meridiano del cielo. La misma posición del Venus, en 2012, simbolizará su muerte.

El día 21 de diciembre de 2012, antes de ponerse el Sol, Venus se pondrá en el horizonte, al oeste, y, simultáneamente, las Pléyades ascenderán, en el horizonte, al este.

Conforme se vaya poniendo el Sol, aparecerá Orión, simbolizando el inicio de un Nuevo Ciclo, o nacimiento de la Nueva Era. En ese instante la Tierra pasará por una serie de transformaciones radicales en su polo magnético, que originarán grandes rupturas.

Dichas rupturas, cíclicas en la naturaleza del planeta, habían sido percibidas en los varios ciclos de la historia de la Tierra, cambios en la topografía y en los movimientos. Debido a la enorme densidad poblacional de la Tierra, los cambios radicales sufridos por el planeta se convertirán en una catástrofe jamás vista. La Tierra jamás tuvo una población tan densa en toda su historia.

La profecía para el 2012, basada en los ciclos solares, afirma que la catástrofe ocurrirá. La Tierra no podrá evitar la catástrofe natural, pues esta se repite cíclicamente, como los mayas ya habían calculado en el pasado.

El Armagedón sucederá porque, además de la gran densidad poblacional, los seres humanos se han vuelto materialistas, centrados en el dinero, se despreocuparon de la naturaleza, polucionaron la Tierra de todas las formas posibles, y especialmente con la oscuridad de sus almas. Solo mediante una limpieza podrá volver a iluminarse este oscuro planeta.

—¿Sufrirán unas zonas del planeta más que otras? —preguntó Doreen.

Desaparecerán amplias zonas a lo largo de la costa este y oeste de América, como otrora sucedió con la Atlántida, bajo olas gigantescas producidas por un mar que lo inundará todo. Simultáneamente, el clima de Europa, que también sufrirá inundaciones similares en su litoral, cambiará casi instantáneamente, volviéndose gélido.

Tal cosa sucederá porque la Atlántida surgirá de las profundidades del Atlántico, y creará una ruptura en el Golfo de México, además de eliminar el calor de la Europa central. Los cambios en el polo producirán otras alteraciones climáticas, volviendo las regiones polares y tropicales más templadas. Las transformaciones se producirán en cadena y al mismo tiempo, a partir de 2012, cuando el campo magnético solar modifique el campo magnético de la Tierra, produciendo tales cataclismos.

La imagen de Pacal Votan desapareció. Silencio. Todos atónitos esperan que alguien viniese a decirles algo.

Nada. Hans y Nuno se volvieron hacia el grupo, que todavía mantenía la esperanza de que todo aquello fuera una pesadilla, que todo no fuera más que una ficción.

Con todo, la profecía de Pacal Votan había sido escrita en el siglo VII de la Era Cristiana, aunque no fuera dada a conocer. Los códices mayas habían sido escondidos en distintos lugares secretos, para escapar a la furia pirómana de los sacerdotes cristianos, que los querían quemar, juzgándolos blasfemos y satánicos.

Al poco rato, todos abandonaron compungidos el templo de la Serpiente Emplumada, como si estuvieran en un velatorio. La esperanza de que la Humanidad se librase de aquella catástrofe era inútil. Cabría tal esperanza si las razas galácticas ayudaran a los humanos a dejar la tercera dimensión, en la que estaban apresados, para ir a otras dimensiones, en donde encontrarían la libertad perdida, siempre que lo mereciesen.

Si anteriormente las nuevas revelaciones de Pacal Votan habían creado angustia por la ansiosa espera, ahora todo había concluido. No había soluciones milagrosas. Tenían que enfrentarse a la catástrofe e iniciar un prolongado aprendizaje espiritual, en el caso de que quisieran ser elegidos y supervivientes del Armagedón, la catástrofe inexorable. ¿Qué sería de su vida, después de conocer el Códice de la Conciencia Despierta?

Hans había dejado claro que la misión había terminado, pero que si alguno tenía algo que decir, que lo hiciese en aquel momento.

—Quiero manifestar algo. La presencia de Pacal Votan me recordó la búsqueda en la tapa del sarcófago, en Palenque —dijo Olavo.

—¿Y cuál es su conclusión? —preguntó *El diablo*.

—La tapa de la lápida de Pacal Votan lo muestra sentado en el Árbol de la Vida, pareciéndose a un astronauta, ¿no es verdad?

—Sí, ¿pero qué quieres decir? —quiso saber Linda, mirándolo con amor.

—Es sencillo. Pacal Votan vestía la ropa de *Chac Chel*, la diosa maya de las aguas...

—¿Quiere decir que Pacal Votan está vestido de mujer? —preguntó Eric.

—Voy a clarificarlo: Pacal usa una saya de jade, un collar de jade en el cuello que sustenta un medallón, y tiene una flor de lirio en la mano izquierda. Hay una corriente de agua a sus pies...

—¿Y cuál es la conclusión? —quiso saber Maruska, ansiosa.

—Esos son los símbolos de *Chac Chel*, la diosa de los mayas...

—¡No había pensado en eso! —exclamó Eric, feliz con el descubrimiento.

—Tiene razón, Olavo. Los elementos primarios están presentes en la tapa del sarcófago y, consecuentemente, en la profecía: la Tierra, simbolizada por la serpiente; el cielo, por el quetzal, y el Agua, por *Chac Chel*.

—Falta el fuego —intervino Doreen.

—El fuego se apagó con la muerte de Pacal; era su energía aquí, en la Tierra, murió con él —exclamó Hans, serio—. Como deben saber, el fuego vendrá cuando se produzca el alineamiento de las estrellas y los planetas, el 21 de diciembre de 2012. Pacal se vestirá con los símbolos de Chac Chel, para demostrar la dualidad macho/hembra de la Serpiente Emplumada, diosa al mismo tiempo de la Tierra y del Cielo, de la Tierra y del Aire. Solo faltaba concluir con este rito lleno de significado, completándolo con la diosa del agua...

Las lobas se habían olvidado de asediar a Agustín. Mantenían hacia el gitano un amor caníbal de posesión, primitivo y animal. El argentino se encontraba mucho más interesado en comprender lo que sucedía en su entorno, tras saber el futuro que le aguardaba. Cuando le trastornaba la angustia, dudaba de la profecía. Era su única salida, de lo contrario se volvería loco. Sabía que había una base científica para que se cumpliese la profecía, pero prefería atenerse a la parte emocional. Era más fácil, para su propia supervivencia, negar tales vaticinios, que aceptar un destino apocalíptico.

Todos, de alguna forma, pensaban igual. Era una realidad muy dura, además del sufrimiento por anticipado que propiciaba la profecía. Sin tener otra salida que espiritualizarse al máximo, iban abandonando el Templo de la Serpiente Emplumada, al mismo tiempo que Hans recogía el Cráneo de Cristal, que todavía vibraba e iluminaba la sala oscura y silenciosa del templo. Había alguna posibilidad de salvación, pero ¿quién, en conciencia, se consideraría un elegido?

Afuera, Boneca y Cagliosto jugaban, como si todo aquello no fuera más que un juego, una diversión de adultos. El jorobado le enseñaba inglés a la enana, pero ella quería tomar sorbetes y mancharse el vestido verde, como siempre hacía. El comandante les hizo una señal para que se acercaran. Ya no había nada más que hacer en la misteriosa Teotihuacán, otrora habitada por un pueblo aún más enigmático, que ni siquiera había documentado su existencia.

Todos habían regresado a sus apartamentos. La orden era preparar las mochilas y volver a la realidad de los días corrientes. Abrazados, Linda y Olavo, regresarían a la bella Palenque. Querían que Eric y Camila hiciesen lo mismo. Finalmente, habían abandonado las pesquisas que allí habían realizado sobre el profeta Pacal Votan y la enigmática tapa de su lápida.

Eric prefería volver al Brasil. Prefería pensar en la Nueva Era cerca de los amigos, con los que se sentía más seguro. Todo dependía de Camila; si ella quería regresar a Xibalanqué, Eric cedería, ya que Camila le ofrecía seguridad en las horas amargas. De este modo, intercambiando ideas, iban poniendo en orden las malas. De cualquier manera, tenían que dejar Teotihuacán que, ante la idea del apocalipsis, les parecía mucho menor.

Hans y *El diablo* hablaban largamente del presente. El futuro no les interesaba. Ya habían vivido mucho y los años les habían hecho madurar. Preferían vivir cada día como si fuera el último, dejando el mañana para cuando viniese.

En este punto se parecían a lo que había en el alma de Boneca y Cagliosto. Existía una similitud de acción, o de no-acción, ya que Hans y Nuno no harían nada para cambiar el destino. Igual que los dos seres deformes.

Todavía faltaba una solución para lo que sucedía entre las lobas y el gitano. Hasta entonces no se produjera entendimiento alguno. Maruska y Doreen eran ahora un nuevo tipo de mujer que surgía de siglos de sumisión al macho. Ahora daban un ¡basta!, que si bien no tenía mucha convicción, era un ¡basta!, al fin y al cabo.

Tenían que reconstruir una nueva vida sin aquella dependencia primera; cuando el macho había sido el más fuerte por disponer de armas y de músculos más fuertes, y las condiciones necesarias para enfrentarse a la realidad de la selva. La hembra, sin embargo, se había adaptado mucho mejor que el macho al mundo actual. Un mundo en el que ya no se precisaba la fuerza física de otro tiempo, sino espiritualidad, sensibilidad y sentimientos puros, más emoción que fuerza. De este modo el macho había perdido la fuerza, ya que para sobrevivir no necesitaba de ella. Y se sentía aislado y débil ante un nuevo universo basado en la dualidad femenina de las lobas.

El comandante Nuno fue el primero en dejar la ciudad, llevando consigo a las dos criaturas —Boneca y Cagliosto—, que parecían haber salido de su imaginación. El jorobado había asado el cerdo en uno de los rincones de la ciudad, en un sitio secreto.

Aquella noche había visto en sueños el rostro amable, que venía a decirle que debería hacer sus oraciones antes de dormirse y al levantarse. Cuando reapareció el rostro severo, con su indefectible dedo acusador, el jorobado había recordado, y en medio de un sudor frío, había logrado balbucir su nombre: Orozimbo.

El diablo concluiría que era el nombre de su padre, muerto en el desastre, al igual que su madre, a la que el descompensado veía en las grietas del sueño como un rostro bondadoso. Para no olvidarse, Cagliosto repitió Orozimbo durante todo el día. Si este era el nombre de su padre, le faltaba ahora el nombre de su madre, para que la familia se completase en su memoria.

Nuno concluiría que, en el desastre del tren, su sueño siempre recurrente, sus padres habían muerto, siendo Cagliosto el único superviviente, si bien había quedado desfigurado y con joroba.

Cuando Nuno le contó su propia historia, arrancada a lo largo de años de muchas y frustradas tentativas, el jorobado se había quedado con los ojos miopes fijos en algún punto del horizonte infinito, perdidos en un punto ciego. La única cosa que salió de su boca deforme fue: *thanks very much, sir,* con acento francés, si bien con el gesto gentil y adecuado de un buen mayordomo inglés.

A su lado, sin siquiera desconfiar de lo que pasaba, Boneca hincaba los dientes en la pata del lechón carbonizado, que más parecía haber salido de un incendio. *El diablo* agarró todas las pertenencias y las colocó en la camioneta, mientras Cagliosto y Boneca se subían al pescante. No sin antes recoger lo que había sobrado del cerdo que yacía en medio de la fogata, ya casi carbonizado. Y habían partido hacia la buhardilla.

La última voz que habían oído fue la del jorobado, al modo inglés, pero con el acento francés de Claude Rains en *Casablanca: ¡On board!* La camioneta dejó Teotihuacán entre saltos, mientras los deformes movían las manos en un gesto que parecía ser de adiós.

—*¡On board!* —repetía Boneca, manchando de grasa el vestido verde.

* * *

Después de muchas discusiones, los cuatro decidieron ir a Palenque. Las parejas formadas por Linda y Olavo y

Camila y Eric volverían para investigar con mayor detalle la tapa del sarcófago de Pacal Votan, en el Templo de las Inscripciones de Palenque. Ya no lo verían como un rey-sacerdote, sino como la diosa de Mesoamérica, la Serpiente Emplumada, panteón de los dioses que vivían entre el Cielo y la Tierra, entre las trece dimensiones celestes y los nueve infiernos subterráneos de Xibalba. Los cuatro se despidieron, entre lágrimas, de Hans, del gitano y de las lobas. Las mujeres casi siempre sufrían mucho en las despedidas. Hans también. Los quería como hijos.

El viejo augur se sintió muy solo después de aquellas despedidas. A pesar de haber encontrado al viejo amigo —el comandante Nuno— recuperado ya de su locura. Hans insistió mucho para que *El diablo* dejase a los descompensados en alguna clínica. El comandante no quiso ni oír sobre ello. Se había aficionado tanto a aquellas criaturas que las veía transfiguradas. Boneca y Cagliosto le llenaban el tiempo de vida que le quedara.

Agustín vivía como nadie la desdicha del apocalipsis. Había asumido en su ser algo nuevo en aquella intensa mañana en que se había despedido, al dar las 12 en el reloj. Las circunstancias lo habían determinado así. A menudo era tranquilo y sensible, pero se había vuelto huidizo, después de la presentida omnipotencia de los vaticinios. Además de eso, necesitaba trazarse un plan para eludir a las lobas. Las dos mujeres ya no habían vuelto a forzar su respuesta. Las dos lobas también se habían vuelto elusivas, tras las nuevas revelaciones.

A medida de que el sol se iba alzando sobre el tejado del templo, fue creciendo en la misma proporción el alborozo en el alma de todos. Esta animación de los ánimos traía una incomodidad interior, y contrastaba con el silencio monástico del templo. Las dos lobas y el gitano habían sido los últimos en dejar la Ciudadela.

23 = ≡

El encuentro marcado

26 de marzo, 11 horas de la mañana. 20, Luna Jaguar Solar — kin 27 — Mano Magnética Azul: «Unifico con el fin de conocer. Atrayendo la curación, sello el almacén de la realización, con el tono magnético del propósito, soy guiado por mi propio poder duplicado».

Agustín Saens Peña vagaba por Matadero, barrio periférico de Buenos Aires, en donde se había criado. Desde niño iba con el padre al matadero para ver cómo los hombres manejaban los bueyes que, tras ser degollados, eran despedazados, mientras los urubus permanecían a la espera para arrebatar las tripas que el verdugo arrojaba a las aves de rapiña. Allí se había acostumbrado a los graznidos sordos de estas aves, a los cuervos que, de vez en cuando, también aparecían. El matadero le traía buenos recuerdos de la infancia feliz, a pesar del fuerte olor de sangre coagulada que todo lo impregnaba, llenándole la nariz de un olor ácido y nauseabundo.

El padre de Agustín —Hugo Saens Peña— no solo había crecido allí, sino que allí trabajó durante años, hasta que se retiró. Incluso después de jubilado, Hugo llevaba de paseo allí al niño, en medio de los pregones de los vendedores ambulantes que, con gran alarido, vociferaban sus productos, trasformando la feria en una babel. Los olores todavía estaban presentes en su memoria de niño.

Todo aquello se había acabado. El matadero se había mudado lejos. Agustín sentía la nostalgia de un tiempo que se había perdido en los pliegues del pasado. Ya no había más pregones de los vendedores, al armar sus barracas al lado del matadero, a pesar de que el cigano los seguía oyendo con una asombrosa nitidez.

La costumbre de ir allí durante años le había marcado como un vicio. Estaba allí sin darse cuenta. Algo parecido al elefante que al presentir la muerte busca su lugar de origen. Así que Agustín caminaba sobre su pasado con la cabeza puesta en el futuro. El matadero suscitaba en él recuerdos imprecisos, sentimientos imponderables de cuando la salud del padre se fue quebrantando por el cáncer que le devoraba las entrañas.

«El pasado es, al fin y al cabo, las voces que lo recuerdan», reflexionó.

Aquel día tenía un encuentro fijado con las lobas en el Tortoni, a las dos de la tarde. Así que se había escapado al matadero, como si al apartarse del café eliminase el encuentro. El tiempo de espera había prescrito. No es que tuviera que dar una respuesta definitiva, pero se sentía obligado a terminar aquella historia que ya le amargaba la vida.

Al dejar la Ciudadela, juntamente con Hans, pues tenían como destino la misma Buenos Aires, había establecido el encuentro con las lobas en el Tortoni. Había sido la única salida que le quedara en el instante de la partida. Ni siquiera sabía ahora por qué lo había hecho. Estaba arrepentido, pero con la obligación moral de cumplir. Así, sin darse cuenta, se había dirigido al matadero, dejando atrás la ciudad.

Miraba el viejo matadero como algo irreconocible. No entendía cómo las cosas terminaban así, sin dejar rastro. Si el tiempo era una ilusión, él era el iluso. De repente, el extraño pensamiento:

«Somos como este matadero. Pasamos como el tiempo; no somos más que ilusión. De aquí a cien años, nada quedará de mí; mientras tanto, existo.»

Se acordó de otro poeta que amaba: «Vivir y no conseguir». Fernando Pessoa ya había pensado en lo que él estaba pensando ahora. Así que entró en el viejo coche que el padre le dejara en herencia y, por última vez, miró nostálgico el lugar recurrente de su infancia. Nostalgia del padre, del olor de su pipa que se mezclaba con los fuertes y sanguinolentos olores de aquel lugar de muerte. Vio como algo real al operario manejando la res, dándole el golpe mortal con la puntilla. En ese instante, el doblar de las patas delanteras del buey; el estilete que perfora el pescuezo, la jarra que recoge la sangre caliente que era bebida en el momento por el matarife para fortalecerse; y, al final, su escalofrío, al tocar un pedazo de hierro para que no le viniese a la boca el gusto amargo.

Nostálgico y debilitado por las emociones provocadas por la memoria, Agustín dejó el matadero, sin tener prisa por el encuentro. En la relación que había mantenido con las lobas, él había sido la víctima. Solo había faltado que las dos lo manejaran en la cama, en plena luna llena. Se había sentido en aquella hora como una res a un paso de la muerte fatal. Y si no le habían bebido la sangre, tal como la sangre se entiende, le habían sorbido salvajemente el semen vital.

* * *

Maruska y Doreen se despidieron en la Ciudad de México. La rusa tenía que ir a Berlín, antes del encuentro marcado. Agustín lo había fijado, de allí a dos meses. Por eso Maruska volvió a Berlín, en donde vivía y daba clases de arqueología en una universidad. Subió al avión pensando en todo lo que había ocurrido en los últimos meses. Ya no era la empedernida que valoraba su propia vida, sino una mujer nueva, la loba de la nueva era. Sentía el amor por el gitano como una purificación por todo lo que jamás había hecho.

Doreen, por el contrario, estaba en casa. Vivía en la Ciudad de México, la más populosa del mundo. No daba clases, investigaba arquitecturas arcaicas contratada por el Gobierno, y mantenía un estudio de arquitectura. También pensativa, Doreen no veía razones para dejar al gitano en manos de Maruska. Reflexionaba justamente sobre ese punto. ¿Sería que Agustín no pasaba su prenda? ¿Estarían ellas motivadas tan solo por una pugna amorosa? ¿Existiría amor?

La flaqueza humana siempre se impone al destino. Las lobas buscaban obtener fuerza sabe Dios en dónde, a fin de mantener una actitud digna, pero la carne había sido más fuerte. O más débil. La cuestión moral se había puesto a un lado. Bastaba con la supervivencia de la raza.

«Además, el amor platónico había sido fruto de la imaginación de un hombre», reflexionaban ambas, cada una a su manera.

Querían tener un hijo del gitano, aunque en ningún momento eso les dio motivo para la preocupación. El apocalipsis les había aumentado la ansiedad. Todo había cambiado. Vivían entre el amor y la muerte. El amor estaba más cerca. La muerte vendría a partir de 2012, en el caso de que no formaran parte de los elegidos, los 144.000 del apocalipsis de San Juan. De cualquier manera, tenían que intentar vivir; pero la vida sin el gitano sería insípida y sin sentido.

Habiendo sido educadas las dos en la civilización judeocristiana, tenían el sentimiento de culpa que dichas culturas traían en su ánimo. La instauración del pecado original había sido el mayor de los pecados. Tales pensamientos, en diferentes grados, pasaban por sus mentes. Doreen Goldberg había sufrido las imposiciones de la cultura hebrea. Maruska Raskolnikov, rusa ortodoxa, tampoco se había librado. Además, estaba el traumático consejo de su madre: «El sexo es sucio, hija mía, evítalo».

A pesar de todas las enseñanzas clericales, nada había cambiado en el mundo. Esa conclusión era definitiva. Los trece *baktuns* iban a finalizar. Si la Humanidad mirase hacia atrás, solo vería hambre y desgracia, pese a los propósitos teóricamente bien intencionados de los seres humanos.

En Berlín, Maruska concluiría: «Mundo, tu nombre es hipocresía». Al mismo tiempo, en México, Doreen llegaba a idéntica conclusión: «Platón estaba equivocado. El amor platónico es una tontería. Somos mentirosos e hipócritas».

Por ello, el encuentro en el Tortoni era fundamental. Maruska ya había tomado el avión y se había bajado en la Ciudad de México, pasado el mediodía. Ni siquiera había telefoneado a la rival, prefiriendo ir directamente al café, bajo una fina lluvia que le parecía que dejaba todo ceniciento.

Doreen había tomado tarde la decisión. En aquel momento, todavía se desperezaba en la cama. Miraba hacia su lado y sentía la ausencia del compañero que jamás había tenido. La soledad le daba la esperanza de poseerlo; antes o después, Agustín sería de ella. A no ser que la rusa fuese la escogida. Eso le causaba un profundo dolor, pero sin el menor fundamento.

Doreen había llegado al Tortoni casi a las dos. Había entrado por la puerta estrecha que daba a la Avenida de Mayo. Las paredes acolchadas daban un toque elegante al café. Había dejado en la percha, a la entrada, el abrigo y el impermeable, pues caía una lluvia fina e intermitente. Había enfriado el tiempo, como consecuencia de los innumerables frentes fríos, de los cuales informaba la meteorología, si bien nadie creía en ella.

Miró al fondo del café, estirando su cuello de garza, pero no vio a quien buscaba. Se arregló el cabello, despeinado por el viento, y entró en el más antiguo café de la ciudad, pasando entre las mesas y las columnas de mármol, en las que la clientela susurraba, provocando un ruido de voces desafinadas parecidas a una coral sin director.

Sabía que el Tortoni disponía de diversos salones, uno de los cuales incluso tenía salida a la calle Ribadavia, y estaba dedicado a billares, y juegos de dados y ajedrez. Otro, más pequeño y contiguo, el salón César Tiempo, cobijaba a la sede del Círculo Argentino de Poetas Lunfardos. El lunfardo era el nombre que se daba a la jerga de Buenos Aires. Y César Tiempo había sido un gran poeta en ese dialecto porteño.

Se miró en el espejo y vio que el maquillaje estaba bien, solo había una pequeña mota en la comisura derecha de la boca, que corrigió *in continenti* con dos dedos, a guisa de pinza. Miró el café con discreción —por el rabillo del ojo—, como hace toda mujer que no está acompañada. Desde donde estaba no podía ver a Maruska. La rusa solo había podido conseguir una mesa detrás de dos columnas, desde la que tampoco podía ver la entrada principal del café.

Al divisarla, Doreen puso la cara de quien no gusta nada de haber sido la segunda en llegar allí. Maruska se dio cuenta de su irritación y la obsequió con una irónica sonrisa, haciéndole una señal para que se acercase y se sentase a su lado.

A primera vista estaban alegres, pero en el fondo había un sentimiento de pérdida anticipada. Una de ellas sería fatalmente rechazada. Esta era la razón de la sonrisa sin gracia que le dirigió Doreen a Maruska, la cual se la devolvió con ironía. A pesar de que la virginidad ya no estaba de moda, Doreen se sentía inferior. Ella no había ofrecido su pureza al gitano, por culpa del tío Jacob, que la había disfrutado. Además de celos, sentía envidia de la rusa. Esta se había entregado en la hora oportuna al hombre oportuno.

«El destino, sin embargo, no nos pertenece», pensó.

Como lobas en disputa, se dijeron banalidades. No tenían un tema serio de conversación. Doreen contó todo lo que había hecho, una mera rutina de ama de casa, a la que había encontrado vacía, con mucho polvo y con el piso sin encerar. Maruska casi había dicho lo mismo, comentando el frío de Berlín, a pesar de que todavía no era invierno.

Hablaron largamente de los frentes fríos y de cómo había cambiado el clima de la Tierra. La meteorología había salvado el diálogo. Cuando ya se disponían a intercambiar recetas, he aquí que el gitano llegó a la puerta del café.

Como desde la puerta no podía verlas, sintió alivio. Se miró al espejo y entró en el antiguo café, buscando con la mirada no a las lobas, sino al camarero conocido, que siempre le traía su habitual copa de *manzanilla*.

—¡Pepe! —gritó Agustín, al ver al mozo.

El mozo hizo el pedido y esperó a que el gitano encontrara una mesa; pero, al ver que estaba buscando a alguien, esperó pacientemente. Mientras tanto, Agustín recorría el café con ojos atentos. Como no descubrió dónde se encontraban las lobas, penetró hasta el fondo del salón. Solo cuando sobrepasó la columna central pudo verlas. Las rubias le hacían frenéticas señas, pero en silencio. Al poco, y después de respirar profundamente, se calmó y se enfrentó a las dos lobas. De manera irónica, lo resumió todo en una simple frase:

—¿Vamos a echar a cara o cruz?

Las dos se quedaron perplejas. Fue Maruska la primera que habló:

—No viajé de Berlín a México para oír estupideces...

—No son tonterías. No conseguí apartaros de la cabeza. Por eso...

—¿Quién te crees que eres? —preguntó Doreen, dolida.

—Nadie. No tengo la solución, solo es eso.

Las dos pidieron a Agustín que dejara la mesa. Iban a conferenciar. El gitano rio nervioso, pero lo entendió. Le hizo señas a Pepe. Iba a ocupar otra mesa, y quería que le llevase la dosis de *manzanilla*.

Agustín se quedó solo, mientras a su alrededor lo miraban curiosos. Llevaba bajo el brazo *Las profecías de Nostradamus*. Quería comparar a Pacal Votan con el mago francés. Era de lo que se ocupaba en los últimos días. Miraba, de lejos, a las otras dos. Le parecían sordas y mudas, gesticulando sin que pudiese leer sus labios, los mismos dulces y suaves labios que tanto había besado. Era una pena que Nostradamus no hubiera escrito sobre las mujeres; le habría sido más fácil la elección.

Ya lo había intentado todo. Había puesto los nombres de las dos en unos papelitos, y los había sorteado. Una vez Maruska, otra vez Doreen. Si al menos hubiese salido dos veces la misma, pero no; ora una, ora la otra. Si Maruska salía la primera, después venía Doreen, de nuevo la rusa, y enseguida Doreen. Lo había intentado varias veces, pero nada. Por eso había llegado a la conclusión de que eran ellas las que debían echar a suertes, pues solo así finalizaría aquella pugna.

De repente las dos le hicieron señales de que podía ir; ya habían concluido su conciliábulo, que para el gitano había tenido un aire de conspiración.

—Ninguna de las dos —dijeron al unísono y en voz alta.

Las personas de las mesas vecinas estiraron el cuello para oír mejor lo que pasaba allí. Agustín enrojeció. Nunca había pasado por una situación tan molesta.

—¿Cómo ninguna de las dos? —preguntó mohino.

—Hemos decidido que ninguna de las dos será la escogida —respondió Doreen.

—¿Ninguna?

—¡Ninguna!

—¿Por qué?

—Las explicaciones son muy largas. Nosotras, las mujeres, tenemos otra percepción del mundo. Pensamos en términos de futuro —dijo Maruska, con énfasis.

—¿Y entonces?

—¿Sabes?, Agustín, hemos descubierto que cualquiera que fuera la escogida, iba a sufrir mucho. Si en este momento podría disfrutar de una felicidad inimaginable, dentro de poco más de un año se sentiría infeliz. La rutina mata cualquier pasión. Cuando estuvieras siempre disponible, ya no sería lo mismo; por eso hemos resuelto decir basta. Tú eres magnífico en una noche de luna llena... —dijo Doreen, poniendo fin a la conversación.

—Vamos a beber y a celebrar nuestro amigable divorcio —ironizó Maruska.

—Sí, vamos —asintió Doreen—. Llama a Pepe.

Pepe, que pasaba por allí, se detuvo.

—¿Otra *manzanilla*, patrón?

—Esta vez, doble —ordenó Agustín.

—Tres, por favor —añadió Maruska, volviendo a ser la empedernida.

De allí a poco estaban riendo. El gitano sabía que, en el fondo, había vencido. Se habían hecho demasiado amigas. Todo aquello no pasaba de ser una simulación. Y la vida no era más que un simulacro. Las dos lobas habían sido sabias. Maruska se había acordado del escritor brasileño Machado de Asís, al que leyera en Berlín, un maestro de la lengua portuguesa. En su libro *Quincas Borba* había una exclamación que le había encantado y que ahora repitió:

—¡Al vencedor, las patatas!

—¡Que se fastide, Platón! —concluyó Doreen, sarcástica.

Fueron los últimos gritos de guerra de la tríada. Y salieron abrazados del café. Entre los libros de Doreen estaba la traducción de Agustín del poema de D. H. Lawrence, editado por Alfred Knopf, en 1926, *Quetzalcóatl Vivo*:

«¡Soy el Quetzalcóatl vivo!
Surjo desnudo de las profundidades
Del lugar que reconozco como Padre.
Hice desnudo un largo viaje,
Salí del cielo, pasé entre los hijos dormidos de Dios.
Desde el fondo del cielo surjo como águila.
De las entrañas de la tierra, como cobra.

Todo el que se levanta agitando la vida entre el cielo y la tierra me conoce.

Pues soy la estrella íntima e invisible.

Y la estrella es una lámpara en la mano del Jugador Desconocido.

Más allá de mí hay un amo terrible y maravilloso, siempre oculto a mis ojos.

Aunque yo estuviera en sus entrañas, antes de que engendrara el espacio-Madre.

Ahora estoy solo en la tierra, pero ella es mía.

Como son mías las raíces de esta húmeda senda oscura de la serpiente.

Y son míos los ramos, en las sendas del cielo y el pájaro,

Pero la chispa breve, aquello que yo soy, es ahora más que mía.

Y los pies de los hombres y las manos de las mujeres me conocen.

Rodillas, músculos, vísceras, y la más íntima de sus fuerzas, me incendian.

La serpiente de mi mano izquierda sale de la oscuridad para besar tus pies con labios de fuego acariciante.

Pone fuerza en tus calcañares y en tus tobillos, y llama en tus rodillas.

En tus piernas y en tus entrañas, y el círculo de paz en tu vientre.

Porque soy Quetzalcóatl, la Serpiente Emplumada.

Solo estaré contigo cuando mi serpiente haya cerrado el círculo de paz en tu vientre.

Yo, Quetzalcóatl, águila del mar, mancho con visiones tu rostro.

Aireo tus pechos con mi aliento

Y en tus huesos construyo mi nido de paz.

Soy Quetzalcóatl, el Camino de la Duda.»

Kin 20: «Canalizo con el fin de iluminar; inspirando la vida, sello la matriz del fuego universal; con el tono resonante de la armonización, soy guiado por el poder de la libre voluntad. Soy un portal de activación galáctica, penétrame».

Sol Resonante Amarillo

Día 20 de la Luna Armónica.

Año de la Luna Rítmica Roja

PV—señal holística de Pacal Votan.

São Paulo, 4 de diciembre de 1998, Calendario gregoriano.

Bibliografía iconográfica

Las ilustraciones de la Serpiente Emplumada se tomaron de los siguientes libros:

A Forest of Kings, Linda Schele & David Freidel, Quil William Morrow, N.Y. 1990.
Every Day Life of Maya, Ralph Whitock, Dorset Press, Nueva York, 1987.
Mesoamerican Writin Systems, Joyce Marcus, Princeton U. Press, Nueva York, 1992.
The Ancient Maia, S. G. Morley & G. W. Brainerd, 4.ª ed. revisada por R. J. Sharer, Stanford University Press, California.
The Code of the King, Linda Schele & Peter Mathews, Scribner, Nueva York, 1998.
The Mayan Profecies, Adrian Gilbert & Maurice Cotterell, Element Books Ltd. Great Britain, 1995.
Teotihuacán, Esther Pasztory, University of Oklahoma Press, 1997.

COLECCIÓN NUEVA ERA

- **2 MANUAL PARA LA INTERPRETACIÓN DE LOS SUEÑOS,** por S. Kaplan Willians.
- **8 LOS CHAKRAS,** por H. Johari.
- **10 PSICO-ASTROLOGÍA KÁRMICA,** por G. Waxkowsky y M. González Sterling.
- **27 EL PUNTO DE QUIETUD,** por Ramiro A. Calle.
- **28 I-CHING Y PSICOLOGÍA TRANSPERSONAL,** por M. González Sterling.
- **31 EL LIBRO DEL KI,** por K. Tohei.
- **36 EL HOMBRE ES MÁS QUE SU CUERPO,** por W. Weber.
- **38 MEDITACIONES PARA MUJERES QUE HACEN DEMASIADO,** por A. Wilson Schaef.
- **40 RECOBRA TU INTIMIDAD,** por A. Wilson Schaef.
- **41 RESPIRANDO,** por M. Sky.
- **44 MEDITACIÓN EN LA ACCIÓN,** por Ch. Trungpa.
- **45 ASTROLOGÍA KÁRMICA BÁSICA,** por M. González Sterling.
- **47 LA SABIDURÍA DEL ZEN,** por T. Leggett.
- **48 LA PRÁCTICA DE LA SEXUALIDAD SAGRADA,** por S. Saraswati y B. Avinasha.
- **49 EL PODER CURATIVO DE LAS GEMAS,** por H. Johari.
- **50 SOBRE EL VIVIR Y EL MORIR,** por D. Feinstein y P. Elliot.
- **51 EL TAO DEL DINERO,** por W. Lubeck.
- **53 YOGA EN CASA CON RAMIRO CALLE,** por Ramiro A. Calle.
- **54 KARMA,** por A. Hoefler.
- **56 EL CAMINO DE LA TRANSFORMACIÓN,** por S. Gawain.
- **57 KUNDALINI Y LOS CHAKRAS,** por G. L. Paulson.
- **58 CAMPOS ENERGÉTICOS,** por A. Ainz y C. Martín.
- **59 LA MÚSICA Y SU MENTE,** por H. L. Bonny y L. M. Savany.
- **60 MÉTODO DE LA CURACIÓN POR LOS RAYOS,** por Z. F. Lansdawne.
- **61 LA PRÁCTICA DEL TAI CHI Y TAI CHI QIGONG,** por D. Connor.
- **62 LA VIPASSANA,** por W. Hart.
- **63 LA VÍA SECRETA DEL HÉROE,** por Ramiro A. Calle.
- **65 AMA PARA SER FELIZ,** por M. Bahadori.
- **67 LA SUERTE ESTÁ EN TI,** por M. S. Olba.

68. **EL GRAN LIBRO DE LOS CHAKRAS,** por S. Sharamon y B. J. Baginski.
69. **TU MENTE PUEDE CURARTE,** por Dr. y Dra. Borysenko.
71. **EL TAO DE POOH,** por B. Hoff.
72. **EL TAO DE LA FILOSOFÍA,** por A. Watts.
73. **EXPERIENCIAS TRANSFORMADORAS,** por Chamalú.
74. **LUZ EN LO OSCURO,** por M. S. Olba.
75. **FLORECER DEL LOTO,** por T. Nhat Hanh.
76. **RELAJACIÓN Y RESPIRACIÓN EN CASA,** por Ramiro A. Calle.
77. **LAS FILOSOFÍAS DE ASIA,** por A. Watts.
78. **LAS ENSEÑANZAS DEL CRISTIANISMO ESOTÉRICO,** por S. Atteshlis.
79. **PRÁCTICAS DEL CRISTIANISMO ESOTÉRICO,** por S. Atteshlis.
80. **PRÁCTICA DEL TACTO AMOROSO,** por F. Benedikter.
81. **EL MISTERIO DE LA RAZA PERDIDA,** por A. Pitoni.
82. **EL PODER DEL AMOR,** por M. S. Olba.
83. **ASTROLOGÍA KÁRMICA,** por G. Waxkowsky y M. González Sterling.
84. **EL GRAN LIBRO DEL REIKI,** por S. Schull.
85. **AQUÍ Y AHORA,** por Osho.
86. **NUEVA CURACIÓN CON LOS CHAKRAS,** por C. Da.
87. **LOS CUATRO NIVELES DE LA SANACIÓN,** por S. Gawain.
88. **CAMINO DEL PODER DEL GUERRERO TOLTECA,** por Tomás.
89. **EL SECRETO DEL ENEAGRAMA,** por K. Vollhar.
90. **LOS CHAKRAS Y LOS ARQUETIPOS,** por A. Wauters.
91. **LOS PIES REFLEJO DE LA PERSONALIDAD,** por I. Somogyi.
92. **EN BUSCA DE LA TRASCENDENCIA,** por Osho.
93. **2012 LA PROFECÍA MAYA,** por A. Beuttenmüller.
94. **EL TAO DE LA MEDITACIÓN,** por S. H. Wolinsky.
95. **LOS TIPOS DE PERSONALIDAD,** por S. Zannos.
96. **MANOS DE VIDA,** por J. Motz.
97. **EL GRAN LIBRO DEL AURA,** por J. H. Slate.
98. **LA MUJER QUE BRILLA EN LA OSCURIDAD,** por E. Ávila.
99. **HOMBRES QUE QUIEREN SER,** por A. Velasco Piña.

Un triangulo recto de mucha Luz...

Cráneo de
cristal maya en
Copan ——————— Palenque
excavaciones   \\   /
1910   \\   /
                  Tikal